清开国史料考

谢国桢 著

北京出版集团公司
北京出版社

图书在版编目（CIP）数据

清开国史料考／谢国桢著. — 北京：北京出版社，
2014. 12
ISBN 978 - 7 - 200 - 11043 - 2

Ⅰ．①清… Ⅱ．①谢… Ⅲ．①中国历史—史料—清前
期 Ⅳ．①K249.06

中国版本图书馆 CIP 数据核字(2014)第 283871 号

清开国史料考
QING KAIGUO SHILIAO KAO

谢国桢　著

＊

北京出版集团公司
北京 出 版 社　出版

（北京北三环中路6号）

邮政编码：100120

网　　址：www. bph. com. cn

北京出版集团公司总发行

新 华 书 店 经 销

北京华联印刷有限公司印刷

＊

880 毫米×1230 毫米　　32 开本　　9. 75 印张　　200 千字
2014 年 12 月第 1 版　　2014 年 12 月第 1 次印刷
ISBN 978 - 7 - 200 - 11043 - 2
定价：68. 00 元

质量监督电话：010 - 58572393

满文老档照片

（义宁陈寅恪师所藏。据云，字画整洁，及为清乾隆后修改本也）

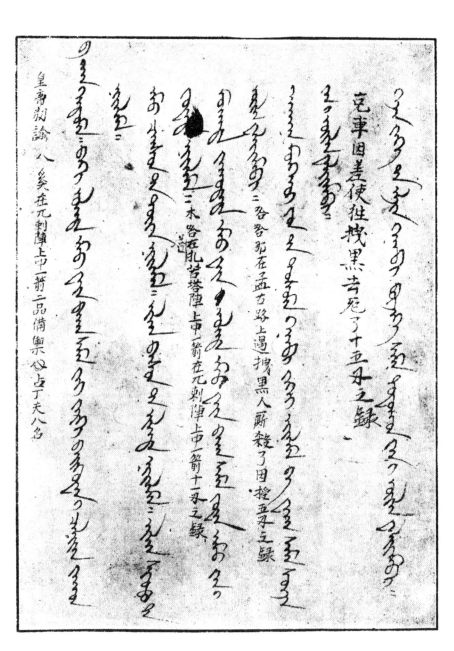

故宫博物院藏清天命天聪朝满文老档

（二帙用嘉靖时文书纸所书，为乾隆未改定之旧档，极足珍贵，详本书《考补》中）

廣寧衛經歷司為往法接事奉批逕刑按察司案驗遵行往東寧道僉事

巡按山東監察御史劉　批據遼寧衛經歷司呈奉本道帖文前事蒙批覆審至

惡也此徼蒙此巳經行仲勘問去後今據問解前來覆審無異合就依待議擬照

巡按山東監察御史劉　　處伏乞

照詳施行奉此前項理合具呈　須至呈者

右

呈

巡按山東陳察御史劉

嘉靖貳拾肆年貳月

經

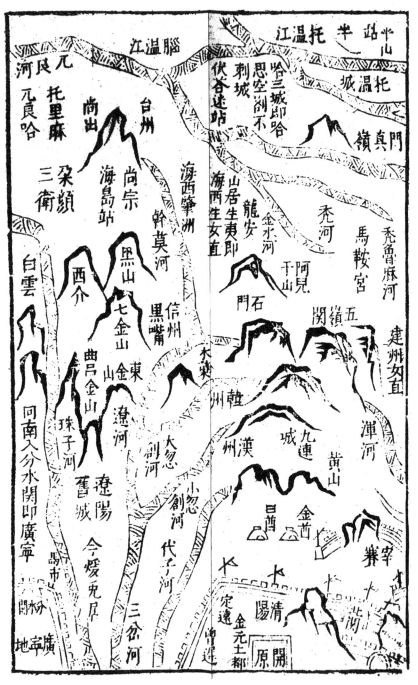

平夷指掌女直全图

（影明天启刻《秘书兵衡·建州女直巢窟通路全图》）

平夷指掌女直全圖

河源同　河頭　江黑龍

城　五國　陵站　古咎　江夷卽生女直　乞勒迷站　奴哈溫站　極東野人女直　阿連江　奴兒干東　征元帥府

水刺那　兀兒　海河　門連　哈納　河哥　父黃河

掃九河　按密河　穡秃河　鞨居　鞀　粟末河　石洲

江同混

頭女直　夷卽黃　者卽山　居中山

奴兒狗窟　弗兒慈

長白山　夫愁

松花江

帝坊州　太山　土門河　南京　金故　毛　河未

河密　河刺哈　三土河　鉄里關

羅哱骨猛　山路　撫順　此河南是廣順　此水南下卽鴨綠江　此南去卽朝鮮　海洋秃魯散三

凡　例

　　本书研究之范围，自明初建州卫之设，以至清兵未入关以前之历史资料，此等史料可分四类：

　　甲．清初之档册；

　　乙．明时人对于清代之记载；

　　丙．清代官纂及近代追述纂辑之书；

　　丁．朝鲜及日本及其他国之记载。

　　一、是书分类之外，仍分子目：清初之档册，则分辽宁旧档、故宫旧档、内阁大库流传各地诸档；明代记载，则分专记、方志、边备筹边诸书、待访诸书，金石附焉；清代官修，则分官修及近人著述二类；国外记载，则分朝鲜人记载、日本人撰述二类。或以内容，或以地域，列为子目，于搜辑史料之中，稍具编纂之法，期为目录学组织之研究。

　　一、本录所载，概以成书或成篇章者为限；片纸只字，挂一漏万，反致自乱其例，故不载入，特有关系者间附注下。

　　一、凡某书中有成一卷关于辽事者，则依章实斋之例为别出之法；其不能别出，则详载于某条之下，以便参考。

一、金石文字有关掌故者，附之于每类之后。

一、叙跋提要有关掌故者，或不易经见者，录其文于每条之下；无关史事之文，或择录其要，或概行从略。

一、学者研究所得重要论文，足供专门研究者，间附其文，以资观览。

一、挽近乾隆间禁书日出，整理档册亦时有所发现，此不过举其耳目所及者而已，俟有所得，再为二编。

一、是书承师友改订指道之力颇多，谨志感谢。

目　录

卷　一

叙论

　　余既辑清开国史料竟，乃为之叙曰：夫女真在古，为肃慎国。由战国之貉貂，以迄金源，所谓夫余、勿吉、靺鞨诸名，其兴废沿革，载在诸史，历历可考。然而大氏崛起渤海，阿骨打氏突兴金源，当其盛时，文物风教，不亚中土。乃其势之兴，则如暴风疾雨；及其不振，亦如冰霜消歇。欲求其遗踪，识其文字，考其系统，其事綦难，则又何也？余考清建国之始基，其世系之隐晦，传说之荒诞，盖亦有同渤海、金源之慨焉。岂寝毡食鲜之民，有倨傲不群之势，而无收摄保守之心欤？

　　清之初祖，即金之余裔也。金为女真之族，女真避辽讳，改名女直。元灭金，以其地置军民万户府。明代置建州卫，析为三部：曰建州，即清发祥之地；曰海西，即今吉林诸地；曰野人，所处遥远，即今黑龙江一带诸地。明代目之为东夷。辽地自明洪武四年置定辽都指挥使司，以马云、叶旺为都指挥使，总制辽东诸卫。时元孽未靖，元将阿哈出屡寇辽东，叶旺征破之，阿哈出降，悉境来附。十四年，明封子权于大宁，为宁王，开藩，以弹压上游，北控蒙古，东制女真，屹然有建瓴之势。永乐迁都北平，当其南下之时，恶宁王之扼己，乃徙大宁都司于保定府，而以所属营州等十一卫、所，亦省入顺天。乃以大宁之地，自古北口至山海关，立朵颜卫；自广宁前屯卫至广宁迤东白云山，立大宁卫；自白云山迤东至开原，立福余卫。元年，遣行人邢枢招谕奴儿干诸部野人酋长来朝。九年，遣中使治巨舰、练水军江上，召集诸酋，縻以官爵，于是康旺、佟答剌哈、王肇舟、琐胜哥四酋率众降，始设奴儿干都司，建碑纪事。自开原东北至松花江以西，置建州、毛怜、塔山等卫一百八十四，兀者等所二十，官其酋为都指挥、千百户、镇抚，赐敕印，各统分部。复置站、地面各七，寨一，不领于卫、所。令岁以冬月，从开原入朝贡，唯野人女真僻远，无常期。诸部愿内附者，于开原设安乐州、辽阳设自在州处之。已，又为海西、建州立马市开原，岁时赐予甚厚。盖辽东之地，自宋迄元，纯握于胡人之手，自永乐以后，乃重入中国版图。乃大宁之内徙，卒失东北之藩屏，失败之因，间已随之。

阿哈出既降，赐名李思诚；子释家奴，赐名李显忠。显忠弟猛哥不花，亦均内附，俾领毛怜卫，累官都督同知。显忠死，子满住嗣。猛哥不花死，子满答失里嗣。是时海西女真数寇边，都督巫凯请讨之，不许。当正统初，建州女真由三姓南迁。据日人稻叶岩吉云：其一遵辽东海岸，以移住于豆满江之谷地；其一则溯松花江，以移居今吉林之附近，由酋长李满住统之，复移向鸭绿江支流佟家江居住〔一〕。推其南迁之因，盖当时左卫都督猛可帖木儿为七姓野人所杀，其族中必有互相仇杀之事，故举族而南迁。猛可帖木儿弟凡察、子童仓，逃居朝鲜；童仓弟董山，嗣为建州卫指挥。亡何，凡察、童仓逃归建州，而建州民族与朝鲜毗邻，正值李氏第四代之英主世宗在位，于是不能不发生冲突。建州乃不得不重徙，而居于灶突山之东南，浑河之上。方七姓野人之难，建州亡其印，诏更给。比后得故印，诏上更给者，凡察匿不出。乃更分建州左卫置右卫，剖二印，使董山领左，凡察领右，于是建州有左、右之分。而建州女直先处开原者，叛入毛怜，自相攻杀。宣德间招降之，命居于建州老营地。老营者，明廷岁收人参、松子之地，名为东建州。于是建州卫有左、右及东建州之分。

当正统时，北虏也先并吞外蒙，举凡青海、西藏乃至天山南路，无不奉其号令，供其驱使。至正统十四年，直犯大同，而有土木之变，英宗北狩。是时辽东建州诸卫相继煽动，满住、董山等咸为北虏耳目，入寇不绝，杀掠辽东吏民无算。巡抚王翱遣指挥王武等招之，稍稍归附。复擢用毕恭为辽阳百户，沿辽河为界，筑辽东边墙，实为大宁内徙后防胡之唯一方策。此后，董山仍纠毛怜、海西夷入盗边不绝。成化二年，乃命都御史李秉与武靖伯赵辅分三道入捣其巢，朝鲜亦发兵遏东边，获董山，斩之，辅斩首颇多，满住死。明年，筑抚顺、清河、叆阳诸堡，边备日严，夷稍敛迹。建州之重徙灶突山者，大概在此时。是时，明廷亦欲羁縻之，后以董山子脱罗为指挥，满住、凡察后皆得袭，诸从叛者，视先世递贬一官。是谓成化三年之役，在明廷颇相夸耀者，然此役实未能捣其巢〔二〕。建州诸夷颇不能平，以此怏怏，多以报董山之仇为辞，巡抚陈钺不能禁。大阉汪直方幸功，惑于通事王通之言，谓夷易与，与巡抚马文升不合。汪直与巡抚陈钺抚御无法，寇入益急，自此边事日坏。此明代建州初期之事也。

明中叶以还，建州稍衰而海西兴。海西之夷，哈达、叶吓最强。哈达酋长王台，居开原东北，贡市在广顺关，故称南关。叶吓酋长祝孔革及其子逞加奴、仰加奴，居开原北，贡市在镇北关，地近北，故称北关。自永乐以来，皆给其敕，诸酋各由其道按敕验马入贡，使不相扰，其法至善。王台勃兴海西，剪除叶赫酋长祝孔革，抚有北关，地广千里，事明最忠。而良将李成梁、巡抚张学颜善于抚御诸夷，建州诸夷王杲、王兀堂、阿台以次剪除，授首京师。万历元年，成梁与学颜协谋，共展宽奠〔三〕、长奠、永奠、大奠、新奠及张其哈刺奠子等六堡，筑城徙民，屯垦以实边，实为毕恭建筑辽东边墙后之最善政策。乃王台老惯，诸子争立，海西诸夷自相攻杀。成梁亦以老而日骄，渐生暮气，宽奠六堡亦相继撤退。于是海西废而建州努尔哈赤氏兴，祸起东北，明廷遂致不祀。

努尔哈赤氏突起东陲，并吞诸夷，始南窥明边。吾于此时，不能不先明其部族。《清太祖实录》云：是时诸国分裂。满洲国之部五：曰苏克素护河，曰浑河，曰完颜，曰栋鄂，曰哲陈；长白山国之部二：曰讷殷，曰鸭绿；东海国之部三：曰渥集，瓦尔喀，曰库尔喀；扈伦国之部四：曰叶吓，曰哈达，曰辉发，曰乌拉。所谓国者，实当时诸夷之一部落耳。若满洲、长白山诸部，实即附近努尔哈赤氏所居赫图阿拉之诸小部落，非有戎马城郭，堪成一国之强也。唯扈伦四部在辽东为较强，明代载籍言之尤繁，而努尔哈赤氏与之交涉最多。并扈伦四部，而金国之根基始定，是不可不记。

按扈伦二字，实为明代忽刺温野人之转音，指海西诸夷而言。是哈达即王台之部，叶赫即祝孔革之部，辉发即明代之灰扒，乌拉即明代之兀剌，均在黑龙江沿岸，所谓江夷也。兹将诸夷列表，并少识之于后，所谓哈达、叶吓，前文述之已明，其世系表之如下：

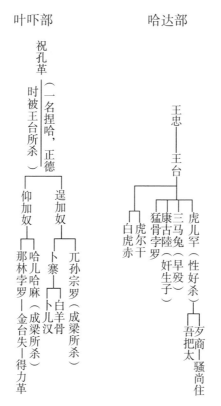

辉发先世本姓伊克得里，生于黑龙江岸尼马察部。有星古礼

者，自黑龙江载木主迁于扎噜居焉。有呼伦部之噶扬、阿图二人居璋地，姓纳喇氏，因附其姓，是谓辉发始祖。生子备臣。备臣生纳灵阿。纳灵阿生拉哈都督。数代之后，旺吉努出，招服诸部，筑城于辉发河边。传至孙拜音达哩，国亡。乌拉先世曰扈伦，姓纳喇，因建国于乌拉河岸，故以乌拉名其国。至布占泰，国亡。当时海西而外，则为朵颜三卫。嘉靖中，花当、革兰台、影尧为患，时专设蓟辽总督以御之。三卫部族多至八十余种〔四〕，唯长昂、董狐狸为凶狡。万历中，则伯言、花当最盛。其酋则大委正、小歹青、虎喇赤、速把亥〔五〕、抄花诸名。酋名最繁，不能悉举。西房则有虎墩兔憨等名。此皆与当日时事最有关系，不可不知者也。

努尔哈赤崛起于辽东黑图阿剌之地〔六〕，实建州之支部。所谓其先兴祖福满，六子称宁古塔贝勒，各筑城分居，以黑图阿拉为主城。其世无考，唯可知者，其祖、父觉昌安、塔克失〔七〕，从李成梁死于讨王杲、阿台之难。努尔哈赤氏与其弟速尔哈赤奋起戎行，斩夷克五十，得赐龙虎将军，捕杀仇人尼堪，筑城于呼兰哈达，并有长白、栋鄂诸部。未几，即因杀其弟。乘王台之死，其子弟之纷争，王台之孙歹商为叶吓那林孛罗所戕，猛骨孛罗单骑来归。努尔哈赤氏利用其狡猾之智，奸诡之计，乘其来归，遂遽杀之，而灭南关，乃称建州国汗。北关则以那林孛罗之女老女相许，白羊骨竟以许暖兔子蟒儿骨大。适乌拉卜占泰为努尔哈赤之婿，以得罪来归。于是努尔哈赤师出有名，以老女、逋婿之事遽攻南关。所谓老女、逋婿之役，在明代记载极为重视。努尔哈赤既并有南关诸部，仅有北关叶吓未下，于是努尔哈赤由建州国汗，建国号曰金，称年号曰天命〔八〕。乃于天命三年、明万历四十六年，以七大恨誓师兴兵伐明。是时明廷已鉴奴酋之强，叶吓氏为明东北之藩屏，已垂于危，于是经略杨镐命杜松、马林、李如柏、刘𬘘分四路出师。努尔哈赤既破叶吓，金台失、白羊骨二酋自焚死，乃乘余勇，一鼓而堕杨镐四路之师。所谓萨尔浒之役，金国之基，遂于此定。明廷乃命熊廷弼经略辽东。廷弼未出，而开原、铁岭继陷。廷弼至辽，招流移，缮守具，固守不浪战之旨。乃忌者劾其不战，乃以袁应泰代之。时蒙古大饥，招降数万，异族杂居，沈阳遂至不守〔九〕。明廷复起廷弼，乃建三方布置之策，广宁、登莱各设巡抚，而经略驻山海关。广宁巡抚王化贞与廷弼不合，广宁不守。是时明廷则魏阉擅政，政出多门，以廷弼之熟于边事而信任不专，卒至偾事。未几，左光斗、魏大中诸贤均罹大辟，追赃之说，即由庇廷弼而起。说者谓廷弼不死于边疆，而死于门户，识者哀之。继廷弼而起者，则为经略王在晋、蓟督王象乾。象乾主款蒙古以捍东陲，在晋则主守关门而弃关外，其说均不免书生之见。唯大学士孙承宗主关外筑重城，与宁远、觉华岛相犄角，不主款蒙古之策，较为得之，但未几为魏阉排去。是时，努尔哈赤氏则缮甲兵，聚卒乘，自萨尔浒之役后，天命七年，由兴京迁都太子河右岸，筑东京城。辽、沈继陷，乃移都于沈阳，清之所谓盛京，今之所谓辽宁者是也。于是努尔哈赤氏复抚有东海瓦尔喀、虎尔哈、渥集三部，黑龙江之索伦部，俨然蔚为大国。不幸于天命十二年，大举征宁远，为巡抚袁崇焕火炮所伤，遂崩，是谓太祖。其第四子皇太极嗣位，是谓太宗，国号天聪。袁崇焕之为人，其杀皮岛毛文龙〔一〇〕，卒失海隅之屏障。文龙之部下，若尚可喜、孔有德、耿仲明辈，多降入清，为明末一大祸端，固为失计。然其遏御悍敌之功，则不可没也。其五年破敌之说，固为夸言，然其精悍之才，则不可掩也。崇祯帝信之而复疑，用之而不专，乃中敌人反间之计，卒杀崇焕，岂不哀哉！其后孙承宗修复关外四城，颇具恢复之志，而不能竟用其材，余则更不足与谋战事。置饷设官，繁复无当，巡抚、总督，一处数设，权势庞杂，不能统一。饷则有剿饷、练饷之名，竭天下之资以供辽东。盈廷筑室，蝍蛆羹沸〔一一〕，虽无劲敌，明祚亦不能持久也，明矣！

太宗即位，当太祖时其武功亦足以慑明廷之气，于是太宗乃得整理其内部，及并服朝鲜、蒙古之地。当太宗之初立，太祖之子八人，兄弟最繁。所谓三尊佛之制，乃与蟒尔古泰、代善共理国政〔一二〕，内部实未能统一。未几，蟒尔古泰叛，代善亦知几而退，于是权归于一尊，不可谓太宗应付有方。是时朝鲜李适、李贵等责其君光海君之无道，迫其退位。太宗乃乘此机会，进据江都，朝鲜慑服，约为兄弟之国。在朝鲜之史，名为"丁卯虏乱"。而蒙古插汉诸部，亦相继归附，统有漠北诸地。乃于天聪十年，改元崇德，更国号曰大清国皇帝。是时朝鲜新有国丧，乃命贝勒前往吊唁，间附蒙古贝勒劝进之书。朝鲜直斥来使，于是太宗乃为第二次之征伐，进据韩城，立丰功碑于三田渡以纪其事。是谓"丙子虏乱"。

当此之时，明廷山东沿海之地毛文龙之部将尚可喜等亦相继归降，渤海无后顾之忧，东兵可以直抵胶东，以掠山东之地。插汉既服，则西路可以西趋大同，会师宣府。明廷所持者，仅山海关及关外锦州、永平等四城耳。有孙承宗之守，大凌河之筑，关塞俨然，屡挫清师，其兴复屯戍御备之计，实不亚李成梁之兴筑宽甸六堡。乃小有挫折，立即去之。于是太宗四路出师，锦州、松山、杏山之战，蓟辽总督洪承畴被擒。当时明廷自诩天朝、讳言构和者，至此乃命陈新甲赴辽请和，而所谋不成，新甲以泄谋弃市〔一三〕。当时则兵尽饷竭，流贼充斥，西寇李自成直迫近畿，北京不守。甲申三月十九日之变，崇祯自缢。吴三桂不忍爱姜陈沅之被掠，乃东趋清师，入居北京，而明亡矣。然而是时太宗新崩，冲子嗣位，内部方发生立嗣之争，实不暇有南顾之事。吾观内阁大库所留遗金国汗之诏诰书牍，未尝无求和之意，自惭之心。据天聪二年失名奏本云："南朝虽师老财匮，然以天下之全力，毕注于一隅之间，盖犹裕如也。我国处南朝之大计，唯讲和与自固二策而已。南朝亦知宋为覆辙，但贿赂之积习日久，而玩愒必生，明知故蹈〔一四〕，势所必至。待我国益富，兵益强，乘间再图，破竹长驱，传檄天下矣。正兵法所谓卑骄利诱之术也。"盖其初愿，殊不及此，使主国是者处置得宜，何至有甲申之变哉！今唯有供后人之垂吊而已。以上之文，据马文升《抚东安夷记》、王在晋《三朝辽事实录》、叶向高《女直考》、苕上愚公《东夷考略》、彭孙贻《山中闻见录》、海滨野史《建州私志》、国立中央研究院残档、魏源《开国龙兴记》等书，日人内藤虎次郎《读史丛录》、稻叶岩吉《满洲发达史》、孟森《清朝前纪》辑为一文，取便读者，不尽注出处。以下之文，乃用考证之法，以疏证其事。

今明清史事大要已明，吾所以不惮烦而缕述之者，曾闻吾师陈寅恪先生云：自元代蒙古大帝国瓦解之后，在欧亚之间实起一剧大之变化。被蒙古征服诸国得以独立〔一五〕，俄国之得兴于北土，而明代之得征服辽东，创自唐以来数千年未有之举，未始不因于此。建州突起东北，并吞蒙古，淹有华夏，阻止外藩之南侵，实亦在世界史上一重要问题。然建州一蕞尔之地，其势之强乃能包举宇内，推其原因，必有故焉。然试尝思之，日本一弹丸之地，自明治改革之后，乃一跃而为强国〔一六〕，则其制度之建设，与国家之强盛，必有其因，清代之勃兴，与其制度之更张，亦必有其故，势不可不研究其制度之建设〔一七〕。兹既述明清之史事，再就明清史事问题与其兴亡之故，分别而言之。

明代对于辽东建州之建设，吾人所当注意者：

一、明自阿哈出内附，明廷对于辽东之设置本极详明，上文已略言之。在辽东者，则有巡抚以抚辽东，都指挥之职总制诸卫。先后置建州等卫一百八十四，兀者等所二十，都司一，曰奴儿干。其酋为都督、指挥、千百户、镇抚，俾统其部落。别为站、为地面各七，不领于卫、所。并约岁一朝贡，野人远，无常期。又设马市开原，并设安乐、自在二州于开原、辽阳，以抚降夷。以上叶向高《女直考》。立宁王于大宁，以屏藩王室。必辽之藩篱固，而后京师之藩篱始固，于是有兀良哈朵颜三卫之设。其在内者长城，古所以防边，自山海关起，西则居庸、紫荆，所谓三关。近畿之地，蓟州、昌平、保定、辽阳，所谓四镇，在明代极为重视。其后时事不同，递有变更。如后辽事日梦，经略之设置山海，昌平、保定之各设总督，宁远、永平、顺天、昌平、密云、天津、保定之设六巡抚。筹饷之策，则有因粮、溢地、事例、驿递之分，剿饷、练饷之别，其事至为复杂。至明之绿营，规制渐已堕败，将领则侵蚀兵饷，不能足额，不足以御敌。于是有家丁之制，每一部曲动辄千数百人。自家丁之制坏，而辽事益不可为。此亦败亡之一因，若考而订之，可以见明代建置之大概焉。

　　二、兀良哈三卫之设置。兀良哈为蒙古之族名。当明洪武二十年，筑大宁城，封子权为宁王。翌年，元之宗室辽王及朵颜内附，明因分为三卫：一朵颜，二福余，三泰宁。此三卫者究在今地何处，日人稻叶岩吉《满洲发达史》谓〔一八〕："朵颜，蒙古所以语官人者，即成吉思汗之曾孙朵颜是也，其封地在今嫩江一带。福余即扶余，为今农安附近地方。泰宁地址虽不能确指，大约即元之泰州，即伯都讷之北方诸地。"其说必有所据。自永乐迁都北京，大宁内徙，于是明代载籍多有谓分大宁之地以界三卫〔一九〕，辽东失其藩篱，祸端即肇于此。然稻叶氏则以永乐之英武，其计当不出此，引明陈组绶《明职方地图·大宁图考》以作证。然以大宁界三卫之说，自马文升之《抚安东夷记》、郑晓《吾学编》即主其说。文升去其时未远，其言必不致有误。且无论如何，大宁内徙实永乐之失计，固无可讳言者，则其余地，安知久而不并入三卫？兀良哈三卫之设置，于明代之辽东极有关系，近来日人颇注意及之，此不可不研究者也。

　　三、明代辽东边墙之建筑〔二〇〕，实大宁内徙后第二大政。其建筑者始于毕恭，即创修《辽东志》者也。唯边墙之设，明代记载记之甚鲜。近来见稻叶岩吉氏谓：边墙之区划约有三部：一为辽河流域之边墙，二为辽西之边墙，三为辽东东边之边墙。所以防御东夷，其法至善。辽河在明代一称三岔河，王在晋《三朝辽事实录》云：

> 按三岔河当全辽适中之所，为东西咽喉。其上流为辽河，分为三水，俱出建州界内，逶迤潆洄，历黄泥洼合而为一。南行百余里，为三岔河；又一百八十二里，而归于大海。

唯毕恭之筑边墙，经辽河之套而边墙中断，成凹字之形，至弃水草鲜美之地，渐为三卫所蚕食，防胡之具已渐失效。唯边墙之设，因辽河之变迁，其遗迹是否可寻，当时建置之法若何，此又不可不研究者也。

四、明代通辽道路，究于现在若何。大氐通辽之路可分海、陆二方言之。明之初年，定辽之师多由海道，故有辽海之称。王在晋《三朝辽事实录》云：

> 国初置辽，故属山东。其航海自金州旅顺关口，南达登州新河水关岸，计水程五百五十里。而海中岛屿相望，远可百里，近止数十里，舟易停泊。有羊垴岛石碣旧镌可考。先年，由登莱转运济辽，丰歉有无，彼此两利。嗣因亡命窜入海岛为患，设禁始严，辽遂坐困。万历二十五年以来，议从海运饷东征士卒，其禁稍弛。而旅顺复设防海游击，以控扼之，虽则为运，实以为防。戊午，奴陷清、抚，复开海运。创始者，登州道陶朗先也。岁运十万石者，东抚李长庚也。

由海运而通辽，实为得计，王氏之文，可以略见其崖略。唯由蓟北通辽之路，陈仁锡《无梦园集·山海纪闻》记全辽道路、城堡颇详。盖万历、天启间，明清交涉日繁，其通辽之路，乃为不可忽之事。考辽东故城，有都尔鼻地，为至辽东西必由之路。日人内藤湖南博士曾有《都尔鼻考》一文，考其地即今之彰武县。据《朝鲜日记》《清实录》等书，当日太宗伐明，为必经之路，尝谕三贝勒曰："尔等率兵二万由义州进发，屯于锦州、大凌河之间以俟；将大兵由白土场入趋广宁大道，初六日会于大凌河。"是当日之路，径从奉天渡辽河之后，先出边门，再由白土场赴义州〔二一〕，入辽西，可以推知。至康熙间，辟新民屯之路线，而此路遂废。若夫建州三卫之道路、城站、卫所等之名目，《大明一统志》及何乔远《名山藏》记之甚详，《全辽志》亦记其事。若董而理之，则于明代辽东之地理，颇有关系者也。

五、明代经略之设及筹辽之议。经略之设，盖非常置。辽东故有巡抚，必有边事，而后有经略之置以总理其事，大氐以兵部侍郎、副都御史充之。如正统间辽夷猖獗，则以王翱为经略以抚其事，后此则无闻。自以杨镐为经略，四路出师，《东夷考略》称其以新衔往经略。顺天抚臣移镇山海，保定抚臣移镇易州，皆为创例。有经略与巡抚并设者，有经略兼巡抚者。自出师丧败之后，以熊廷弼代之。未几，以袁应泰代熊廷弼。后熊廷弼与王化贞不和，辽阳丧师，乃以王在晋代之。继之者，则有孙承宗、高第、王之臣。后乃以袁崇焕巡抚宁远，罢经略不设，乃有督师之名，其实即经略也。其后则设官虽繁，而边事愈不可为。至筹辽之方，熊廷弼三方布置之策，袁崇焕以辽人守辽土、以辽土养辽人之计，王在晋之主守关门、款插酋，孙承宗之修关城、缮守备，均各有其得失。唯当日政权不一，有经臣、抚臣、枢臣之分，诸事掣肘。熊廷弼已痛乎言之，虽有谋臣勇士，亦安足用。至于朝野之士，监于国是之日非，亦多为筹辽之策。所谓渐进渐复，用夷攻夷，修屯政、为久计诸说，见《无梦园集》。当时之士〔二二〕，发为著述，以痛言辽事者，则有程开祜《筹辽硕画》〔二三〕、喻龙德《秘书兵衡》、张一龙《武库纂略》诸书。就其所论，则亦不过书生之见，以口打贼而已。

以上乃就明代对辽东之政策言之，若清代建国之史事，则更有可研究者，兹略举之于后：

一、清代之氏族问题。太祖姓爱新觉罗氏。《清实录》所云：爱新觉罗，乃天女佛库伦所生，始祖已称此姓。所谓爱新，金也。觉罗，即族之意。唯《八旗氏族通谱》不载此姓，以为国姓讳。至太祖之在明代，称佟氏，亦称董氏。日人内藤湖南博士为《清朝姓氏考》一文，则谓其姓佟氏者，则以明永乐间建奴儿干《永宁寺碑》，其中有佟答刺哈其人，事明最为恭谨，故对明代则称佟氏。董山为明正统间名酋，最为凶猛。童、董双声，故对内则称董氏。明天启间，佟卜年以与太祖同姓而致罪，即此因也。至太祖又称栋鄂氏，与佟、董二氏有何关系，内藤博士则据盛昱《八旗文经·作者考》是书为近人杨钟羲先生子勤所撰。云〔二四〕："铁保字冶亭，一字铁卿，号梅庵。旧谱姓觉罗氏。自称赵宋之裔，后改栋鄂。"乃以佟、董与栋鄂氏之关系在此，其说不无武断。至清代之世系，《清实录》与明代记载其不同之处约有数点，据内藤博士所列之表，录之于后：

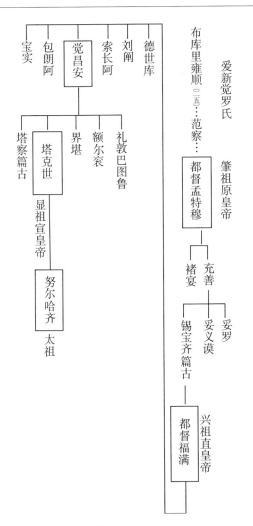

明代及朝鲜记录次序应如此：

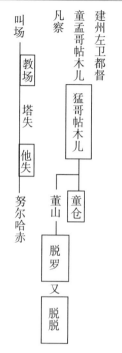

此孟特穆即猛哥帖木儿，充善即董山，妥罗即脱罗，觉昌安即叫场，塔克世即塔失〔二六〕。都督福满无著录。近人孟森撰《清朝前纪》，叙次清朝世系，以兴祖福满无考，则以兀升哈当之，不无过当。至太祖努尔哈赤究系何族，《东夷考略》称其为建州之支部。至内藤氏，则以为太祖乃建州之赘婿。凡此诸事，与清代建国极有关系，不可不研究者也。

二、"满洲"之国号。征诸明代载籍及清初档册，太祖之始兴，乃称建州国汗，后乃称金国汗。观清初档案，历历可明。至崇德元年改称皇帝，乃称大清，而当时所通用者，仍称金国，而无"满洲"之称。至清官修之书，乃凡关于金国汗之名概行讳之，而改为"满洲"。"满洲"之称，日人谓为"文殊"之对音。

孟心史则以"满洲"亦称"满殊",明代书作"满住",系最大之酋长之称。又,李显忠之子为李满住。桢意:"满洲"之称,自太宗合并插汉,佛教东渐。观明袁崇焕尝遣喇嘛问吊,则清初之迷信佛教可知。"满洲"之名,盖由其习俗"满珠"之称,其祖为李满住,又与佛氏"曼殊"之音相合,辗转而成者也。

三、清初之承继问题。在蒙古成吉思汗时代,其死后,因其国俗遗产分配之制,嫡妻之子拖雷不但受之最多,而且为全版图之主,是谓库里尔特之制度。在清初立嗣之制度,是否与之相同,不得而知。清代自康熙而后,不立皇太子,皇帝默简,置之乾清宫"正大光明"匾额之后,此制固为奇异。然当太祖、太宗二代之立嗣,则更有问题。当太祖时,其长子褚晏因谋叛被杀,在其族中共选四人,每日由一人执掌国政,即大贝勒代善,二贝勒阿敏,三贝勒蟒尔古泰〔二七〕,四贝勒皇太极。阿敏为其弟速尔哈齐之子,后被杀。及太祖崩,何以立皇太极为嗣,是不可不知者。《清实录》太祖崩,大福晋赐死一事,多尔衮、多铎即其子也。其事因有争立关系,后被删去。据朝鲜人撰《燃藜室记述》引《丙子录》云〔二八〕:

> 丙寅五月,建州奴酋奴儿哈赤疽发背死,临命立世子贵荣介。贵荣介让弟弘他矢,即皇太极。曰:"汝智勇胜于我,汝须代立。"弘他矢略不辞让而立。

则当时之无逊让之心可知。太宗立,与蟒尔古泰、代善共辅国政,所谓三尊佛之制度。后蟒尔古泰得罪,代善亦知几而去,权乃归于一尊。及太宗崩,而继嗣又发生问题。《世祖实录》卷一

"崇德八年乙亥"条云：

> 和硕礼亲王代善、诸王、贝勒会集，以大位不可久虚，
> 定议以太宗之第九子嗣位，共立誓书，诏告天地。公议和硕
> 郑亲王济尔哈朗、和硕睿亲王多尔衮共辅国政。

依当日情势，多尔衮最为有功，且最机警，依蒙古少子立嗣之制
度，则固有应立之关系。唯当日人民属望太宗之子，乃以太宗第
九子嗣位，是谓世祖。其间多尔衮之力为多。朝鲜《沈阳状
启》云：

> 十四日，诸王会于大衙门，大王发言曰："虎口帝之长
> 子，当承大统云。"虎口曰："福小德薄，非所堪当。"固辞
> 退去。定策之议，未及归一。帝之手下将领之辈佩剑而前，
> 曰："吾属食于帝，衣于帝，养育之恩，与天同大，若不立
> 帝之子，则宁死从帝于地下而已〔二九〕。"大王曰："吾以
> 帝兄，当时朝政老不预知，何可参于此议乎！"即起去。八
> 王亦随而去。十王默无一言，九王应之曰："汝等之言是矣。
> 虎口即让退出，无继统之意，当立帝之第三子，而年岁幼
> 稚。八高山军兵，吾与右真王分掌其半，左右辅政。年长之
> 后，当即归政。"誓天而罢去。所谓第三子，年今六岁。

是当非传闻，确系事实。虎口即豪格，九王即多尔衮。是事多尔
衮周折之力最多。据《世祖实录》卷二十二"顺治癸卯"条云：

> 摄政王多尔衮集诸王〔三〇〕、贝勒、贝子、公、大臣
> 等，遣人传语云："今观诸王、贝勒、大臣，但知谄媚于予，

未见尊崇皇上者。予岂能容此！昔太宗升遐，嗣君未立，诸王、贝勒、大臣等率属意于予，跪请予即尊位。予曰：'尔等若如此言，予当自刎，誓死不从。'遂立皇上。以此危疑之时，以予为君，予尚不可。今乃不敬皇上而媚予，予何能容！"

是多尔衮有立嗣之功，日人内藤博士《清代继嗣问题》一文记之最详。清初是否用蒙古立少子之制，不可得其详，然继嗣问题，固为清初重要之一事也。

四、建州部族之译名。建州民族，其人名、制度与吾国多异，而译名亦多不同。然明代载籍，译建州人名作奴作鼠，锡以狐狸、犬兔之名，獐鹰之官，存心谩骂，固无论已。大氐清初其名物之名，或取之蒙古，或取之中国。如皇太极，即蒙古之皇太极；章京，即将军之转音。其记名物制度之名者，如陈仁锡《无梦园集·山海纪闻》云：

> 《奴酋名号》：号憨者，主也。四男名喝竿，称憨，不出战。号贝勒者，王也〔三一〕。凡老奴子、侄、孙正派称之。号恰者，总督也。以真夷有才略任之。号娥夫者，驸马也。号姑娌者，女婿也。凡杂夷、中国人心爱者，俱配之。号孤山者，总兵也。非真夷凶狠者〔三二〕，不当此任。号牛鹿者，将官也。俱不用中国人，凡杂夷中选任之。号獐鹰者，千把也。亦以杂夷选用。号摆言者，好汉也。披重甲冲营破阵者俱是。又有号红摆言者，最精健。

此为明代记建州名号者，此虽未能允当，然亦可见明代对于建州名物推测，可见一斑。其记人名者，明代记载与清代官书多有不同。《清实录》所记之名，则渐从雅驯。如逞加奴、仰加奴、歹商〔三三〕，《清实录》则作清佳努、杨佳努、岱善。其祖先猛哥帖木儿作孟特穆，董山作充善，妥罗作脱罗，叫场作觉昌安，塔克世作他失等类，不能悉举。至朝鲜记载，则更与明代记载不同。大贝勒代善作贵永介，皇太极作洪他失，肃亲王豪格作虎口，硕托作小退，英俄尔岱作龙骨大，刚林作加邻，亦作葛林，希福作皮牌，巴克氏作博氏，八旗作八高山。凡此之类，不知几何，不知其事者，多不易明。大氏译名一事，在辽、金、元史极为重要，在清初历史亦应注意。然清初译名，经乾隆时改定者极多。如能将清初未改之名，及清人官修书之人名，朝鲜人之记载，列表而对照之，则取便于读者多矣。

　　五、建州之迁徙及其疆域。建州三卫之分置，及建州卫由浑同江之东，被忽剌温野人所侵，南迁于婆猪江之西南。后又为朝鲜所迫，迁于兴京西南虎栏哈达之地。其迁徙之迹，上文已略言之。至其后并有诸部，其疆域日广。日人稻叶岩吉曾有文考其事，对于建州之迁徙言之颇详。然对于其后并吞诸部后之疆域若何，此不可不研究者也。

　　六、辽东之部族。当明代辽东部族极繁，建州三卫、海西、野人女真，及兀良哈三卫，此其荦荦大者。若《清实录》所记满洲、长白、扈伦诸部，所记尤繁。即如一部族之中，其酋名目亦至繁。如明张鼐《宝日堂集·辽夷略》所记，以宁前而论，其革兰泰一种凡八枝。广宁、锦、义而论，其土蛮憨一种凡九枝，瑷塔必一种凡十枝，大委正一种凡三枝，克石炭一种凡三枝，向领市赏在镇远关〔三四〕。其鬼麻一种凡五枝：小歹青一枝，市贡则在大康堡；额参委正一枝，市贡亦镇远关；耿耿歹青、青歹青、石保赤丑库儿三枝，市贡在大康堡。其五路台吉一种凡七枝，共十八酋，而领市赏亦镇远关也。其把伴一种，入于泰宁，凡二枝，共十六酋，而领市赏亦镇远关也。泰宁诸夷，虎喇赤一种凡五枝，长男速把亥一枝，凡二十二酋，直广宁、海州、西平、东胜、东昌等堡，而领市赏亦镇远关也。至万历后，西虏则以伯耍儿、秒花二族为最胜〔三五〕。若考而比之，于辽东部族之盛衰〔三六〕，极有关系者也。

七、清初之征朝鲜及征蒙古。建州与朝鲜为比邻，自与明代绝贡，建州已不能自持，于是不得不攻朝鲜，在东北地域成为一体，而朝贡之入，亦足以补明代赏给之不足。其征朝鲜之役，一在太宗天聪元年，一在崇德元年。在朝鲜之记载，一为"丁卯虏乱"，一为"丙子虏乱"，朝鲜公私所记，言之颇详。至插汉之款附，与明廷极有关系。朝鲜既降〔三七〕，则明廷之东边亡；插汉既与建州和，则明廷之西陲阙。此为不可不研究之事也。

八、清初之军制。清太祖以遗甲十三副起家，遂能雄视东方，则其兵制编制，必有其故。如清之中叶，兵制已坏，而曾国藩之练湘勇，乃能所向无敌。兵制之改革，与时局极有关系。清初八旗之制，在明代之记载，陈仁锡《无梦园集·山海纪闻》云：

　　《奴酋统属》：憨总统贝勒、恰、娥夫、孤山、牛鹿、獐鹰、摆言等酋。贝勒八，恰四，娥夫六，孤山八，牛鹿三百

六十，摆言共红摆言三千有余〔三八〕。各牛鹿所属健夷，
或五七名，或十数名，或三四十名，各不等，非如中国整
营、整队、连帅、什伍之节制。

在清代之记载，《清史稿·兵志》云：

设四旗，曰正黄、正白、正红、正蓝，复增设四旗，曰
镶黄、镶白、镶红、镶蓝，统满洲、蒙古、汉军之众，八旗
之制自此始。每旗三百人为一牛录，以牛录额真领之。五牛
录，领以札兰额真。五札兰额真，领以固山额真。每固山，
设左右梅勒额真。天命五年，改牛录额真俱为备御官。天聪
八年，定八旗官名，总兵为昂邦章京，副将为梅勒章京，参
将为甲喇章京，各分三等。备御为牛录章京，旗长为专达。
又定固山额真行营马兵为阿礼哈超哈，其后曰骁骑营。巴雅
哈喇营前哨兵为噶布什贤超哈〔三九〕，其后曰护军及前锋
营。驻防盛京兵为守兵，预备兵为援兵。各城寨兵为守边
兵。旧蒙古左右营为左右翼。汉兵为乌真超哈。孔有德之天
祐兵，尚可喜之天助兵，并入汉军。九年，以所获察哈尔部
众及喀喇沁壮丁分为蒙古八旗〔四〇〕，制与满洲八旗同。
崇德二年，分汉军为二旗，置左右翼。四年，分为四旗，曰
纯皂、曰皂镶黄、曰皂镶白、曰皂镶红。七年，设汉军八
旗，制与满洲同。

吾意清初之兵制，决不如清代记载之复杂，其内容当不必如是。
盖当时本一部落，无兵与民之分，几如举国皆兵，故其势极强。
及后国土既广，军民分治，而其势渐弱。吾师陈寅恪先生云：清

之八旗，与辽、金之纠军有相似之处。金代纠军之制，日人箭内亘、羽田亨、藤田丰八及先师王静安先生均有文记其事。唯清初之兵制，则注意及之者尚鲜，此不可不研究者也。近日人浦廉一有《关于汉军乌真超哈》一文〔四一〕，曾研究及之，见《桑原博士还历纪念东洋史论文》。

九、清初之财政。日人内藤博士曾有《清国创业时代之财政》一文，惜未见。盖明代建州诸夷，其致富之道在于贡市，明廷给敕以防卫之。其次则在于请赏，明廷羁縻诸夷，赏赐不菲，建州诸酋得依赖之。清太祖努尔哈赤氏初则斩克五十，颇得赏赐。继并有诸夷，贡市集于一身。洎与明廷决裂，赏赐不及，乃征服朝鲜，勒其入贡，并得交通互市，此亦清初财政之一因。凡此诸事，散见诸籍，若考而比之，与清初史事极有关系者也。

十、清初与佛教之关系。建州与蒙古比邻，受蒙古佛教之化实多。其满洲字之制造，即由蒙古宗教家所为。明代袁崇焕之通辽，遣问之使，多遣喇嘛前往〔四二〕。清代笃信佛教，历祀不替。大氐佛教之传入，先由蒙古，而次及西藏，其后乃为清廷怀远之方策，此皆有待研究者也。

十一、建州之风俗。古昔所传建州民俗，楛矢良弓，其俗善射。若民初生，以石压头，故其面扁，其说荒诞，《满洲源流考》早已辟之。唯其风俗，若严从简《殊域周咨录》所记，女直野人性刚而贪，文面椎髻，帽缀红缨，衣缘彩组，唯袴不�，妇人帽缀珠珞，衣缀铜铃，射山为食，暑则野居，寒则室处，其说亦颇与今之满洲人衣冠相近。若夫满洲之传说，更有荒诞者。若天女佛库伦之说，究从何处流传而起。据朝鲜之记载老獭稚之说，近来日人今西龙《朱蒙传说及老獭稚传说》一文，记朝鲜会宁一带种种之传说，记之颇详。是可知天女之说，即由老獭稚之说演变而成。又如满洲祭堂子神之说，有满文《祭神祭天典礼》一书，惜未能详其内容。近人孟森《清朝前纪》谓：堂子神即祭明将邓佐，征建州战死，建州人畏之，故祭之云。故其祭堂子神时，跪时其像始展，而跪起则其像已卷之矣。或云为一裸像，或曰其像可畏，故急卷之。然此事皆与满洲风俗有关，传说之演变，有不可不知者。

十二、清初史事，详于近而略于远。自太宗有《实录》之作，虽后多有修改，然其事尚易明。唯明代之建州，除马文升《抚安东夷记》、茗上愚公《东夷考略》稍记其事，余则记载更鲜。若景祖福满之记载无闻，固无论已。即如叫场、塔失之事，清太祖与李成梁之关系，叫场、塔失死时太祖年究有几何，明代记载有谓年四五岁者，有谓其年十六七者。以时考之，天启六年太祖崩，年已七十，是当时年已及壮可知。凡此诸事，固不可不注意者也。

右明清史事问题，特举其大者而言之者。然代远年湮，则史事演变。清廷对于其祖先之史事，恶其不文，屡加修改，更失其真。故欲考订清建国史事，非博搜载记、野史、档册、传记诸书，何以能得其真。故下文专述清开国期未入关以前之史料，其史籍可分为四类：

一、成于清初本身之手者；

二、明代记建州之书；

三、清人官修之书及近人著作；

四、朝鲜人之记载及日本研究清初史事之著作。

当时金石文字亦足参考，附于每篇之后。兹综而论之。辽东诸族有文字甚久，若金之女真文，间有碑碣流传，然识之者鲜。太祖立国，初用蒙古文字，至己亥年、天命前十七年，始创修文字。据《清实录》及《清史·额尔德尼传》："太祖用蒙古字以制成满文，命额尔德尼巴克什及噶盖札尔固齐酌定之〔四三〕。未几，噶盖因事伏诛，额尔德尼独成其事，颁行国中。"此即用蒙古字写满洲文，所谓无圈点之老满洲文。至太宗天聪六年，以旧文不易谙识，乃命巴克什，以初学所应读之十二字头，加以圈点。因无圈点之字母，上下字互相雷同，不易区别。故书籍中普通语言，以旧字缀成，考察上下文义，多不能通晓，人名、地名尤易错误。因加以圈点，以区别同形异音之字，且于汉字音颁写满文者，于十二字头之尾添以变化，以示区别。是谓新满洲字，即今通行者是也。

此满洲字制成之后，用以书写文书、日记、简册、即后遗留之《老档》；用其所记之日记、起居注诸文纂修《实录》，即今流传之《满文实录图》等书。其二，则用满文以译汉文之书籍。《天聪朝奏疏稿》卷上杨方兴《条陈时政奏》云〔四四〕：

一、编修国史。从古及今，换了多少朝廷，身虽往而名尚在〔四五〕，以其有《实录》故也。书之当代谓之《实录》，传之后世谓之《国史》〔四六〕，此最紧要之事〔四七〕。我金国虽有榜什在书房中〔四八〕，日记皆系金字，而无汉字。皇上即为金、汉主，岂所行之事止可令金人知，不可令汉人知耶？辽、金、元三史见在书房中，俱是汉字、汉文，皇上何不仿而行之。乞选实学博览之儒，公同榜什，将金字翻成汉字，使金、汉书共传，使金、汉人共知，千万世后，知先汗创业之艰难〔四九〕，皇上续统之劳苦。凡仁心善政，一开卷朗然，谁敢埋没也。

是清初用满文以写定《实录》，并以译成汉文，故《实录》、典章率有满、汉、蒙文三本。榜什即博士之意，掌翰院之事者也。《奏疏稿》卷下仇震《条陈五事奏》云：

> 一曰译书史，简明以便睿览。古来明圣帝王，莫不勤好书史。汗今好学，将书史尽皆译写金国字样，诚天纵聪明，尧、舜再见。但人君之学，与众人之学在章句者不同，须得其精要。古人云，务博不如务约。即中国宿儒，亦皆选精要，专用工夫。况国君机务甚多，精神有限，何能傍及烦史。昔唐太宗集古今书史，凡系君道国事者编为一册，名曰《君鉴》，日夜披览，成贞观之盛治，后世法之。今汗宜选汉人通经史者二三人，金人知字法者三四人，将各经、史、《通鉴》，择其精要有裨君道者集为一部〔五〇〕，日日讲明，则一句可包十句，一章可并十章。此举约该博、执要贯烦之法，工夫极简明便易。圣心一览，便知道理，如在目前，五帝三王不能过也。

由上可知，其第二功用则为译书。今日流传满文译本之《四子书》及说部〔五一〕，尚可以获见。唯吾人可疑者，满文记载史事之书，仅有《老档》中诸文。而坊肆所发现者，唯有文法、字典、说部诸书，记载满洲史事之书，则颇不易见。然说部、语法诸书究有若干，董而理之，亦深有意味之事也。

档案文字之意已明，其档册存贮之地为何，王先谦《东华录》天聪十一"崇德元年三月"条云〔五二〕：

> 辛亥，改文馆为内三院。一名内国史院，记注上起居、诏令，收藏御制文字，凡用兵行政、六部所办事宜、外国所上章奏，俱令编为史册，并纂修历代祖宗《实录》，拟郊天告庙祝文、功臣诰命、诸贝勒册文；一名内秘书院，撰与外国书及上赐敕书并谕祭文，录各衙门奏疏及词状；一名内弘文院，注释古今政事得失，进讲御前，侍讲皇子，并教亲王，颁行制度。

又《大清会典事例》卷十一云：

> 天聪三年，设文馆于盛京。十年，改文馆为内三院，曰内国史院、内秘书院、内宏文院。顺治二年，以翰林官分隶三院，称内翰林院、内秘书院、内翰林宏文院。十五年，改内三院为内阁，大学士俱改内阁衔。十八年，复改内阁为内国史院〔五三〕、内秘书院、内宏文院，裁翰林院。康熙九年，仍改内阁，另设翰林院，如旧制。

自清入据北京，内阁仍明旧制。明代内阁之职掌，据《明史·职官志》：凡上达之诏、诰、制、书、册文，下达之题、奏、表、讲章、书状、文册、揭帖〔五四〕，皆审署申覆，为存贮档册之地。其内阁学士，修实录、史志诸书则充总裁官，会试充考试官，殿试充读卷官。清代承明之旧，而地位较崇，其权更重。至顺治、康熙间〔五五〕，纂修《明史》，更搜辑明季史事。《东华录》载顺治五年谕内三院云：

> 今纂修《明史》，阙天启四年、七年《实录》及崇祯元年以后事迹。著在内六部、都察院衙门，在外督、抚及都、布、按三司等衙门，将所阙年分一应上下文移有关政事者，作速开送礼部，转送内院，以备纂修。

是明代史料，亦集于内阁之中。但内阁之制，至雍正间设军机处而权势稍衰。赵翼《檐曝杂记》云〔五六〕：

> 军机处，本内阁之分局。国初承前明旧制，机务出纳悉关内阁，如唐翰林学士掌内之制。雍正年间，用兵西北两路，以内阁在太和门外，虑泄事，始设军需房于隆宗门内。

至此，内阁遂为贮存档册之所。及清宣统年间，内阁大库楼坏，大学士张之洞奏请，以大库所藏书籍设学部图书馆，即今之国立北平图书馆；其旧档，则主销焚。幸上虞罗叔蕴先生振玉时充学部参事，以档册关系史事，请于张氏，罢免销焚。入民国后，此项档册移于午门历史博物馆。民国十年，因经费支绌，随将档册八千余麻袋售于纸商同懋增，以重造新纸，所谓还魂纸者也。后经罗氏见之，乃以四千元获得，复归于罗氏。先师王静安先生为作《库书楼记》〔五七〕，以记其事。曾印行《史料丛刊》，多为清初罕见之史料。其仍存于历史博物馆者，蔡子民先生元培为之请，存于国立北京大学研究所国学门，即今明清史料会所整理之档案也。后上虞罗氏以此项档册，让与江西李盛铎木斋。民国十八九年间，吾师陈寅恪、马叔平先生衡请于当事，以二万元归于国立中央研究院历史语言研究所，即今所印之《明清史料》是也。吾友徐中舒为《内阁档案之由来及其整理》一文，记之甚详。日人内藤湖南博士《清开国期之史料》一文〔五八〕，言清初史事颇确，此节即节取其意。由上之文，吾人于档案内容可分为三类：

一、清代未入关以前之档案，存于辽宁故宫博物馆之崇谟阁，即今崇谟阁之旧档；

二、清代入关后之档案，在内阁大库以外，尚保存于宫中者，即今清故宫之档册；

三、内阁大库散失后之档册〔五九〕，流传至北平图书馆、上虞罗氏、北京大学研究所、中央研究院，今各处所整理之档册皆是。

凡此，皆清初史事之大略也。清初之史事已明，其档册之名辞，有不可不注意者。今先言档字之名辞。官署案卷，清初称为档子。内阁有满汉档字房。杨宾《柳边纪略》云：

> 边外文字多书于木，往来传递者曰牌子，以削木片若牌故也。存贮年久者曰档案，曰档子，以积累多，贯皮条挂壁若档故也。然今文字之书于纸者，亦呼曰牌子、档子矣。

文书之名辞，足以辨年代之真伪，识一时之风气。然此为专门之学，非仓促间可以解释。桢曾访于杨雪桥先生钟羲，杨君熟于明清掌故之学，承其解答，录之于后。

红本：奏本用白折题本，黄面红里，故称红本。

题：题本以别于奏本，奏本直达御前，题本由阁票签，多例行事件。

揭帖：简明说帖，参劾曰揭参，呈报曰揭报。

塘报：堤塘送递之报，奏报、呈报皆是。

题行稿：行者，行各衙门具题之件，分行各该衙门。

书简：公事说帖。

以上六则，尝见于档册之中，虽此寥寥之数语，亦于研究清初史事不无小补者也。

至于明代人对于建州之记载，当以明十三朝《实录》较为准确。其中天启四年、七年两年之记载，为顺治二年开修《明史》馆时，为冯铨所盗窃。又无崇祯一朝。然其书按年记载，而尚未被清廷之修改。万季野斯同之修《明史》，最凭《实录》，已先言之。泊夫边事日急，朝野喜谈兵事〔六〇〕，凡奉使边事者无不有著述，若熊廷弼之《按辽疏稿》、张鼐之《宝日堂集》、孙承宗之《督师纪略》〔六一〕、王在晋《三朝辽事实录》。边事一时有一时代之不同，读此最可见当日之情势。其他在野之士，亦喜为兵事之谈，若明张一龙之《武库纂略》、苏门山人郭渭之《东事书》，虽不无书生之见，然一鳞一爪，亦可以见当日之史事。唯自清乾隆闲屡申禁书之令，书多不传。今幸时异日迁，毁禁之书稍稍间出，以吾人所已见者，其记建州事者，依其性质可分为三类：

一、专记建州史事之书，若马文升《抚安东夷记》、若上愚公《东夷考略》、天都山臣《女直考》等类是也；

二、记辽东之方志，若《辽东志》《全辽志》等类是也；

三、筹辽方策之书，若程开祜之《筹辽硕画》、喻龙德之

《秘书兵衡》、张一龙之《武库纂略》等书是也。

其他专记一人一事之记载，若李清记斩毛文龙始末，钱谦益之《孙高阳行状》等类，可以见一人或一域之情势。若夫明代之著述兼记辽东事者，若何乔远之《名山藏》、严从简之《殊域周咨录》等书，若能别而出之，则明代对于辽东史事之真相，大略可见矣。若清代官修之书，则在臆改旧事，灭没史迹。即如清初太祖、太宗、世祖《实录》，为史事之最确者。然《太祖实录》始修于天聪十年。日人内藤博士谓，崇谟阁之《太祖实录图》即最初之本，未知确否。但观故宫博物院所藏之《实录》，一修于康熙二十五年，再修乾隆四年，其后历朝递有修改，其事实亦不知失去凡几。详载下文。至若清乾隆间所纂之《皇清开国方略》《满洲源流考》，王先谦《东华录》依一改再改之《实录》而铺张扬厉之，则去事实更远矣。然亦不可知其修改之迹也。至若朝鲜与建州为毗邻，自太宗征服朝鲜之后，朝鲜尝遣子入朝，今流传有《沈阳日记》《沈阳状启》诸书。清初史事不彰者，尚可于朝鲜载记中见之。自民国改元，人士乃稍稍研究清初史事，若近人章炳麟之《清建国别记》、孟森之《清朝前纪》，此其荦荦大者。海东日本亦喜研治其事，若《满鲜历史地理研究报告》《满蒙丛书》，记载清初史事尤详。其治满洲史事者，若内藤虎次郎、稻叶岩吉、今西龙诸君，均有文以记其事。此吾国人所不可不注意者也。

右既举清开国史料之大凡，然吾所以谓整理史料之重要者，其故即如上所云，清官修之书，一在臆改旧文，二在没灭史迹。兹先就臆改旧文处言之。

一、《实录》历次之修改。日人内藤博士《清开国期之史料》云：

> 凡言中国之史料正确，官修之记录，无论何朝当以《实录》为第一。但《实录》之性质，往往本朝之臣子记录本朝之事，故有关避讳之事，记载不详者颇多。如宋朝政治上党派之激争，与明朝帝系之障碍，此事《实录》多有修改，可信之程度甚低。因此清朝之《实录》，究竟有几分可以相信，不可不先加考虑。就此《实录》言之，有必要注意者。清三朝《实录》写本，实已早传于日本，即清太祖、太宗、世祖三朝是也。此三朝《实录》，文化四年村山芝坞、永根冰斋二人抄录成书，名《清三朝实录采要》十六卷，出版行世。一时中国游日者，因本国《实录》不易获见，颇喜采购其书。此种《实录采要》，尚有简略抄本，即《大清三朝事略》二卷，刊行于宽正十一年，反在《采要》本之前。留传日本之《实录》，与北京、奉天所藏之《实录》是否一样，尚不可知。吾之所以发此疑问，盖以现在通行之蒋良骐之《东华录》，与王先谦之《东华录》，均系由《实录》抄录，而记事体裁，与传抄本颇有不同之处。例如满洲、蒙古所用之名字，传抄本《实录》与《东华录》多有不同。如官名与人名并记之时，照满洲书法，人名在上，官名在下。如"博而晋虾"，博而晋人名，虾乃官名，侍卫之义。然《东华录》则作"侍卫博而晋"。剖此疑问所得之结果，传抄本之《实录》，乃抄之康熙年间之纂修本；《东华录》所根据之《实录》，乃乾隆后所修改者。其故因清太祖之谥法，传抄本作

"太祖承天广运圣德神功肇纪立极仁孝睿武弘文定业高皇帝"，乃康熙年所改定。其后雍正元年，于"睿武""弘文"间加"端毅"二字。乾隆元年，又"端毅"下加"钦安"二字。此考查之结果，清朝之《实录》有一部分已经修改，传抄本《实录》乃最初之记录，比官修本较为质实。

右言《实录》之修改及谥法递次之加增，书官爵例，由满洲之俗而渐变为汉俗，已失本来面目。

二、删改旧文。征诸档册，《清太祖实录》稿本，其七大恨誓师之文，其原文本极驯顺，尚不敢有叛明之文。凡三加改定，始成今通行七大恨誓师之文。又平定朝鲜三田渡《纪功碑》，其首句为"以坏和自我始，赫然一怒，以武临之"。顷见北平图书馆藏《清太宗实录》残本，改为"以我实始败和，赫然一怒，以武临之"。金石文字尚可更改，则旧文被删改者多矣。

三、粉饰事实。据日人内藤博士《清开国期史料》一文，清太祖之妃大福晋赐死一事，似与太祖之子争立有关，《实录》稿本曾记其事，而修改之本则无。又如太宗之嗣位，将帅之拥立世祖诸事，其内政颇不能和睦，朝鲜记载曾记其事，而《实录》反无。至于人名、官名，其初则质野无文，至修改之书则一归于雅驯，如"獐鹰"改作"章京"，"猛哥帖木儿"改作"孟特穆"之类是也。

所谓没灭史迹者有三：

一、明廷征服辽东，北至黑龙江、库页岛诸地，为自唐征服辽东以后武功仅有之事。《明史》则云，明代疆界仅北及开原、铁岭。清光绪间，曹廷杰发现明永乐间奴儿干《永宁寺碑》，而后知明代边疆远及塞北荒寒之地。而明人记载，如彭孙贻《山中闻见录》等书亦记其事。使无此记载，则后人将不知明代武功之远及索伦诸部矣。

二、建州之名，载在明人著述，彰彰可考。乃《明史·地理志》不记建州之名，列传亦不记其事。如马文升之抚安东诸夷，董山之叛，本传记之极略，使无《抚安东夷记》一书，则明初建州之情势，将更益黯然。至李成梁之筑宽奠六堡，幸《明史》李成梁、张学颜传少记其事，其他若毕恭之筑边墙事，为《明史》所无。此皆有待于野史之补证者也。

三、清初史事，至乾隆以后恶其不文，颇多避讳。如"满洲"国号，在关外时本无此名，征诸史册，历历可见。至入关以后，凡有金国汗之名，悉改为"满洲"，然旧存档册不可掩也。又如顺治之称多尔衮为"皇父"，后世亦多讳之。其他若其先世服从明代之事，及其族中争立之迹，非征诸档册及朝鲜人记载，何以能知其事。至康熙以后，清廷所讳之事尤繁，此不可不研究者也。

余若明代征辽诸将，若熊廷弼、袁崇焕、孙承宗诸人，《明史》事实率多缺落。如孙承宗之传，与钱谦益所撰之《孙高阳年谱》相较，则简略实多。至明人之记载，若马文升《抚安东夷记》、叶向高之《女直考》，记明初建州之事极详。王在晋《三朝辽事实录》，记辽事之建置颇明。若上愚公之《东夷考略》、海滨野史《建州私志》〔六二〕，记辽事始末最确。张鼐之《辽夷略》，记兀良哈三卫部族最晰。何乔远《名山藏·王享记》〔六三〕，记卫所之名独备。严从简之《殊域周咨录》，记建州之风俗。郑文彬之《筹边纂议》，记阿哈出之内附。程开祜之《筹辽硕画》，记筹辽之奏疏之始末。然而当时野史抄缀成文，袭人之说，或存心谩骂、羌无故事者，亦所在多有。盖考订史料之事，在于排比旧说，去其重复，考其源流，列为长编。或考订旧事，创为新史，史料既富，则真相自明。如其故为创见，不如信而阙疑。至于审定史事，辨别真伪，是在读者而已。民国十九年大除夕，草成于国立北平图书馆。

〔一〕"绿"，底本作"录"，今据本书附录《叙论订补编》改。

〔二〕"实未能"，底本作"未能实"，今据《清开国史料考勘误表》正。

〔三〕"奠"下，底本衍"旬"字，今据《勘误表》删。

〔四〕"族"，底本脱，今据《勘误表》补。

〔五〕"速"，底本作"逸"，今据《勘误表》改。

〔六〕"崛"，底本作"蹶"，今据《勘误表》改。

〔七〕"父"，底本脱，今据《清史稿》卷一《太祖本纪》补，中华书局一九七七年点校本。

〔八〕"年"，底本作墨丁，今据《叙论订补编》补。

〔九〕"遂"，底本作"虽"，今据《勘误表》改。

〔一〇〕"岛"，底本作"鸟"，今据《勘误表》改。

〔一一〕"沸"，底本作"佛"，今据文意改。

〔一二〕"蟒尔古泰"，《满文老档》《太祖高皇帝实录》《太宗文皇帝实录》通作"莽古尔泰"。下同，不注。

〔一三〕"弃"，底本作"弁"，今据《勘误表》改。

〔一四〕"故"，底本作"固"，今据《勘误表》改。

〔一五〕"被"，底本脱，今据《勘误表》补。

〔一六〕"跃"，底本作"蹶"，今据《勘误表》改。

〔一七〕"不研究"，底本脱"不"，今据《勘误表》补。

〔一八〕"洲"，底本作"州"，今据《勘误表》改。以下径改，不注。

〔一九〕"畀"，底本作"卑"，今据《勘误表》改。以下径改，不注。

〔二〇〕"辽"，底本作"边"，"墙"，底本作"疆"，今据《叙论订补编》改。

〔二一〕"赴"，底本作"起"，今据《叙论订补编》改。

〔二二〕"时"，底本作"是"，今据《勘误表》改。

〔二三〕"祜"，底本作"祐"，今据《勘误表》改。以下径改，不注。

〔二四〕"士"，底本作"土"，今据《勘误表》改。以下径改，不注。

〔二五〕"里雍"，底本二字乙，今据《满洲实录》卷一正，中华书局一九八六年影印本。

〔二六〕"即"，底本作"及"，今据上下文改。

〔二七〕"勒"下，底本衍"莽"字，今据《勘误表》删。

〔二八〕"子"，底本作"字"，今据《勘误表》改。

〔二九〕"于"下，底本衍"帝"字，今据《勘误表》删。

〔三〇〕"诸"，底本作"谓"，今据《世祖章皇帝实录》卷二二"顺治二年十二月癸卯"条改，中华书局一九八五年影印本。

〔三一〕"王"，底本作"子侄"，今据《陈太史无梦园集·山海纪闻》改，北京出版社二〇〇〇年《四库禁毁书丛刊》影印明崇祯六年刻本。

〔三二〕"狠"，底本作"很"，今据《勘误表》改。

〔三三〕"奴"，底本作"仰"，今据《勘误表》改。

〔三四〕"关"下，底本衍"其克石炭一种凡三枝领市赏亦镇远关"十六字，今据《辽夷略·叙言》删，《四库禁毁书丛刊》影印明天启刻本。

〔三五〕"秒"，底本作"抄"，今据《勘误表》改。

〔三六〕"于"，底本脱，今据《勘误表》补。

〔三七〕"既"，底本作"即"，今据《勘误表》改。

〔三八〕"三"，底本脱，今据《陈太史无梦园集·山海纪闻》补。

〔三九〕"哈喇"，底本脱"哈"字，今据《勘误表》补。

〔四〇〕"获"，底本作"护"，今据《清史稿》卷一三〇《兵制一》改。

〔四一〕"关"，底本作"开"，今据《勘误表》改。以下径改，不注。

〔四二〕"遣"，底本作"遗"，今据《勘误表》改。

〔四三〕"固"，底本脱，今据《清史稿》卷二二八《额尔德尼传》补。

〔四四〕"稿"下，底本衍"云"字，今据上下文删。"奏"，底本作"疏"，今据《天聪朝臣工奏议》卷上杨方兴奏改，东方学会一九二四年《史料丛刊初编》铅印本。

〔四五〕"而"，底本作"有"，今据杨方兴奏改。

〔四六〕"世"，底本作"也"，今据《勘误表》改。以下径改，
不注。

〔四七〕"紧"，底本脱，今据杨方兴奏补。

〔四八〕"金"，底本作"全"，今据《勘误表》改。

〔四九〕"汗"，底本作"汉"，今据杨方兴奏改。

〔五〇〕"裨"，底本作"俾"，今据《勘误表》改。

〔五一〕"部"下，底本衍"说"字，今据《勘误表》删。

〔五二〕"元"，底本作"十"，今据王先谦《东华录》天聪十一
改，上海古籍出版社二〇〇二年《续修四库全书》影印
清光绪十年长沙王氏刻本。

〔五三〕"国"，底本作"阁"，今据《钦定大清会典事例》卷一
一改，《续修四库全书》影印清光绪石印本。

〔五四〕"上达""下达"，《明史》卷七二《职官志一》作"上
之达下""下之达上"，中华书局一九七四年点校本。

〔五五〕"治"，底本作"天"，今据《勘误表》改。

〔五六〕"檐曝"，底本二字乙，今据《檐曝杂记》正，《续修四
库全书》影印清嘉庆湛贻堂刻本。

〔五七〕"楼"，底本脱，今据《勘误表》补。

〔五八〕"期"，底本作"朝"，今据本书卷六改。以下径改，
不注。

〔五九〕"阁"，底本作"库"，今据上文改。

〔六〇〕"喜"，底本作"熹"，今据《勘误表》改。

〔六一〕"宗"，底本作"崇"，今据《勘误表》改。

〔六二〕"建"，底本作"违"，今据《勘误表》改。

〔六三〕"享"，底本作"亨"，今据《名山藏·目录》改，《四库
　　　　禁毁书丛刊》影印明崇祯刻本。以下径改，不注。

卷　二

清初之档册

满洲实录八册辽宁故宫博物馆崇谟阁藏本。

不知撰人名氏。按清初太祖、太宗两朝《实录》、档册，为研治清初史事者不可少之书。前清盛京之崇谟阁，北京宫禁、内阁诸处，皆有存贮。唯内阁所存《实录》、档案，在康熙、乾隆时已屡经修改。崇谟阁所贮存者，虽亦加后人修改，然较内阁诸本则必少胜，故极为国内史学家及日、俄之学者所重视。今据著录编次于后。日人内藤湖南博士研治清初史事极精，近著《读史丛录》，汇辑生平史学著述，内有《清朝开国期之史料》一文，于清初史料之分类、时代之断定极为允当，而对于清初关外之史料言之尤详。故择要译其文，附之于各篇之后。清初档案之次序，即照其文以编入。

《清开国期之史料》云：存于奉天之《实录》，藏于崇谟阁中者，有满文、汉文两种。此阁中除《实录》外，尚有《圣训》

满、汉两文及其他重要之史料。其中于《实录》最相近者，为标题《满洲实录》之书。此书凡八册，为绘图写本，用满洲、蒙古、汉文三种文字并写。其记事殆与《太祖实录》相同，其图画始于长白山三神女之传说，以及太祖一代事迹，末方附记左向数语云：

> 《实录》八册，乃国家盛京时旧本，敬贮乾清宫。恐子孙未能尽见，因命依式重绘二本，以一本贮上书房，一本恭送盛京尊藏，传之奕世，以示我大清亿万年子孙，毋忘开创之艰难也。

原本存于乾清宫，其存亡未可知。至此本之由来，《太宗实录》"天聪九年八月乙酉"条云：

> 画匠张伦、张应魁恭画《太祖实录图》成，赏伦人户一、牛一头，应魁人户一。

故盛京所藏，尚是传写之本。画中太祖、太宗之面貌，几乎皆有一定表示，一种特异之像，似有所根据。传抄本之《实录》，与崇谟阁之《实录》与之比较，可以得其史料之价值。传抄本《实录》所记，当太祖病时，正妻大福晋者，吴喇国满大贝勒之女也，时年三十七岁。大福晋原系后妻，前之嫡庶所出颇众。大福晋所出，有睿亲王、豫亲王等。其异腹兄弟诸贝勒，承太祖之遗嘱，强请大福晋从死。大福晋屡被强请，着礼服，饰金玉珠翠之物，托幼子与人而殉焉。传抄本载此事，而《东华录》则无。但《满洲实录》记载此事极详，而崇谟阁所藏之官本《实录》，关于大福晋殉死之事则未载入。由此观之，传抄本《实录》与《满洲

实录》，乃质实最初之记录，故避讳之事较少。而乾隆重修之
《实录》，则满洲之不名誉之事删除较多矣。

以上研究之结果，清开国期之《实录》，传抄本最可信据。
至绘图之《满洲实录》，关于太祖一代之事迹，与传抄本有同等
之价值。而《满洲实录》有满、蒙两文，对于满洲、蒙古两种文
字正确意义保存极久，是其所长。内阁所庋各朝《实录》，皆有
满文副本，日本所传抄之本无满文〔一〕，是其所短耳。至内阁
大库本《实录》与传抄本，但读其序文，康熙、乾隆两度重修，
其迹甚明。

按：桢至辽宁，晤金息侯先生梁，据云：清之末年，内藤博
士至辽索观旧档时，属宫禁之地时金氏总管其事，慨然允之，并
命书记金君作陪，因得纵观阁中之书，但约以不为发表而已。内
藤博士所抄者，于《老档》之外，复影《满洲实录图》八册，五
体文《清文鉴》以去。至民国，此文始发表于世。至《满洲实录
图》，乾清宫尚存贮一部，为内监盗出，售于贡桑诺尔布，贡氏
复转鬻于日本矣。国中史料日以流亡，惜哉！

崇谟阁汉文旧档六册辽宁故宫博物馆崇谟阁藏本，《史苑》印《各
项稿簿》本〔二〕，《史料丛刊》本，国立北平图书馆藏抄本。

不知撰人名氏。按《清开国期之史料》云：崇谟阁中又有汉
文旧档六册，其中有一册系重复，实有五册。其内容为：

一、《各项稿簿》一册；

二、《朝鲜国来书簿》三册；

三、《奏疏稿》一册。

　　第一种所谓《各项稿簿》者，乃搜辑抄录自太宗天聪二年九月起，至天聪五年十二月份来往文书也。其目为：

　　金国汗致朝鲜国王书十七通。

　　金国汗致毛大将军书。

　　下八旗固山贝勒敕谕。

　　祷告天地誓状。

　　下各汉官敕谕。

　　王府传谕金、汉、蒙古军民人等。

　　下官生军民人等敕谕。

　　下某岛某官敕谕。

　　下各城屯堡秀才敕谕。

　　与刘三弟兄谕帖八通。

　　下皮岛副将陈继盛等敕谕。

　　刘兴贤家信七通。

　　下静安堡刘千总敕谕。

　　金国汗及执政众王等告天盟誓疏。

　　下游击李献箎敕谕。

　　下永平迁滦等处军民人等敕谕。

　　颁行各官及贴八门钟楼敕谕。

　　下黄旗下旗鼓管人民敕谕。

　　传八固山下各堡官民敕谕。

　　下查僧尼官敕谕。

　　下各僧众敕谕。

　　下参将祝世昌敕谕。

下国中汉人敕谕。

下驸马总兵佟养性敕谕。

下众将官敕谕。

下僧纲司敕谕。

下僧录司敕谕。

下靖安堡住民孟安邦敕。

与朝鲜会宁府咨。

下道录司敕。

下金、汉官生军民人等敕。

下诸将领敕。

下金、汉、蒙古官员。

下礼部敕论三通。

下兵部转行八门上敕谕。

孙副总兵传谕兵丁等。

金国汗致祖大将军书。附祖家弟兄等禀稿。

附录岛中刘府来书七通。

此外尚有琐细记事颇多。所谓"金国汗"者，即清太宗。据《实录》所载，此时应称满洲皇帝，而事实仍称金国汗。此等事迹存留于奉天省各地刻石，又与明代及朝鲜所记载相符，知此为真确之史料。书中所谓"毛大将军"指明毛文龙，"祖大将军"指明祖大寿。此中事实，未被《实录》所采录者甚多。其被采录者，盖皆经修饰，亦不存本来面目。此等文书，于未入关前之政治、外交等事，极可得其真相。

《朝鲜国来书簿》第一册，自天聪元年起，至八年十二月止。

第二册，天聪九年起，至崇德四年十二月止。第三册，崇德五年六月事，记太宗第一次征伐之经过。此国书之遗留，据朝鲜之《同文汇考》，第二次征伐以前之国书，《汇考》所不载。《朝鲜实录》载不载，不得而知。但清朝《实录》，未被采者颇不少。因之有此书，而两国交际之变态，其再战之原因，乃得明了。

《奏疏稿》者，自天聪六年正月起，至九年三月止。诸臣奏疏之搜辑，如刑部承政高鸿中、新副将张弘谟等，参将高光辉、游击方献可、参将姜新服、生员孙应时、礼部侍郎李伯龙、秀才高士俊、总兵佟养性、镶红旗相公胡贡明、秀才马国柱、书房相公王文奎、相公江云深、镶白旗副将孙得功、书房鲍承先、整白旗备御刘学成、书房秀才李栖凤、蓝旗总兵官马光远、书房秀才杨方兴、兵部启心郎丁文盛、赵福星、整黄旗下副将祖可法、凌河备御陈延龄、总兵官麻登云、整白旗下隐士扈应元、整白旗下游击佟整、永平府新人徐明远、大凌河都司陈锦、生员沈佩瑞、新顺生员杨名显等，整红旗牛禄章京许世昌、俘臣仇震等，明之降将孔有德、尚可喜，又所谓帏幄范文成等，所存奏疏甚多。尤为降将所上策略，大抵为灭明之计，廉耻道丧，丑态毕露。此皆《实录》所未采，皆贵重之史料也。至于官名之书法，例如"章京"书为"相公"，"正黄旗"与"整黄旗"两用，足以想见制度草创之际，尚未有一定之状态。可以想见奉天之十余里塔湾之刻石，以"章京"为"将军"等，与此相合〔三〕。此项旧档，于明治三十八年与东京市村教授共同用蓝写真全部录出。

按《各项稿簿》，已于日本《史苑》杂志陆续印出。《奏疏稿》，罗叔蕴先生已印入《史料丛刊》中，题《天聪朝臣工奏议》。罗氏以为内阁大库物，实即此本也。据金息侯先生言，与原书略有更改耳。

满文老档一百七十九册辽宁故宫博物馆崇谟阁藏本。

不知撰人名氏。《清开国期之史料》云：崇谟阁所藏之史料，关于清开国期最大关系者，为《满文老档》。此项老档有两种写法，一为旧满洲字，一为新满洲字。

Tongi fuka akū hêrge i dangsê 无圈点之档子，此题《旧档》。

Tongi fuka sindaha hêgê i dangsê 加圈点之档子，此题《新档》。原始满洲字，用蒙古字母记载。其满洲文之创造，始于太祖己亥年、天命前十七年。其创始之事，据《实录》及《国史·额尔德尼传》《皇朝通志》所记：太祖用蒙古字以制成满文，颁行国中，命额尔德尼巴克什及噶盖札尔固齐酌定。二人辞曰："蒙古字者，臣等习知之，相传已久，未能更制。"太祖谕之曰："汉人读汉文，凡习汉字或未习汉字者，亦皆知之。蒙古人读蒙古文，未习蒙古文字者，亦皆知之。今我国语，不以蒙古文读之，未习蒙古文者则不能知。如何以我国之语制字为难，反以他国之语为易耶？"二人对曰："以我国语制字最善，但更制之法，尚未能明。"太祖因语曰："'阿'字下加一'麻'字，岂非'阿麻'乎。父之意。'额'字下加一'墨'字，岂非'额墨'乎。母之意。以蒙古字及满洲语相和，连缀成句，即足因文见义。吾等之已悉，尔等试书之，何为不可。"二人因太祖明断，遵旨编辑。不久，噶盖因他事伏法，额尔德尼独拟制成，奏上裁定，颁行国中。此即用蒙古字写满洲文，所谓无圈档案，旧满洲字是也。然满洲、蒙古文字颇有不同。例如蒙古字 Kha. gha 发音，满洲语

Ka. ha. ga 三音通用。故"雨"aga 与"奴仆"aha，此二字语音混同不清，"户口"之"户"baigon，与"泥土"之"土"boihon 多混同，"鱼刺"haga 与"男子"haha 混同，在此处不免发生困难。因此太宗天聪六年三月，命巴克什以初学所应读之十二字头，加以圈点。因无圈点之字母，上下字互相雷同，不易区别。故书籍中普通语言，以旧字缀成，考察上下文义，多不能通晓，人名、地名尤易错误。因加以圈点，区别同形异音之字母。且以汉字音颁写满文字者，于十二字头之尾添以变化，所以往往连写两字，以汉字之表见于切音，以汉字之里表示其精当。此即新满洲字，加圈点之档案也。以新、旧二种文各写一通，因此二种文字皆比较为时甚早之记录，故称"老档"。所谓"档字"者，即记录档册之意义也。此制字之额尔德尼，其名与后藏班禅额尔德尼有相似之处，欧西人认以为西藏人，其实错误。额尔德尼原系满洲人，都英额地方之纳喇氏也。此《老档》之内容，即太祖、太宗两朝之记录。今记其目于后：

太祖第一套，四册，丁未年至乙卯年。

太祖第二套，九册，天命元年正月至四年十二月，明万历四十四年至四十七年。

太祖第三套，九册，天命五年正月至六年五月，明泰昌元年至天启元年。

太祖第四套，九册，天命六年六月至十二月，明天启元年。

太祖第五套，十一册，天命七年正月至六月，明天启二年。

太祖第六套，八册，天命八年正月至五月，明天启三年。

太祖第七套，九册，天命八年五月至九月，明天启三年。

太祖第八套，七册，天命九年至十年十一月，明天启四年、五年。

太祖第九套，六册，天命十年至十一年，明天启六年、七年。

太祖第十套，九册，记天命年间年月具备档子。

太宗第一套，八册，天聪元年正月至十二月，明天启七年。

太宗第二套，七册，天聪二年正月至十二月，明崇祯元年。

内第十二册，关于毛文龙之记事。

太宗第三套，五册，天聪三年正月至十二月，明崇祯二年。

太宗第四套，七册，天聪四年正月至四月，明崇祯三年。

太宗第五套，六册，天聪四年五月至十二月，明崇祯三年〔四〕。

内第三十三册，天聪四年给满、汉官员官衔敕谕档子，蒙古台吉等誓书并差遣书。

太宗第六套，六册，天聪五年正月至八月，明崇祯四年。

太宗第七套，五册，天聪五年八月至十二月，明崇祯四年。

太宗第八套，六册，天聪六年正月至二月，明崇祯五年。

太宗第九套，六册，天聪六年三月至六月，明崇祯五年。

太宗第十套，五册，天聪六年七月至十二月，明崇祯五年。

内第六十一册，天聪间之档案六件，不记年月者。

太宗第十一套，六册，崇德元年正月至三月，明崇祯九年。

太宗第十二套，六册，崇德元年四月五日，明崇祯九年。

太宗第十三套，六册，崇德元年四月六日，明崇祯九年。

太宗第十四套，七册，崇德元年七月八日，明崇祯九年。

太宗第十五套，七册，崇德元年九月十日，明崇祯九年。

太宗第十六套，六册，崇德元年十一月十二日，明崇祯九年。

以上诸书，从天命纪元前九年起，到崇德元年止，三十年间，日记体裁。天聪七、八年及天命七年下半年，均残缺。其他尚有残缺之处。《实录》中太祖不过八卷，此《老档》有八十一册之多。太宗在位十七年，《实录》不过六十七卷，《老档》七年，有九十九册之多。尤为崇德元年，初称大清国号、上皇帝尊号时，一年有三十八册之多。假使满洲文与汉文相较，篇幅多，卷帙相同，则其事实当更加详密无疑。至其内容，余尚未十分考察，但为清开国期第一等之史料，可断言也。此《老档》之由来，据《太宗实录》"天聪三年夏四月丙戌"条有云：

> 上命儒臣分为两直：大海榜式同刚林、苏开、顾尔马浑、托布戚等四笔帖式，翻译汉字书籍；库尔缠榜式同吴巴什、查苏喀、胡丘、詹霸等四笔帖式，记注本朝得失，以为信史。传抄本《实录》。

记翻译、记注之事，除此条外，前此尚无明白之记载。但就《老档》考察，太祖创满洲字不久，即开始记录。天聪三年，又将翻译及记录分开，此极进步之事也。按以上记事，"大海榜式"，即达海巴克什，因康熙时修改，而音相异者。"榜式""巴克什"，音从"博士"二字转来，在满洲语即文人之意。"库尔缠榜式"，改修本作"库尔禅巴克什"。至"笔帖式"，从蒙古字"必阇赤"所出，即学士之意，后乃为满洲司书记之事，微小之官名。

如前所云，加圈点者为新满洲字，天聪六年所曾经改定者。《老档》大部分旧字，即无圈点档案，可以推知。然现存《老档》及写定之岁月尚不明了，大概写定于乾隆之时。其时或因发现档案已残腐，故重加修改，乃成现在之体裁。因处处可见到，有用绢所书原档残缺字样，黄笺贴附。盖改写之际，旧字本难读，乃更改定新字本。可以推测而知，其已成于新字改定之后。而关于崇德年间纪事旧档，则因乾隆帝喜体裁整洁，故无圈点之档案，亦添加圈点矣。此记录发现七年后，至今已影写四千余张，现在正在整理，不久即可完成。此新鲜宝贵之史料，当可供研究者之自由利用。此外藏于内阁大库中者，近年已交于学部，关于清初文书当属不少。据清光绪二年调制清查东大库底档，可以推知，其中可以与《老档》匹敌，或竟在《老档》之上，固在意中事也。

金国外藩各蒙古贝勒致朝鲜国王推戴太宗书辽宁故宫博物馆藏本。

不知撰人名氏。是书记金天聪十年，即崇德元年，金使英俄尔岱、马福塔至义州，并赍此书。朝鲜人不附此意，卒起丙子之战。见日人中村荣孝《满鲜关系之新史料》。《朝鲜国来书簿》记太宗第一次之征朝鲜，此篇记第二次之征朝鲜，可以相补证。

满洲老档译本一百七十九册辽宁故宫博物馆藏稿本。

满洲老档秘录十卷铅印本。

近人金梁息侯等译。日人内藤湖南博士本题为《满文老档》，此题曰《满洲老档》，各从本文，故两用之。《老档》译本，东海徐氏藏有抄本，据云未曾译完。戊午秋，金息侯氏摘录其要，辑为二卷，名曰《老档秘录》，前有《自序》、徐世昌《序》、林纾《序》、赵尔巽《跋》，择其有关史事录于后。

《自序》云：盛京故宫旧藏《满洲老档》一百七十九册，分纪天命、天聪、崇德朝事，多三朝《实录》《开国方略》《东华录》所不载，见所未见，闻所未闻，诚三百年来之秘史也。原本为无圈点体满文，其字近蒙古，与通用满洲文字不同，翻译至难。经满汉文学士十余人之手，费时二载，今始脱稿，当分编百卷。以卷帙过多，校刊非易，遂择要摘录，名曰《满洲老档秘录》，分上下两编，先付缮印。此不及全书二十分之一，以索观者多，聊快先睹云尔。戊午中秋，瓜圃老人金梁。

赵《跋》云：盛京大内崇谟阁藏有旧档二种，一为满文，百数十册，所载皆太祖、太宗朝事，编年分纪。金息侯总管辑译成书，世传《满洲老档》是也。一为汉文，六册，分载敕谕奏疏及朝鲜国书，皆天聪、崇德年事。息侯录副编次，名曰《崇谟旧档》，即是编也。息侯留心掌故，抱残守阙，尝辑刻国故零刊十数种，名为《瓜圃丛刊》，自撰叙录，流传海内外，无不重之。是编所录奏疏，皆开国儒臣密筹帷幄，有署"书房秀才"者，即后来上书房、南书房所自本，想见草创规模之简略焉。罗叔言参事刊大库史料，曾取以编入，与他种同托为库书，其实非也，盖即崇谟旧藏耳。崇谟两档久为各国所重视，日本早摄照为图，俄、德学者亦时访息侯，研讨满洲，并借影其副本以去，而邦人知者转稀。惜《满文老档》册帙过多，未易付印。是编当早刊行，既免散失，且补国史所不及。幸息侯速起图之。兀补老人赵尔巽。

据金息侯先生言，识《满洲老档》之字者极鲜，当译书时，请满洲翰林数人从事编译。彼亦不识其字也，乃就官修《开国方略》等书，与之约略相同者，即抄录其文，不同者，乃以意译之，即彼亦不敢自信也。似此书者，虽译亦等于未译。若能敦谙其文，董而理之，亦盛事也。

以上辽宁《满洲老档》

清太祖高皇帝实录十三卷 故宫博物院文献馆藏本。

内国史院大学士希福等修〔五〕，鄂尔泰等奉敕重修。是书据乾隆四年修改本，原题曰《大清太祖承天广运圣德神功肇纪立极仁孝睿武端毅弘文定业高皇帝实录》，今据封面题从省。《满洲历史地理引用书目提要》云：此书编于天聪十年，康熙二十年改修，二十五年修成〔六〕，乾隆四年又更改修。最初之《实录》，不能得其详。唯内藤博士以奉天崇谟阁《太祖实录图》，即原书之底本而加画者。第二、三次之改修本，已传至日本，《内阁文库》所贮存者是也。蒋良骐之《东华录》，即依照此书第三、四次之改订本。奉天崇谟阁亦有藏本，为黄缎装订，朱丝栏本〔七〕。王先谦之《东华录》，即依乾隆时之改修本也〔八〕。乾隆本有乾隆四年御制《序》、张廷玉序《进实录表》、康熙二十五年《序》《纂修凡例》，为最后所加。择要录之于后，以见其改修之迹。

乾隆四年《序》云：太宗文皇帝继天登阼，命儒臣敬辑《实录》，规模略备。圣祖仁皇帝复加搜考，修纂成书，藏内府并贮史宬。唯是山川疆土以及臣僚名氏，前后间有异同，清汉之文，或简或繁，未经画一。皇考世宗宪皇帝惧有舛讹，特开史馆，重加校订，按日进呈，亲为阅定。朕缵承丕绪，仰体前徽，用复洁诚披览，卷帙如旧，缮录一新。只只乎觇开国之鸿谟，昭垂统之大业。

张廷玉《进实录表》：命臣鄂尔泰等，虔开内府之函，慎检史宬之帙。凡风土山川之未备，用竭搜罗；或臣僚姓氏之偶讹，重资考订。体归画一，历五载而竣功；文勿纷歧，殚众心以葳事。恭校成《太祖高皇帝实录》合《凡例》《目录》，满洲、蒙文、汉文各一十二卷，《圣训》满、汉文各四卷〔九〕，缮写进呈。

康熙二十五年《序》：朕惟帝王诞膺图箓，混一寰区，经营缔造之勤，日不暇给矣。于以承叙万年，诒谋百世，金匮石室之藏，勋猷烂焉，煌煌乎上圣之宏模，太平之骏业也。太祖承天广运圣德神功肇纪立极仁孝睿武弘文定业高皇帝，躬首出天姿，启维持之运〔一〇〕，上承干眷〔一一〕，下顺人心。当起兵之初，属犀兕者仅十有三领，而战胜攻克，靡坚不摧，应变雷动，乘机电发，用能覆九姓之锐师，扫四路之劲旅，诸部群雄，以次铲削，辽、沈之域，悉归我有，何其盛也。朕嗣守丕基，作求世德。觐耿光而如在，对方策以逌追。特命儒臣详加纂辑，朕复敬慎考详，悉心裁定，为《实录》合《凡例》《目录》共十二卷，朝夕式观，以申继序绍庭之志。

《修纂凡例》：

一、皇朝发祥之始，书；自肇祖原皇帝以后世系，备书。

一、诸贝勒大臣等奉表劝进、上首登大宝、告天御殿、群臣朝贺仪注，书。

一、诸国进上尊号〔一二〕，书。

一、祭天、祭堂子〔一三〕、祭纛诸祀典〔一四〕，书。

一、起兵之始〔一五〕，出奇制胜，以少克众〔一六〕，书。

一、躬亲征讨，剪灭群雄，备书。

一、命将出师，指授六略及凯旋宴劳，书。

一、各国来侵，神武圣算，尽歼其众〔一七〕，书。

一、设八旗兵制，书。

一、创设满洲文字〔一八〕，书〔一九〕。

一、始定国政、立法制，书。

一、置理政听讼诸大臣及树二木以达民隐，书。

一、设固山额真以下、牛录以上各官制，书。

一、设八大臣，副八和硕贝勒共理国政，书。

一、设总兵以下官制，书。

一、远近诸部尽入版图，书。

一、乌喇、哈达、叶赫、辉发四国兴废本末〔二〇〕，书。

一、迁都、筑城、建立宫室，书。

一、擢用贤能，恩礼优渥，书。

一、爱惜材勇，宥罪授官，书。

一、始兴屯田，重农敦本，书。

一、开理财源，立法互市，书。

一、崇尚节俭，书。

一、优礼宗亲，书。

一、立后妃，书；并聘诸国女为诸皇子妃及筵宴赏赉〔二一〕，亦书。

一、诸国朝谒贡献，书〔二二〕；宴赉，并书。

一、公主下降诸国，书。

一、与诸国通好盟誓，书。

一、以书遗明及蒙古、朝鲜诸国，书。

一、诸国遣使，并书；辞，书。

一、天休毕集，星气呈祥，备书。

一、诸国灾异，书。

一、抚驭蒙古诸部落，恩威互用，以收人心，书。

一、俘获敌国贝勒，不加诛戮，恩礼备至，获送归国，书〔二三〕。

一、俘获敌国文武将吏，不加诛戮，量材授职，书。

一、俘获兵民，豢养得所，书。

一、降附兵民，给妻子、田庐〔二四〕，书。

一、俘获官员有抗节捐生者，嘉其忠义，以礼优葬〔二五〕，书。

一、训诫皇子、诸贝勒，备书。

一、训诫公主、格格等，备书。

一、诫谕文武诸臣，备书。

一、颁示兵法，书。

一、颁示酒诫，书。

一、奉还陵园，书；恭迎、视飨仪注，备书。

一、皇后崩，书〔二六〕；皇弟、皇子薨，亦书。

一、大臣卒，书；上躬临其丧，恩礼有加，亦书。

一、建诸神祠，书。

清太宗文皇帝实录六十七卷故宫博物院文献馆藏本。

礼部尚书武英殿大学士觉罗勒德洪等修。原题《大清太宗应天兴国弘德彰武宽温仁圣睿孝隆通显功文皇帝实录》，今并从其封面题。此书修于顺治九年，迄未成功。康熙十二年，开史局重修，二十一年修成。乾隆年间修改本，王先谦《东华录》所依据者也。兹综其叙例于后。

武英殿大学士觉罗勒德洪等康熙二十一年《进实录表》略云：独念文庙一朝《实录》，曾经章皇申命重编，未告成书。特开史局，于康熙十二年八月，命臣图海为监修总裁官。遂历岁时，恭成《太宗文皇帝实录》合《目录》《凡例》，满洲、蒙古、汉文各六十七卷，缮写进呈。

《实录序》云：朕惟天生圣人，经纶草昧，以光前而启后。其神谋睿虑，度越百王，非简策所能悉载。而创业垂统之规，致治戡乱之略，见诸设施而传诸信史，固可为世世子孙法也。我国家开基东土，太祖高皇帝诞膺天眷，肇造有邦。我皇祖太宗应天兴国弘德彰武宽仁圣睿孝隆道显功文皇帝，以圣神文武之资，缵承令绪，式廓弘图。践阼伊始，即早夜孳孳，惟定国安民是务。自是建官分职，纲举目张，持赏罚之平，谨贤奸之辨，严贪黩之禁，开谏诤之途，课农桑以固邦本〔二七〕，设科目以罗群彦〔二八〕，情不隔于尊卑，人无歧于新旧〔二九〕，一时景从豫附之伦，咸欣欣仰戴如父母焉。至兴师讨罪，仁义并施，往往称天以临，示非得已。而戈铤所指，无不畏威怀德，稽首来王。如朝鲜两征，而岛人职贡；蒙古屡伐，而诸邦称臣。凌、锦、松、杏，相继攻拔，抚绥其人民，收服其将士，而关门险隘，悉为我有，大一统之规模，灿然毕具矣。总之，兴师以不嗜杀为心，立国以善养人为本，群情皆附，则天命斯归。十七年之间，文教覃敷，武功烨赫，版图日辟，而景运浸昌，良有由也。洪惟皇祖勋德隆盛，应有纪载，昭示来兹。旧编《实录》六十有五卷，皇考世祖章皇帝尝命和硕郑亲王等重加校阅，未及蒇事。朕嗣服丕基，仰承遗志，特命儒臣搜讨订正，纂辑成编，卷帙如旧。于戏！构大厦者非一日之基，建弘业者非一朝之积。《书》不云乎："鉴于先王成宪，其永无愆。"凡我后人，思栉风沐雨之维艰，知保泰持盈之不易，则考展斯录，以率祖攸行，庶克享万年有道之长也已。

《修纂凡例》：

一、登极、上尊号、祝词、誓词、礼仪、宴赉，书；建国号、改元、诏赦，皆书。

一、立后妃并册封和硕亲王、多罗郡王、贝勒、固山、贝子、福金、公主、格格，皆书；公主、格格下嫁外藩诸国，亦书。

一、建立郊坛、宗庙，岁时祀享，及祭山陵、堂子，拜享神，遣官祭先师孔子，皆书；有宴赉，亦书。

一、追崇烈祖王爵，恭上皇考、皇妣尊谥，书；功臣配享，亦书。

一、诏书、上谕、敕谕，皆全录。

一、遗书明国，降敕朝鲜及外藩蒙古诸国，通使往来，书；赉示招抚，亦书。

一、上亲征，祭告太庙，诣堂子行礼，书；宣布捷书，亦书。

一、上亲统大兵入关，及亲征蒙古，平服朝鲜，书；外藩蒙古来归，属国遣子入侍，亦书。

一、大阅、巡幸、出猎，书；有宴赉，亦书。

一、皇子生，书。

一、立皇子福金，书；诸王、贝勒、贝子纳福金，书。

一、设立大驾卤簿，书；赐内外亲王、郡王、贝勒、贝子、公主、格格仪仗，亦书。

一、命将出师，指授方略，及军中驰报机宜，皆书；献俘、纳降，亦书。

一、命诸王、贝勒、大臣统师出征，上出郊拜天，诚谕启行，书；凯旋迎劳，亦书。

一、每岁圣节、元旦、冬至，行礼、庆贺、宴享，书；颁历，亦书。

一、外戚来朝，迎宴礼仪，书；进贡仪物，亦书。

一、召内外诸王、贝勒、文武大臣入宫赐宴，书；诸王、贝勒、大臣具筵进上〔三〇〕，亦书。

一、封异姓王公，授昂邦章京以下、牛录章京以上世职及承袭，皆书。

一、外藩贝勒、大臣、明国将士来归，书；遣官宴劳，亦书。

一、初立八旗、定官制，书。

一、更定马步兵、噶布什贤兵、摆牙哈喇兵、守兵、援兵、边兵名色，书。

一、以有功大臣专管牛录〔三一〕，书。

一、设内三院衙门，分别职掌，书。

一、设六部衙门，命王、贝勒管理部务，书。

一、授议政大臣、内大臣，书；有罪削夺，亦书。

一、文武大臣官员，自大学士以下、副理事官等以上，固山额真以下、牛录章京等以上，纛章京以下、摆牙哈喇章京等以上，除授、降黜，皆书。

一、更定宫殿门名，书。

一、更衣冠制度，书。

一、诸贝勒、大臣行闻著绩，赐予名号，书；外藩蒙古大臣赐达尔汉等号，皆书。

一、安插投诚将士分隶八家收养，及赐予房屋、奴仆、器皿等物，皆书。

一、以投诚蒙古编为固山，设立官员，书。

一、有事征讨，调集外藩诸贝勒，书。

一、王以下文武官员、兵丁人等遇有恩赏，书；优免人丁，亦书。

一、纂修《实录》，翻译经史，书〔三二〕；有宴赏，亦书。

一、增定满文字体，书。

一、铸给印信，书。

一、初试秀才、举人，分列等第，书；赏赉优免人丁，亦书。

一、分别戍守边境年满官员功罪，及部院官员考满，书。

一、文武大臣年老有疾致仕，及特恩许令闲住，遣官慰问，皆书；起复，亦书。

一、编新附虎尔哈、蒙古、汉人、朝鲜人等为牛录披甲，书。

一、文武大小官员殁于王事者〔三三〕，书；有褒恤，亦书。

一、王、贝勒、贝子、大臣病故，书。

一、修葺城垣，更定门名，书。

一、沿边筑城，分兵戍守，书；修治桥梁、道路，亦书。

一、遇国丧，外藩蒙古贝勒赴吊，书。

一、修治陵寝、迁葬、合葬、祭享礼仪，书。

一、朝鲜国进贡礼物，书；遣使报答，亦书。

一、备荒、赈恤，书。

一、臣工建白，有关国体政事，亦书。

清世祖章皇帝实录一百四十四卷故宫博物院文献馆藏本〔三四〕，南浔嘉业堂藏旧抄本。

清光禄大夫内大臣吏部尚书中和殿大学士巴泰等修。故宫藏清史馆稿本，题为《大清世祖体天隆运定统建极英睿钦文显武大德弘功至仁纯孝章皇帝实录》。嘉业堂刘氏藏有一本，题《大清世祖体天隆运英睿钦文大德弘功至仁纯孝章皇帝实录》，修于康熙十一年，知为旧本。前有御制《序》《进实录表》《凡例》，大致与太祖、太宗《实录》《序》《例》相同。兹仅录其御制《序》于后。

御制《序》略云：我皇考世祖体天隆运英睿钦文大德弘功至仁纯孝章皇帝，达孝承先，洪仁抚世。以天纵之姿，奋有为之业，扫除寇乱，奠安民生，六师所如，有征无战，莫不望风摄息，竞迓壶浆。而殊方绝域，声教未通之地，亦皆受吏请封，凛遵正朔。不数年间，天成地平，区宇宁谧。于是戢戈囊矢，而典章文物兴焉。制礼作乐，仁渐义摩，百度维新，四门时辟。至夫诏命之宣布，庙算之运筹，禋祀之精诚，政刑之损益，罔不斟酌百王，标准万世。遂致弦歌比屋，玉帛遝陬，时若岁登，湛恩熙洽，猗欤盛哉，蔑以加已。朕缵承鸿绪，宵旰靡宁，每念庥隆，常深忾慕。爰开史局，选辟儒臣〔三五〕，发秘府之藏，检诸司之牍，捃摭较订，萃为一代成书，纪载班班，洵奕萃之矩矱矣。虽化神德峻，巍巍难名，而因事征心，亦足以见惕励忧勤，政治太平之有由也。

按《大清会典》卷二"内阁"条，凡《实录》《圣训》告成，缮写三部，一呈御览，一藏皇史宬，一贮内阁。是《实录》有满、蒙、汉三种文字，并写三部，存贮内府，不易经见。传抄本流传海东，而吾国反不易睹，深为憾事。《实录》之存辽宁者，今已不可考其卷数。在北平者，自清帝出宫，故宫改为博物院，元老遗民虽有离黍丘墟之感，而人民反得阅览及整理史事之机会。该院之组织，其图书典籍则归入图书馆，古器物则归入古物馆，朝章文物则归入文献馆。桢亲至其地，访问其事，其已发见之《实录》，约有数本。一为乾清宫所贮之《实录》，红绫皮本，共为满、蒙、汉三种文字，《起居注》亦三种文字。二为《实录》大库所贮，有黄、红二本。黄者为黄绫套、黄缎袱〔三六〕、泾县榜纸、乌丝格抄本，三种文字。其红皮本运至南京清史馆，本共有三本，一长本，二方本，三稿本。清史馆之长本《太祖实录》，已避"弘"字讳，大福晋之事亦无，知为乾隆以后之本。其他则有皇史宬所贮之红皮本〔三七〕，分类有旌表、仪注等类，为光绪庚子后重修，该馆尚未检查卷数。以上诸本匆匆阅过，未能考其异同，辨其年代。幸获其簿录，略能知其卷数。兹抄录其序录，录之于上。唯所贮诸本均有残缺，并稍为之统计其总数，为表书之于后。唯仅及清初三代，余不在本书研究范围，故不著录〔三八〕。

文獻館藏實錄表

朝代	类别	现存		缺失		总计
		年月	册数	年月	册数	
大祖	乾清宫红皮本	天命元年七月至十一年八月	六	明万历癸未岁至乙卯岁,凡例,目录,表,卷一至卷二缺	六	缺
	实录库黄皮本	明万历癸未岁至乙卯岁〔三九〕 天命元年正月至十一年八月	一〇	缺首函凡例,目录,表 缺首函卷卷一至卷四		缺
	清史馆稿本	明万历癸未岁至乙卯岁 天命元年正月至十一年八月	十二			全
大宗	乾清宫红皮本	天命十一年八月至天聪八年十月 天聪九年十一月至崇德八年八月	六三	天聪八年十一月至九年十月,缺首函卷凡例,目录,表〔四〕		缺
	实录库黄皮本	天命十一年八月至崇德八年八月	六五	缺首函凡例,目录,表〔四〇〕		缺
	清史馆实录稿本	天命十一年八月至崇德八年八月	三四			全
世祖	乾清宫红皮本	崇德八年八月至顺治十八年正月	一四七	缺首函凡例,目录,表		缺
	实录库黄皮实录	崇德八年八月至顺治十八年正月	一四四			缺
	清史馆稿本	崇德八年八月至顺治十八年正月	五三			全

文献馆藏清史馆稿本实录表

朝代	年月	现存卷数	册数	备考
天命	起癸未春二月至天命十一年丙寅八月	一至十	四	长本
	起癸未春二月至天命十一年丙寅八月 有首册目录，进表	一至十	三	方本
天命	起癸未春二月至辛亥十二月	一至二	一	长本
	起正子正月至天命二年十二月	三至五	一	长本
	起天命四年正月至天命六年六月	六至七	一	处本
	天命六年七月至十一年八月	八至十	一	方本，每卷首册有目录、表
天聪	天命十一年正月至十二月	一至二	一	长本
	天聪元年正月至五年三月	三至八	六	方本
	五年四月至七年七月	九至十四	三	长本
	七年八月至崇德元年八月	十五至三十	七	长本
崇德	元年九月至四年九月	三十一至四十八	七	长本
	四年十月至八年八月	四十九至六十五	七	长本

又一部

凡例			一	长本
目录			一	长本
表			一	长本
天命	八年八月至八年九月	一至二	一	方本
天聪	三年正月至崇德元年十一月	五至三二	二	方本
崇德	二年二月至七年十月	三十三至六十三	六	方本

　　首表据文献馆之簿录，嫌其于清史馆稿本未分长、方诸本，故复至文献馆，据其抄录本补之于此。首表附记云：此项稿本，系自天命朝至光绪朝，为历次修纂《实录》之稿本。式样各不相同，并有数卷合订一本者，光绪一朝尚未分卷。各种稿本中间，有为清史馆补抄者，除重复不计外，依朝代年月拼合之，亦有所缺，知此本为最后之本矣。

　　次《实录》而要者，则为《起居注》。按崇谟阁旧档之奏疏中〔四一〕，有日记之名，即《起居注》所由始。《清史稿·职官志》卷二："初，天聪二年，命儒臣分两直，巴克什达海等译汉字书，即日讲所由始；巴克什库尔禅等记注政事，即《起居注》所由始。顺治十二年，始置日讲官。康熙九年，始设起居注馆，在太和门西庑。置满洲记注官四人，汉八人，以日讲官兼摄之。五十七年，省起居注馆，改隶内阁。"今据文献馆报告，亦无康熙以前《起居注》，附记于此。

　　清太祖高皇帝圣训四卷北平故宫博物院藏内府刻本，国立北平图书馆藏内府刻本。

清康熙间敕编。是书为清康熙命儒臣分类编辑，为目二十六，为条九十二，总为《宝训》四卷。成于康熙二十五年，至乾隆四年刊行。据乾隆《序》云："用敬加剞劂，宣示万方。"是仅加刊行，并未修补。前有康熙二十五年《序》及乾隆四年《序》。惜未有如《太宗圣训》，有内阁大库之底稿，得以印证之耳。计目为敬天、圣孝、神武、智略、宽仁、论治道、训诸王、训群臣、经国、任大臣、用人、求直言、兴文治、崇教化、勤修省、节俭、慎刑、恤下、辑人心、通下情、明法令、鉴古、赏功、昭信、诫逸乐、谨嗜好诸条。

清太宗文皇帝圣训六卷北平故宫博物院藏内府刻本，国立北平图书馆藏内府刻本。

清康熙间敕编〔四二〕。是书编于康熙二十六年，刊行于乾隆四年。前有康熙二十六年、乾隆四年御制《序》。原题《大清太宗应天兴国弘德彰武宽温仁圣睿孝敬敏昭定隆道显功文皇帝圣训》，今从封面题。计一百一十一条、二十三类，分为论治道、训诸王、训群臣、谦德、宽仁、智略、求贤、求言、辑人心、恤民、劝农、兴文教、训将、励将士、怀远人、训诸藩、恤降、招降、恤旧劳、敦睦、节俭、谨嗜好、禁异端等项。按北京大学明清史料整理会有《太宗实录》稿本，与此大半不同，足资参考。

清世祖章皇帝圣训六卷北平故宫博物院藏内府刻本，国立北平图书馆藏内府刻本。

清康熙间敕编。是书编于康熙二十六年〔四三〕，计一百一十三条，乾隆四年刊行。计目为论治道、敬天、圣孝、圣学、谦德、节俭、儆戒、敦睦、谕群臣、求言、纳谏、任官、考绩〔四四〕、选举、诫饬臣下、理财、恤民、赈济、重祀典、礼前代、褒忠节、兴文教、谕将帅、招降、谕外藩、仁政、体群情、安民、慎刑、惩贪佞、除弊、宥过等条，前有康熙二十六年、乾隆四年《序》。

以上北平故宫博物院所藏档册

玉牒北平故宫博物院文献馆藏本，孔德学校藏宗人府副本。

清历代敕编。按孔德学校所藏副本，题《玉牒匮刻大清宗室谱牒》，今从封面题。是谱旧藏宗人府，正本入民国后移置故宫博物院，副本仍存旧处，即今孔德学校校址也。据《大清会典》卷一《宗人府》：凡纂修《玉牒》，国初定宗室、觉罗子女名字，俱令详载册籍。顺治十三年题定，宗人府会同内院、礼部，十年一次纂修《玉牒》。今观孔德学校所藏谱牒，有红、黄之分，匮亦如之。谱面所书，有"太祖高皇帝"等年代之记号，"玉牒"题字下，有宗室列祖列孙之分签条，有正黄、正红、十五格、天地格之别。簿式亦有长短之不同，有题曰直档者，有题曰横档者，颇可以考见档册之形式。谱牒于考察历代世系最有关系，惜原书鼠矢蛛尘，断烂污秽，不能细检也。

史料丛刊初编八册上虞罗氏铅印本。

上虞罗振玉叔蕴校录。按清内阁之设，本明旧制。赵翼《檐曝杂记》谓："军机处本内阁之分局。国初承前明旧制，机务出纳悉关内阁，如唐翰林学士掌内之制。雍正年间，用兵西北两路，以内阁在太和门外，虑泄事机，始设军需房于隆宗门内。"又苏何《檐醉杂记》卷二云："明初罢中书，而其后有殿阁大学士之设，官止五品，权重秩卑，殊不相称。本朝康熙九年，定满、汉大学士皆正二品。雍正七年，升大学士为正一品，而品秩与事权并极优崇。然是年以西北两路用兵，设军机处于隆宗门内，为承旨出入总汇。凡明发谕旨，皆由军机撰拟，寄信上谕，亦由军机封发，而内阁之任遂轻。是后，凡阁臣不入枢府者，则一切要政皆不得预闻，宰相备位而已，遂不甚重视。"然明、清两代档册，实贮于此。又，康熙十七年诏修《明史》，采辑野史遗书，多有名贵之本，亦贮于此。宣统间，库坏，多流出人间。罗叔蕴先生得其大半，择要印行，语详《叙论》及先师王静安先生《库书楼记》。此编汇辑关于清史料者，有《太宗文皇帝日录》《太宗文皇帝致朝鲜国王书》〔四五〕、《招抚皮岛诸将》谕帖、《天聪朝臣工奏议》《圣祖仁皇帝起居注》、顺治九年《服色肩舆永例》〔四六〕、顺治元年《礼曹章奏》《工曹章奏》《内弘文院职官录》《豫通亲王事实册》等。如《太宗致朝鲜国王书》，则可与《朝鲜国来书簿》相校。《招抚皮岛诸将》谕帖，则与东江史事有关。《臣工奏议》，则清初建置均可略见。其他朝章典故，颇可与此考镜。先师王静安先生推为中国新出史料之一，殆为此也。唯《太宗致朝鲜书》《招抚皮岛诸将》诸帖、《天聪朝臣工奏议》为崇谟阁旧档，非内阁大库之书，附记于此。兹录《库书楼记》及罗《序》于后。

先师王静安先生《库书楼记》云：光、宣之间，我中国新出之史料凡四：一曰殷墟之甲骨，二曰汉、晋之简牍，三曰六朝及唐之卷轴，而内阁大库之元、明及国朝文书实居其四。顾殷墟甲骨，当其初出世已视为古董之一，土人仍岁所掘，率得善价以去，幸无毁弃者。而西陲简牍、卷轴，外人至不远数万里，历寒暑、冒艰险以出之，其保藏之法尤备。独内阁文书〔四七〕，除宋之刊、写本书籍入京师图书馆外，其余十三年之间，几毁者再，而卒获全者，虽曰人事，盖亦有天意焉。案内阁典籍厅大库为大楼六间〔四八〕，其中书籍居十之三，案卷居十之七〔四九〕。其书多明文渊阁之遗，其案卷则有列朝之朱谕、敕谕，内外臣工之黄本、题本、奏本，外藩属国之表章，历朝殿试之大卷。其他三百年间档册文移，往往而在，而元、明遗物亦间出其中。盖今之内阁，自明永乐至国朝雍正，历两朝十有五帝〔五〇〕，实为万几百度从出之地〔五一〕。雍、乾以后，政务移于军机处，而内阁尚受其成事。凡政府所奉之朱谕，臣工所缴之敕书、批折，胥奉储于此。盖兼宋时宫中之龙图、天章诸阁，省中之制敕库、班簿房而一之。然三百年来，除舍人、省吏循例编目外，学士大夫罕有窥其美富者。宣统元年，大库屋坏，有事缮完，乃暂移于文华殿之两庑，地隘不足容，其露积库垣内者尚半，外廷始稍稍知之。时南皮张文襄公方以大学士军机大臣管学部事，奏请以阁中所藏四朝书籍，设学部京师图书馆；其案卷，则阁议概以旧档无用〔五二〕，奏请焚毁，已得谕旨矣。适上虞罗叔言参事以学部属官赴内阁，参与交割事，见库垣中文籍山积，皆奏准焚毁之物。偶抽一束观之，则管制府干员督漕时奏折，又取观他束，则文成公阿桂征金川时所奏，皆当时岁终缴进之本，排比日月，具有次第。乃亟请于文襄，罢焚毁之举，而以其物归学部，藏诸国子监之南学，其历科殿试卷，则藏诸学部大堂之后楼。辛、壬以后，学部后楼及南学之藏又移于午门楼上，所谓历史博物馆者。越十年，馆中资费绌，无以给升斗〔五三〕，乃斥其所藏四分之三，以售诸故纸商，其数以麻袋计者七千，以斤计者十有五万，得银币四千元，时辛酉冬日也。壬戌三月，参事以事至京师，于市肆见洪文襄揭帖及高丽国王贡物表，识为大库物，因踪迹之，得诸某纸铺，则库藏具在，将毁之以造俗所谓还魂纸者，已载数车赴西山矣。亟三倍其值偿之，称贷京、津间，得银万三千元，遂以易之。于是此七千袋、十五万斤之文书，卒归于参事。参事将筑库书楼以储之，而属余为之记。余谓此书濒毁者再，而参事再存之，其事不可谓不偶然，固非参事能存之也。国朝祖宗圣德神功之懿，典章制度声明文物之盛，先正讦谟远猷之富〔五四〕，与夫元、明以来史事之至赜至隐，固万万无亡理。天特假手于参事以存之耳。然非笃于好古如参事者，又乌足以与于斯役也！今兹所得，又将以十年之力，检校编录，而择其尤重要者次第印行，其事诚至艰且难。然以前事征之，余信参事之必能办此也〔五五〕。其诸山川重秀，天地再清，举斯楼之藏还之天府，以备石室金匮之储，至千万世传之无穷，余又信参事之有乐乎此也〔五六〕。然则斯书之归参事，盖犹非参事之志欤！

罗叔蕴先生《序》云：壬戌春，予既得大库史料，谋筹金筑馆以贮之，而力未逮。乃权赁僧寺，暂安置之〔五七〕，充闾塞牖〔五八〕，不可展阅。而四方友人，多移书问其中所有，苦无以应。乃运其少半至津沽，以数月之力，检理其千百之一二。沈乙庵尚书闻而欣然，函问何时可毕事。予报书曰："检理之事，以近数月为比，例十夫之力，约十年当可竟。顾检查须广宅，就理者须部署度置，均非建专馆不可。顾以前称贷既竭吾力，将何从突兀见此屋耶？即幸一二年间此屋告成，天假我年，俾得竟清厘之事〔五九〕，典守传布，又将于谁望之？私意此事竟非一二人之力所能及，而又何能执涂人而语之。若得三五同志，协力图之，一面鸠金建筑，一面贷大屋从事检理，所得随时刊布。假以月成百纸计，则十年得万余纸，是检理告终，紧要史材亦得大要矣。虽然，茫茫人海，何从竟得其人，亦托诸空言而已。"尚书复书曰〔六〇〕："尊论不刊。天壤之大德必有邻，鄙人将传布公旨，冀以残年得观盛事。"乃未几而尚书遽归道山，益无可与谋此者。去年夏，予既创东方文化学会印刷局，乃写定史料之已检理可校写者二十二种，付之手民，颜之曰《史料初编》。当继是而二三以至十百，然固非予力所能任也。而尚书所谓德邻者，将旦夕遇之耶〔六一〕？抑毕吾世不可遘耶？予且企足以俟之矣。书成，爰弁言于首。王观堂征君曾为作《库书楼记》，并揭之卷端，俾寰宇学者知此事颠末焉。

清太宗告祭文草稿上虞罗氏藏稿本。

不知撰人名氏。是篇为《太宗征朝鲜祭文》，尚有朝鲜总督府图书馆所藏《清太宗与朝鲜议和之诏谕》文，均见日人所撰《满鲜关系之新史料》。

满清入关前与高丽交涉史料《国立历史博物馆丛刊》第一年第一册至第三册。

国立历史博物馆编。是书记朝鲜之关系，按年记载，前有《小引》。

《小引》云：民国十年，本馆整理清内阁大库档案，得抄本

《清太宗朝与高丽往来诏谕书表》一册。自崇德元年五月起，至崇德六年八月止。计诏谕十五通，书表二十二通，户部往来咨文二十二通，礼部往来咨文五通，兵部往来咨文十四通，都凡七十八通，足补《明史》及《清实录》所不及。爰为刊布，以存掌故。十九年九月记。

清太宗实录十六册国立北京大学明清史料整理会藏稿本。

不知撰人名氏。据北京大学研究所国学门明清史料整理会要件陈列室《目录》云：粉纸本，青笺纸面皮。共百九十九页，每半页纵八寸六分半，横六寸一分半。字三分楷书，亦有行书，残缺处甚多，中间次序多不连属。

清太宗实录残卷国立北京大学明清史料整理会藏稿本。

不知撰人名氏。史料整理会《目录》云：同上书，为卷二、卷三、卷四、卷六、卷十三、卷十五、卷二十九、卷三十六、卷三十九等卷残页。白宣纸本，朱格，墨书，朱圈。共一百四十七页半，每半页纵三寸一分，横七寸八分。

清太宗圣训底稿残本十六册国立北京大学史料整理会藏稿本。

不知撰人名氏。史料整理会《目录》云：青笺纸面皮。共五百七十三页，每半页纵九寸六分，横七寸三分半。中间间有残缺，涂改处亦多。

清太宗圣训底稿残本十六册国立北京大学明清史料整理会藏稿本。

不知撰人名氏。吾友胡君文玉曾著有《校勘记》，谓《圣训》始于顺治，修于康熙十年，至二十六年乃成，然未刊行。至乾隆四年，始诏刊而行之。民国十一年夏，北京大学研究所国学门整理清内阁大库所藏档案，发现《清太宗圣训》底稿残卷十六册，五百七十余页。览其内容，凡全用墨笔臆去者，刻本《圣训》皆无之，仅有数则未臆去。其事实虽与刻本同而其文异者，亦十居八九。此残本中多载清太宗与明季辽东、朝鲜之交涉，其关史事，尤为重要。

按：此本标题亦与刊本不同，如宥过、戒饬、明罚、武功、尊儒、明决、恩泽、圣德、约信、定制、远略、却贡献、崇礼、礼下、训将、阅兵、征伐、收人心、命将、武备、仁慈、定罪过、恤旧劳、孝思、颁历、庆贺、赏赐等条，皆与刻本有出入。是书起崇德七年，至壬午止。余阅各篇与刻本同者，如崇德二年丁丑七月戒饬诸王条，刻本已较此本删去大半。而论军制，谓固山下二十人为虾，虾为满洲人书侍卫最早之名词。且此本为编年，与刻本之分类纪事者不同，固知此本为最早本也。

金国汗天聪四年正月攻永平以明七大罪誓师文一幅国立北京大学明清史料整理会藏稿本。

不知撰人名氏。为太宗入犯京师回攻永平时，以明七大罪谕地方军民。墨谕，纵二尺二寸五分，横二尺七寸。文中所载，与《开国方略》诸书多不同，太宗自称金国汗，尤资学者考订。此文虽经刊布，然有关史事，亦录于后。

金国汗谕官军人等知悉：我祖宗以来，与大明看边，忠顺有年。只因南朝皇帝高拱深宫之中，文武边官欺诳壅蔽，无怀柔之方略，有势利机权，势不使尽不休，利不括尽不已，苦害侵凌，千态万状。其势之最大最惨者，计有七件。我祖宗与南朝看边进贡，忠顺已久。忽于万历年间，将我二祖无罪加诛，其恨一也。癸巳年间，南关、北关、灰扒、兀剌、蒙古等九部会兵攻我，南朝休戚不关，袖手坐视。仗庇皇天，大败诸部。后我国复仇，攻破南关，迁入内地，赘南关吾儿忽答为婿。南朝责我擅伐，逼令送回，我即遵依上命，复置故址。后北关攻南关，大肆掳掠，南朝毫不加罪。然我国与北关同是外番，事一处异，何以怀服。所谓恼恨者，二也。先汗忠于大明，心若金石，恐因二祖被戮，南朝见疑，故同辽阳副将吴希汉，宰马牛，祭天地，立碑界，铭誓曰："汉人私出境外者杀，夷人私入境内者杀。"后沿边汉人私出境外，挖参采取，念山泽之利，系我过活，屡屡申禀上司，竟若罔闻。虽有冤怨，无门控诉，不得已遵循碑约，始敢动手伤毁，寔欲信盟誓，杜将来，初非有意于欺背也。会值新巡抚下马，例应叩贺，遂遣干骨里、方巾纳等行礼。时上司不究出□招衅之非，反执送礼行贺之人，勒要十夷偿命。欺压如此，情何以堪。所谓恼恨者，三也。北关与建州同是属夷，我两家结构，南朝公直解分可也〔六二〕。缘何助兵马，发火器，卫彼拒我，觭轻觭重，良可伤心。所谓恼恨者，四也。北关老女系先汗礼聘之婚，后竟渝盟，不与亲迎。彼时虽是如此，犹不敢轻许他人。南朝护助，改嫁西虏，似此耻辱，谁能甘心。所谓恼恨者，五也。我部看边之人，二百年来俱在近边住种。后南朝信北关诬言，辄发兵逼令我部远退三十里，立碑占地，将房屋烧毁，□禾丢弃，使我部无居无食，人人待毙。所谓恼恨者，六也。我国素顺，并不曾稍倪不轨。忽遣备御萧伯芝蟒衣玉带，大作威福，秽言恶语，百般欺辱，文□之间，毒不堪受。所谓恼恨者，七也。怀此七恨，莫可告诉。辽东上司既已尊若神明，万历皇帝复如隔于天渊。踌躇徘徊，无计可施，于是告天兴师，收聚抚顺。欲使万历皇帝因事询情，得申冤怀，遂详写七恨，多放各省商人。颙望仁候，不见回音，迨至七月，始克清河。彼时南朝恃大矜众，其势直欲踏平□地。明年二月，四路发兵，漫山塞野。孰意众者败而寡者胜，强者伤而弱者全乎！嗣是而再取开、铁，以及辽、沈。既得河东，发书广宁，思欲讲和。当道官员，若罔闻知，竟无回复，故再举兵而广宁下矣。逮至朕躬，实欲罢兵戈，享太平，故屡屡差人讲说。无奈天启、崇祯二帝，渺我益甚，逼令退地，且教削去帝号，及禁用国宝。朕以为天与土地，何敢轻与；其帝号、国宝，一一遵依，易汗请印。委曲至此，仍复不允。朕忍耐不过，故吁天哀诉，举兵深入，渡陈仓、阴平之道，破釜沉舟之计，皇天鉴佑，势成破竹，顺者秋毫无犯，违者阵杀攻屠，席卷长驱，以至都下。朕又五次奉书，无一回音，是崇祯君臣欺傲不悛，而藐辱更炽也。今且抽兵回来，打开山海，通我后路，迁都内地，作长久之计。尔等毋误谓我归去也。朕诸凡事宜，唯秉于公〔六三〕，成败利钝，悉委于天。今反复告谕，不顾谆谆者，叙我起兵之由，明我奉天之意。恐天下人不知颠末，怪我狂逞，因此布告，咸宜知闻。特谕。朕每战必胜，每攻必克，虽人事天意两在，朕毫不敢骄纵。今仗天攻下此城，是朕好生一念，实心养活。尔等当衔我再生之恩，勿得惊惶，勿起妄念。若皇天佑朕，得成大业，尔等自然安康。若朕大业不成，尔等仍事南朝臣子，朕亦毫不忌怪。尔等若不遵朕命，东逃西窜，只自寻死亡，自失囊橐。即至异乡别土，亦难过活。即行至天涯，朕果得成大业，尔等亦无所逃。推诚相告，咸宜遵依。附谕。天聪四年正月日谕。

按中央研究院新发现之《清太祖实录》残卷，此文臆改至三四次，末附改定之文，与此七恨条目亦不相同。此文称金而不称满洲，且文明言"为大明看边忠顺有年"，犹存恭顺之意。至改定之文，则俨然以至尊自居。故知清初史事，不独事实失真，即文书诰谕，亦失其原来面目矣。

清满文起居注国立北京大学明清史料整理会藏稿本。

不知撰人名氏。史料整理会《目录》云：粉纸本〔六四〕，黄绫皮面。共三千零四十六页。每半页纵一尺一寸九分〔六五〕，横七寸一分。有一本脱落皮面，及各页骑缝均盖有朱文满、汉文翰林院印。又十一册有历史博物馆印一。

清崇德五年十月二十五日朝鲜国王李倧贺万寿表国立北京大学明清史料整理会藏稿本。

不知撰人名氏。史料整理会《目录》云：高丽纸本。纵一尺一寸七分五，横四尺五寸七分。前半幅墨书汉文，小楷。中"宽温仁圣皇帝陛下"八字，书于纵一尺二寸七分五、横三分之黄绫上。其汉文年月日上，盖有满文印一方。后半幅墨书满文，无黄绫条表。

清太宗史稿册残本一册国立北京大学明清史料整理会藏稿本。

不知撰人名氏。史料整理会《目录》云：青笺纸面皮，杠连纸本。横六寸七分，纵八寸九分。共二十七页，墨书，楷。

顺治元年封摄政王等册文国立北京大学明清史料整理会藏稿本。

不知撰人名氏。史料整理会《目录》云：为封摄政王、豫王、肃王、衍禧王、承泽王、平西王〔六六〕、波罗贝勒、泥堪贝勒等册文〔六七〕。白宣纸本，墨书。共七页，每半页横九寸六分，纵一尺二寸五分。各页上方中间残缺，约纵四寸许，横二寸许。

顺治元年封郑王等册文国立北京大学明清史料整理会藏稿本。

不知撰人名氏。史料整理会《目录》云：册郑王、肃王、英王、豫王、衍禧王、承泽王、平西王、泥堪贝勒等册文，及封满达海、屯齐、薄托、屯赤哈、何托、商山公爵等诰命文〔六八〕。白宣纸本，墨书。十页，纵一尺三分，横八寸。各页中间漫漶，前二页残数字。

清室王公传残本一册国立北京大学明清史料整理会藏稿本。

不知撰人名氏。史料整理会《目录》云：白粉纸本，墨书。共四十四页，首残，中多朱批、墨批、涂抹之处亦多。每半页纵九寸七分，横七寸二分。按为清太祖第五子多罗贝勒莽古尔泰、第六子辅国悫厚公塔拜、第七子和硕饶余敏亲王阿巴泰、第九子镇国恪僖巴布泰列传。

清满洲八旗世系三册国立北京大学明清史料整理会藏稿本〔六九〕。

不知撰人名氏。史料整理会《目录》云：为嵩佳氏、赛密勒氏、尼玛察氏、拖沙喇哈番额尔等世系。杂用东昌、杠连、白粉连等纸。各页大小不一。朱书，亦有墨书，满文，间附汉文。

明季兵部题行汇稿二十二册国立北京大学明清史料整理会藏稿本。

不知撰人名氏。明清史料整理会《目录》云：是编汇辑兵部题行汇稿三千余件，自明天启四年，以至崇祯十七年。计天启四年一册，五年一册，七年一册，崇祯元年一册，至十七年各一册，崇祯年一册，阙年月一册，凡二十二册，皆记明代兵事。《明实录》缺天启七年，此册当有补益处。是编虽不全记辽事，然题行稿为当日兵部文书，记辽东兵事极多，考辽事者所必征也。所中又有排印本一大捆，未考异同，然似其重复本也。以上诸书，皆北京大学研究所国学门明清史料整理会所藏档册〔七〇〕。据先师王静安先生之文，民国十年，历史博物馆资绌，乃售其档册于故纸商。次年，罗叔蕴先生既得其大部分，而其他各部分则归入北京大学。据北京大学《国学季刊》研究所国学门重要纪事《整理清内阁档案之始末》谓：教育部历史博物馆所存之清内阁大库档案，为研究近世史必要之参考书。蔡元培先生商请教育部，将此项档案蓄存北大，代为整理，许焉。此项档案，自明迄清之题本、报销册、揭帖、贺表、誉黄金榜、《起居注》《实录》等均在其中，共计装运六十二木箱，一千五百零二麻袋。乃组织一整理档案会，于七月四日着手整理。其办法约分三步：第一为形式之分类，第二为编号摘由，第三为整理成绩，研究考证。其发现者已如上录。据其纪事，尚有明兵部请杀袁崇焕之题，顺治七年追尊摄政王生母为皇后诏，顺治七年摄政王上宾哀诏，罢摄政王母子配享太庙诏，残缺，皆有关清初之史料也。

明清史料四册国立中央研究院历史语言研究所排印本。

国立中央研究院历史语言研究所编。按上虞罗氏库书楼所藏之档案，以资绌鬻于九江李木斋盛铎，李氏亦未暇整理也。民国十七年，国立中央研究院成立，吾师陈寅恪、马叔平衡先生商于当事，将李氏之物购置于中央研究院历史语言研究所。吾友徐中舒实董整理之事，择其档案中之尤要者，汇为斯编。前有蔡元培先生《序》及中舒著《内阁档案之由来及其整理》一文，叙述内阁档案原委颇详，论断亦极中肯。惜文过长，不易移录。今《明清史料》一书原文俱在，可资参考也。

清太祖实录残卷国立中央研究院历史语言研究所藏抄本。

不知编者名氏。右《清太祖实录》残卷，字迹模糊，窜改之处甚多，其改易之处笔迹俱在，历历可见，知系稿本。首册起卷一癸未、明万历十一年，至卷二是年八月；二册起卷四辛丑、明万历二十九年，至卷五壬子九月、明万历四十年；三册起卷六清天命元年丙辰、明万历四十四年，至三年戊午十二月。计缺卷三，及缺甲申至庚子十七年、癸丑至乙卯三年事。又国立北平图书馆藏《清太祖实录》残本，有癸丑年事及天命四年事，足补此本之缺。今按蒋良骥之《东华录》及王先谦之《东华录》，均在史馆依《实录》红本而修者。蒋氏取材于乾隆三十年以前之修纂之《实录》〔七一〕，王氏则取材在其后，其可信之事当更益减。然二书均据自《实录》底本，兹依二书校之，则于乾隆后改编之况及此本纂修之年代，亦可得而征焉。

一、今先述此本与蒋良骥之《东华录》异同如下：

卷一"季女得之"至"言已则去"一节，蒋本无。

"天生汝以定乱国"至"其后传至肇祖"，较蒋本加详。

"除烟"，蒋本作"褚晏"，"长拖落"，蒋本作"长妥罗"。

"显祖讳"至"宣皇"一节，约三页，蒋本删。"奚塔喇氏"，作"喜塔喇氏"。

吴喇国、哈达国、叶吓国、辉发国，蒋本置在后，无此本之详。

卷二"上伯祖德石库"至"被贼刺杀"，蒋本无。

卷四"上从虎栏哈达南冈，移居黑图河阿喇地方"，二本同。

卷六天命元年，蒋本略有删节。

天命三年七大恨之誓师文，此本修改极繁，蒋氏即依其修改之本。

上颁民法，训诫领兵贝勒、诸臣书，蒋本无。

上与蒙古贝勒论金朝事，蒋本无。

二、此本与王先谦《东华录》之异同如下：

"范嗦"，王本作"范察"。

"东果部"，王本作"董鄂部"。

自辛丑至戊申大致相同。"谓群臣曰"一条，原本作"一念及恶，崇朝而作，以善为则，历世难得"，王本作"念人之恶，崇朝而作，式好无尤，历世难求"。戊申祭天誓词，王本字多。原本作"明国若渝此盟，必受其殃"，王本则广宁巡抚、总兵、辽东道副将、开原道参将等官均受其殃。

"冬十月辛酉朔，上以太牢告天"，王本作十二月，系误。

天命元年敕谕，此本无。

"丁亥，达尔汉下、春科罗巴图鲁二臣"，王本作"户尔汉、费杨古"，与原本全改。

"秋九月癸亥朔，谕贝勒诸臣"，此本无。

七大恨之文，王本依其修改本。

谕侍臣，谕贝勒，此本无。

又七大恨之文，此书修改数次，末附改定之文，与北京大学所发现之原文墨谕已完全不同。

今校此二本及故宫文献馆所藏《实录》，惜文献馆之《实录》未能一一校对，然大半与王本相同之处甚多，知在其后。其先后时代之评断，其结果可得有四：

一、是本首题曰《大清太祖承天广运圣德神功肇纪立极仁孝睿武弘文定业高皇帝实录》。按清康熙元年，"睿武"下加"端毅"二字，乾隆元年，"端毅"下加"钦安"二字。又清史馆所藏之《实录》，"弘"字避讳阙笔。大高殿所藏之《实录》，为《实录》大库本，"弘"字不避讳，而多加"端毅"二字。凡字数愈少愈为古本，日人内藤湖南博士亦先言之，知此本当为最早之本。

二、书官爵例，原本例在人名之下，而《东华录》等书则官名在上。此本官名在下，犹不失本来面目。

三、人名、地名，凡最早之本则愈质朴。如明人之书写"章京"为"獐鹰"等类，存心谩骂，固无论已。即清初修本之《实录》，其名亦颇质朴。如"除烟"后作"褚晏"，"长拖落"后作"长妥罗"〔七二〕。凡名字愈加修饰，由质朴而进于优美者，必为最晚之本也。

四、誓师、训诫之文章，多后人增加。此本所无而《东华录》所有者，皆可见后人增加之迹。而后来官书所记载之文，已经多次修改，如七大恨之文诸类是也。

统上四例言之，则此本犹存旧观。至北平图书馆所藏之本，则过于残缺，次序紊乱。唯该本侍卫达尔汉作"达尔汉虾"，此本"虾"作"下"字，为双声，当为古本。亦间有不同之处，恐亦系稿本之一。日人传抄之《实录》，首行所题与此本相同，惜大福晋之死一事，此本下亦残缺，不能与彼本相校〔七三〕。唯传抄本"除烟"作"褚晏"，长拖落作"长妥罗"，"刘谙"作

"刘阐","豹石德"作"宝实德",字较雅驯。则此本恐系最初修改之稿本,而日本之《实录》反为传抄之本矣。似此本为最早之本,可无疑也。

按中央研究院整理档案所得者,尚有《太宗实录》残本;《世祖实录》残本,计天聪六年一册;《天聪名臣传》卷十抄本,九年正月起,至十二日;《崇德名臣传》抄本一册;清世祖十六年九月《实录》一本;《太宗实录》三十六卷至四十卷止,起崇德六月,讫崇德三年二月;《功臣事实记载》;天聪七年《太宗实录》一厚册;崇德六年一册等类。其金国汗书稿、明清档案、塘报等属,均辑于《明清史料》中,故不另述焉。

太宗本纪卷三残本一册国立北平图书馆藏稿本。

不知撰人名氏。是书首题曰《太宗本记》,改题曰《大清太宗文皇帝本记》。用开化纸所书。始崇德元年四月,讫四年十二月。上加签条,如朝鲜三田渡碑原文云:"宽温仁圣皇帝以坏和自我始,赫然怒,以武临之",改"以我实始败和,赫然一怒,以武临之"。此文有一签条:"冠盖交迹,迹字查。"下附:"查《实录》,原是'交迹'二字。"后所通行者,即用所改之本。二年四月条,"朕或有遗失,尔等当即面诤,若不能谏,而在外归咎其主,非人臣也",改"在外"为"退有后言"。又"聚财积谷,所以备荒,而赏功虽不可,吝亦不可","吝"改"奢固不可,吝亦非宜知"。此本为史馆据《实录》所修之本记,多存《实录》本来面目,而后人修改之迹,亦于此可考见焉。

以上内阁大库流传各地之档册

天聪名臣存二册未见传本。

不知撰人名氏。目见《清内阁旧藏书目》，目中尚有《天命丙寅年封延诏谕》。

朝鲜三田渡大清皇帝功德碑

碑文：

大清崇德元年冬十有二月，宽温仁圣皇帝以坏和自我始，赫然怒，以武临之，直捣而东，莫敢有抗者。时我寡君栖于南汉，凛若履春冰而待白日者。殆五旬，东南谓道兵相继崩溃，西北师逗桡峡内，不能进一步，城中食且尽。当此之时，以大兵薄城，如霜风之卷秋箨，炉火之燎鸿毛。而皇帝以不杀为武，惟布德是先，乃降敕谕之曰："来，朕全尔；否，屠之。"有若英、马诸大将，承皇命相属于道。于是我寡君集文武诸臣谓曰："予托和好于大邦，十年于兹矣。由予惛惑，自速天讨，万姓鱼肉，罪在予一人。皇帝犹不忍屠戮之，谕之如此，予曷敢不钦承，以上全我宗社，下保我生灵乎！"大臣协赞之。遂从数十骑，诣军前请罪。皇帝乃优之以礼，拊之以恩，一见而推心腹，锡赍之恩，遍及从臣。礼罢，即还我寡君于都城，立召兵之南下者，振旅而西，抚民劝农，远近之雉鸟散，咸复厥居，讵非大幸欤！小邦之获罪上国，久矣。己未之役，都元帅姜弘立助兵明朝，兵败被擒。太祖武皇帝只留弘立等数人，余悉放回，恩莫大焉，而小邦迷不知悟。丁卯岁，今皇帝命将东征，国君臣避入海岛，遣使请成。皇帝允之，视为兄弟国，疆土复完，弘立亦还矣。自兹以往，礼遇不替，冠盖交迹。不幸浮议煽动，构成乱梯，小邦申饬边臣，言涉不逊，而其文为臣所得。皇帝犹宽贷之，不即加兵，乃先降明旨，谕以师期，丁宁反复，不翅若提耳面命，而终未免焉。则小邦群臣之罪，益无所逃矣。皇帝既以大兵围南汉，而又命偏师先陷江都，宫嫔、王子暨卿士家小，俱被俘获。皇帝戒诸臣不得扰害〔七四〕，令从官及内侍看护。既而大需恩典，小邦君臣及其被获眷属复归于旧，霜雪变为阳春，枯旱转为时雨，区宇既亡而复存，宗祀已绝而还续，环东土数千里，咸囿于生成之泽。此实古昔简策所希觏也，于戏盛哉！汉水上游三田渡之南，即皇帝驻跸之所也，坛场在焉。我寡君爰命水部，就坛所增而高大之，又伐石以碑之，垂诸久矣。以彰夫皇帝之功之德，直与造化而同流也。岂特我小邦世世而永赖，抑亦大朝之仁声武谊，无远不服者，未始不基于兹也。顾摹天地之大，画日月之明，不足以仿佛其万一，谨载其大略。铭曰〔七五〕：天降霜露，载肃载育。惟帝则之，并布威德。皇帝东征，十万其师。殷殷轰轰，如虎如貔。西番穷发，暨夫北落。执殳前驱，厥灵赫赫。皇帝孔仁，诞降恩言。十行昭回，既严且温。始迷不知，自贻伊戚。帝有明命，如寐觉之。我后只服，相率而归。匪惟怛威，惟德之依。皇帝嘉之，泽洽礼优。载色载笑，爰束戈矛。何以锡之？骏马轻裘。都人士女，乃歌乃讴。我后言旋，皇帝之赐。皇帝班师，活我赤子。哀我荡析，劝我稼事。金瓯依旧，翠坛维新。枯骨再肉，寒荄复春。有石巍然，大江之头。万载三韩，皇帝之休。崇德四年十二月初八日立，嘉善大夫礼曹参判兼同知义禁府事臣吕尔征奉教篆，资宪大夫汉城府判尹臣吴竣奉教书，资宪大夫吏曹判书兼弘文馆大提学艺文馆大提学知成均馆事臣李景奭奉教撰。

按清之征朝鲜，共有三次：一为明万历四十七年、清太祖天命四年、朝鲜光海君十一年，己未之役；二为明天启七年、清太宗天聪九年、朝鲜仁祖五年，丁卯之役；三为明崇祯九年末十年初、朝鲜仁祖十四年十五年、清崇德元年二年，丙子、丁丑之役。此为第三次平朝鲜记功之碑。此碑首句"坏和自我始"，顷见北平图书馆藏《清太宗年纪》残本，改为"我实败和，赫然一怒，以武临之"。碑而可改，则可改者甚多矣。日人鸳渊一有《清初关于清鲜关系三田渡之碑文》一文，登在《史林》第十三卷中，考证甚详。是碑有满、蒙、汉三体文字，鸳渊氏并译为日文。

塔湾刻石

此为清太宗崇德时所建，仍称"金国汗"。目见日人内藤博士《清开国期之史料》。清初金石文字当不止此，安得考而理之，于清初史事至足印证者也。

大清皇帝功德碑

是碑立于崇德四年，目见《清内阁旧藏书目》。

以上清初刻石之文

以上清初档册之属。

〔一〕"日"上，底本有"惟实录尚未能校其异同"十字，今据《勘误表》删。

〔二〕"簿"，底本作"部"，今据下文改。

〔三〕"与"，底本作"于"，今据《勘误表》改。以下径改，不注。

〔四〕"三年"，底本作"二年"，今据上下文改。

〔五〕"国"，底本作"阁"，今据《太宗文皇帝实录》卷三二

"崇德元年十一月乙卯进呈实录"条改，中华书局一九八五年影印本。

〔六〕"修"，底本作"年"，今据《勘误表》改。

〔七〕"栏"，底本脱，今据《勘误表》补。

〔八〕"时"，底本脱，今据《勘误表》补。

〔九〕"汉"，底本作"蒙"，今据《太祖高皇帝实录·进实录表》改，中华书局一九八六年影印本。

〔一○〕"启"，底本脱，今据《太祖高皇帝实录·康熙序》补。

〔一一〕"眷"，底本作"春"，今据《康熙序》改。

〔一二〕"国"，底本脱，今据《太祖高皇帝实录·修纂凡例》补。

〔一三〕"祭"，底本脱，今据《修纂凡例》补。

〔一四〕"纛"，底本作"素"，今据《修纂凡例》改。

〔一五〕"兵"，底本作"居"，今据《修纂凡例》改。

〔一六〕"少"，底本脱，今据《修纂凡例》补。

〔一七〕"尽"，底本脱，今据《修纂凡例》补。

〔一八〕"文"，底本脱，今据《勘误表》补。

〔一九〕"书"，底本作"者"，今据《修纂凡例》改。

〔二○〕"哈"，底本脱，今据《勘误表》补。

〔二一〕"女"，底本作"妥"，今据《修纂凡例》改。

〔二二〕"书"，底本作"耆"，今据《勘误表》改。

〔二三〕"一、俘获……归国，书"，底本脱二十字，今据《修纂凡例》补。

〔二四〕"庐"，底本作"卢"，今据《勘误表》改。

〔二五〕"葬"，底本脱，今据《修纂凡例》补。

〔二六〕"书"，底本脱，今据《修纂凡例》补。

〔二七〕"课"，底本作"称"，今据《太宗文皇帝实录·康熙序》改。

〔二八〕"设"，底本作"谈"，今据《康熙序》改。

〔二九〕"旧"，底本作"病"，今据《康熙序》改。

〔三〇〕　"臣"，底本脱，今据《太宗文皇帝实录·修纂凡例》补。

〔三一〕"大"，底本脱，今据《修纂凡例》补。

〔三二〕"书"，底本脱，今据《修纂凡例》补。

〔三三〕"小"，底本脱，今据《修纂凡例》补。

〔三四〕"献"，底本作"歠"，今据《勘误表》改。

〔三五〕"辟"，底本作"群"，今据《世祖章皇帝实录·康熙序》改。

〔三六〕"缎"，底本作"缀"，今据《勘误表》改。

〔三七〕"宬"，底本作"峨"，今据《勘误表》改。

〔三八〕"著"，底本作"着"，今据《勘误表》改。

〔三九〕"癸"，底本脱，今据《勘误表》补；"乙卯岁"，底本作"乙卯藏"，今据上下文改。

〔四〇〕"录"，底本作"银"，今据上下文改。

〔四一〕"谟"，底本作"汉"，今据《勘误表》改。

〔四二〕"康"，底本作"库"，今据《勘误表》改。

〔四三〕"熙"下，底本衍"十"字，今据《勘误表》删。

〔四四〕"绩"，底本作"积"，今据《世祖章皇帝圣训·目录》，台湾商务印书馆一九八三年影印清文渊阁《四库全书》本。

〔四五〕"王"，底本脱，今据《史料丛刊初编》补。以下径补，不注。

〔四六〕"例"，底本作"制"，今据《史料丛刊初编》改。

〔四七〕"文"，底本作"大"，今据《史料丛刊初编·库书楼记》改。

〔四八〕"阁"，底本脱，今据《库书楼记》补。

〔四九〕"卷"，底本作"件"，今据《库书楼记》改。

〔五〇〕"十"，底本脱，今据《库书楼记》补。

〔五一〕"从"，底本作"纵"，今据《库书楼记》改。

〔五二〕"旧"，底本作"归"，今据《库书楼记》改。

〔五三〕"给"，底本作"及"，今据《库书楼记》改。

〔五四〕"讦"，底本作"讦"，今据《勘误表》改。

〔五五〕"参"，底本作"考"，今据《勘误表》改。

〔五六〕"乎"，底本作"守"，今据《勘误表》改。

〔五七〕"安"，底本作"为"，今据《史料丛刊初编·罗振玉序》改。

〔五八〕"间"，底本作"关"，今据《罗振玉序》改。

〔五九〕"竟"，底本作"竣"，今据《罗振玉序》改。

〔六〇〕"曰"，底本脱，今据《罗振玉序》补。

〔六一〕"遇"，底本作"过"，今据《罗振玉序》改。

〔六二〕"解"，底本作"鲜"，今据孟森《满洲开国史讲义》

引用本文改，中华书局二〇〇六年版。

〔六三〕"秉"，底本作"乘"，今据《勘误表》改。

〔六四〕"粉"，底本作"纷"，今据《勘误表》改。

〔六五〕"半页"，底本二字乙，今据《勘误表》正。

〔六六〕"平"，底本作"牙"，今据《勘误表》改。

〔六七〕"堪"，底本作"湛"，今据《世祖章皇帝实录》卷一
　　　　〇"顺治元年十月辛未"条改。以下径改，不注。

〔六八〕"齐"，底本作"斋"，今据《世祖章皇帝实录》卷一
　　　　〇"顺治元年十月辛未"条改。

〔六九〕"学明"，底本二字乙，今据《勘误表》正。

〔七〇〕"清"，底本脱，今据《勘误表》补。

〔七一〕"录"，底本作"余"，今据《勘误表》改。

〔七二〕"落"，底本重文，今据《勘误表》删。

〔七三〕"彼"，底本作"被"，今据《勘误表》改。

〔七四〕"臣"，底本脱，今据《勘误表》补。

〔七五〕"曰"，底本重文，今据《勘误表》删。

卷 三

明代之记载上

明神宗显皇帝实录五百九十四卷_{国立北平图书馆藏抄本，南浔嘉业堂刘氏藏抄本。}

明顾秉谦等修。

明光宗真皇帝实录一卷_{国立北平图书馆藏抄本，南浔嘉业堂刘氏藏抄本。}

明叶向高等修。

明熹宗哲皇帝实录八十四卷_{国立北平图书馆藏抄本，南浔嘉业堂刘氏藏抄本。}

明温礼仁等修。黄虞稷《千顷堂书目》云："缺天启四年□月及七年□月。"按四年、七年《实录》，据杨椿《再上明鉴纲目馆总裁书》，谓为冯铨所窃去。崇祯一代事迹，《起居注》久亡，故未成书，说详《晚明史籍考》。明代辽东努尔哈赤之兴，始于万历四十年以后。万历后，党阉、流寇之记事外，当以辽东之事为尤繁，故首列万历以后《实录》，足资参考。

　　然寻讨史事，必求其源。如洪武间阿哈出之内附，永乐间之建奴儿干都司，立《永宁寺碑记》，正统间之征董山，成化间马文升之抚安东夷等，皆为清朝开国前记之事，研究满洲事者所不可忽。若《明实录》，为明代史事最为可信之书。章太炎著《清建国别记》，其范察、董山、李满住《事状》，全取《明实录》之事以作参考。吴向之廷燮埶历代掌故，亦推重《实录》，曾别出宣德一代边事为《宣德别录》，又取《实录》为辽宁省志之《沿革志》。日人内藤湖南、稻叶君山董理满洲史地，多本《明实录》。唯此书多传抄之本，极不易得。桢拟辑其中辽事成为一编，其崇祯一朝之关于辽事者已全缺者，则用谭孺木《国榷》、孙承泽《山书》等补之，名曰《明实录辽事钞存》，现正肄事，及之也。

　　按考证史事取重《实录》，古人已然。万季野斯同之修《明史》，即以《实录》为蓝本。方灵皋苞《万季野墓表》云："吾少馆于某氏，其家有列朝《实录》，吾默识暗诵，未敢有一言一事之遗也。长游四方，就故家长老求遗书，考问往事，旁及郡志邑乘、杂家志传之文，靡不网罗参伍，而要以《实录》为指归。盖《实录》者，直载其事与言，而无增饰者也。因其世以考其事、核其言，而平心以察之，则其人之本末可八九得矣。然言之发或有所由，事之端或有所起，而其流或有所激，则非他书不能具也。凡《实录》之难详者，吾以他书证之，他书之诬且滥者，吾以所得于《实录》者裁之，虽不敢具谓可信，而是非之枉于人者盖鲜矣。"是可知《实录》之价值。

次《明实录》而尤要者，则为《明史》。《明史》一书，为张廷玉等修成，开局历数十年之久，其稿屡更，不满人意之处自多。而辽东一事，于清有切肤关系，尤多舛谬。外国诸传，则无建州。范察与董山相争，建州始分左右，《明史》隐之。其见建州事者，仅张学颜、李成梁等传，其他对于建州之事，则语焉不详。凡清修诸书，在所不免，近人章太炎、孟心史言之颇备。然《明史》要为有明一代国史，典章文物，一代制度，悉备于是。野史、笔记，则东鳞西爪，遗闻琐事，非读《明史》则亦无由知其原委。故野史可以补订正史之缺，而正史要不可废。《明史》之所关于辽东事者，神宗、熹宗《本纪》之外，在明天顺、成化间，记范察、董山事者，则有李秉、程信、赵辅诸传。万历以后，《明史》卷二百三十八则有李成梁、麻贵，《明史》卷二百二十二张学颜，此二传、卷二百五十九尤要：熊廷弼、杨镐、袁应泰、袁崇焕、赵光抃，卷二百七十一贺世贤、童仲揆、赵率教、何可纲、满桂，卷二百五十七张鸣鹤，卷三百二十朝鲜，卷三百二十八朵颜三卫。此举其荦荦大者，均不可不读也。

《明史》而外，则《清史稿》。《清史稿》为近人赵尔巽次珊、柯绍忞凤苏等所编，草创成事，遗漏甚多。然其中可参考者，如太祖、太宗、世祖《本纪》，记满洲事最要者，则列传九阿哈出、王杲，列传十二额亦都、费英东、何和礼、费扬古、扈尔汉，列传十五额尔德尼、达海、尼堪、满达尔汉、英俄尔岱〔一〕，列传十六明安、恩格德尔、鄂齐尔桑等传，皆与清初之事有关。而阿哈出传记，清初世系尤为详允。近坊间印有《清史列传》一书，亦足参考。以上《明史》及《清史稿》等书，非全记清开国事之书。《明史》原委，已别见于《晚明史籍考》，故附记之于此。

抚安东夷记一卷《纪录汇编》本，明刊《马端肃三记》本。

明马文升负图撰。按文升字负图，钧州人，景泰二年进士，《明史》有传。成化十二年九月，以兵部右侍郎奉命整饬辽东边防。时海西兀者前卫都指挥散赤哈上番书，言开原验放夷人管指挥者受其珍珠、豹皮。兵部移文勘之。管指挥者惧，乃因本卫都督产察，系散赤哈侄，入贡归，贿求产察，言管实无所受。散赤哈闻之，乃由抚顺关进赴广宁自白〔二〕。时参将周俊等守开原，恐散赤哈至，事情毕露，乃诡云："海西人素不由抚顺关进，恐熟知此道，启他日患也。"守臣阻之，散赤哈因合建州董山余孽犯边。而巡抚陈钺与文升有隙。十四年正月，散赤哈等乘虚入凤集诸堡，陈钺与总兵韩斌意在扑剿夷人以掩罪，乃乘夜袭各寨，屠之，讫无所掠人畜，而精壮者间亦脱去。时太监汪直惑于通事王英之言，谓往抚可邀大功，乃与文升多所龃龉，卒劳师无功，抚之而归。既而以兵部失机下文升于狱，谪戍四川。癸卯乃赦还，仍巡抚辽东。此书为文升自记，当为可信。明代自永乐征服辽东，而后成化三年征讨董山之役〔三〕，实与辽东史事最有关系。唯明代记载不详，故研究清初世系、史迹颇觉困难。有此一书，吾人始能略知其端倪，为征明清掌故者不可少之书已。

三朝辽事实录十七卷江苏省立图书馆藏明崇祯间刻本。

明王在晋明初撰。按《明史》卷二百五十七《王洽附传》云："在晋字明初，太仓人。万历二十年进士，授中书舍人。自部曹历监司，由江西布政使擢巡抚山东右副都御史，进督河道。

天启二年，署部事。三月，迁兵部尚书兼右副都御史，经略辽东、蓟镇、天津、登莱，代熊廷弼。八月，改南京兵部尚书，寻请告归。五年，起南京吏部尚书，寻就改兵部。崇祯元年，召为刑部尚书。未几，迁兵部。坐张庆臻改敕书事，削籍归，卒。"明初经略辽东，与蓟督王象干专主款蒙古，守关门而弃关外。欲于关外八里筑重城，坚守御，其计颇左。唯是书上起明万历四十六年戊午，下迄天启丁卯十二月，叙事溯源详流。首总略，次编年及奏议，十余年之事，记载綦详，衮然巨帙，为治辽事者所必参考之书也。前有《申用懋序》《自序》《赘言》、男会芯《跋》《凡例》，兹录其要于后。

《自序》云：余从奴孽初起，躬历艰难，宵旦拮据，遇事援毫，循年核实，言言有据，字字匪诬。解组以来，如范粲登车，多年偃息。间尝思小丑披猖，忧劳至尊，惊惕海内，辽事不可不传。非亲炙则拟于道听，民间杜撰新编，久之窜入正史，而虞有鲁鱼之閟也。燕居之暇，一一叙述，如手绎纷丝，错综参伍，广搜群议，衷以管窥。纂就一家之冗编，谬拟三朝之《实录》。俾将来爱采，仰佐史成，用资谋野，有判如璋而合如珪者矣。自东隅告急，泛海飞刍，曳轮策蹇，戎马悉于疆场，金钱殚乎帑藏，杀戮遍于遐荒。谋议梦努，调遣四出，搜括殆尽，转运如流。一蹶而清、抚，再蹶而开、铁，三蹶而辽、沈，四蹶而广宁。追锋撼摇关隘，缇骑累逮奔臣。朽甲败戈，泽量山积；流民溃卒，蚁聚蜂屯。廷议经边，举朝跋踬。罦获在后，白刃当前。人避我趋，拼生贾勇〔四〕。借尚方之赫濯，震通国之颓靡。招集散亡，整修废堞。收复关前之弃地，联属海外之孤军。救负固之氓，以保前屯；置更番之卒，以守宁远。运海岛之储糈，饱我士伍；市辽西之窖粟，济我边民。传镞剿川湖之叛寇，移师靖山左之莲妖。声灵既播，虏部输诚。朵颜三十六家，虎墩兔憨八大营〔五〕，取次受款。俾关东城堡，复归版籍，物力军需，大从省约，中外晏若，朝署清宁，订盟讲学，识者占恢复之有机，升平之可望也。讵图党局分门，恰壬鼓衅。时人树趋炎之帜，傍观袭垂成之功。怂恿纷更，亟图进取。此时狼烟且熄，胡然劳黄阁之尘；虎旅方张，猝尔似金牌之召。封疆重任，临轩专委，一旦传宣，整还朝之剑履。余甫幸其息肩已矣，而事出无因，衅非已作。时乎！时乎！自兹以后，谁能蹑辽阳之纤尘寸壤乎！人经几换，薪火犹传，功竟无成，关河仍旧。累挫转深败气，夫谁省察；非常九塞监临，诸镇掣肘。其究罪督寡谋，潜通介绍，遣吊喑生，降志隳体。奴使潜窥单弱，决策东侵，坏我藩篱，祸移属国。诸虏鞭辱通官，甘心从逆。于是长昂先叛，插部西奔，大宁一带，皆为奴地。素囊灭而卜石兔逃，三岔可以无守，而蓟、宣为直捷之途矣。三辅伤残，肉林骨阜。功隳兴筑，大将几成釜鱼；祸起调援，叛贼久为逸兽。五年爽灭奴之约，三韩缓克复之期。大都辽事之失，起于同侪之挤轧，坏于大猾之钻营。东垂罹劫杀之运，地遍干戈；西壁开傀儡之场，手提线索。货郎入幕，债帅当权，国人皆知不可，彼乡独见优容。阴盗国而阳盗名，巧取官而贪取利。攀援附党，且至操戈；力荐同心，竟成按剑。明知尾大之不掉，犹然百足之不僵。用人每入牢笼，虚伍习成故套。弊窦一开，九边效尤，法弛兵弱。长鲸未馘，孰清登海之波涛；破甑难完，屡窥卢龙之锁钥。酿患至此，借非身在个中，鉴观独晰，谁秉董狐之笔，而定千秋之公案哉！慨惟辽土沉沦，英雄丧气。或长算偶昧于几先，或履错竟罹于偾事。或否臧而死法，或捐躯而死敌。浩劫所临，什不存一。而秉忠殉国，文臣武士，正副以及偏裨，动至千百。当事者掩罪盖愆，庙廊之上，又讳言失律，名姓未彰，草木同朽〔六〕。白沙黄壤，怨鬼长号；赤莽青磷，游魂莫返。夷陵之土成灰，苌弘之血化碧。而简史不知其人，浩气消磨，郁结为厉。且巳、午以后，邸报不传，多识多闻，统归聋聩。集诸廷则多偏讳，笔之史亦至挂遗。世道所以常存者，独此公是公非，揭日月行之。若始而混混，终而泯泯，乾坤不几乎息耶！余之为是篇也，急公死义之士，必存其名；饰非矫枉之谈，力辟其谬。博采奏章，无我寇我仇之恨；只持国是，诅生瑜生亮之嗟。不以国典而失褒贬之平，不以众斥而靳独裁之义。刑如磔督，则余复命之章，曾讥其轻进；罪若叛臣，则余平台之对，两刺其奸贪。当事实为腹心，公论宁辞斧钺〔七〕。孔子之说夏、殷也，而忧杞、宋之无征〔八〕。区区谫陋，惟集诸邸钞，以为当年兵书疆事之征。征信在我，知罪繇人，聊以存三代之纪纲而已矣。

男会芯《跋》云：曩辽患孔棘，家大人拮据中管，蓐食行间，殷忧宵旦，不遑宁处。芯小子时得而亲承焉。己巳归里，每得报，辄废书而叹曰："有是哉！边事一至此极乎！兵虚而不可恃也，饷靡而无可核也。效顺之虏，昔为我用，而今为奴用也。长边数千里，在在可窥而入也。"盖自壬戌以后，关宁失驭，其所繇来者渐矣。追惟河西奔溃，胡尘满目，犬羊充斥，流离载道〔九〕，鸿雁哀鸣，天造草昧，纷纷攘攘，渝关为剑戟之场矣。彼时宁前不复则山海危，山海不守则神京危。举朝胸缩，而家君挺身仔肩，以愧夫临事怯避者；锐志为收复宁前之议，以愧夫奔跄失地者；不请兵，不请饷，单车就道，以愧夫多方请乞者。比出而经略，款詟相兼，战守互用，关前残破之区重归版籍，而弃甲曳兵者怍矣。无刺无非，倏更倏代，言者无已，而自请行边督师者妒矣。于极危极险之地，百难百窘之时，幸不蹈前车之覆辙，留枢简任，三告乞归。家君曰："此社稷之灵也，君之福也〔一〇〕。臣何功之有。"角巾私第，口不言功，而为公论所许可，复拜南铨之命。无何，而权当窃柄，独行见忤，屡推屡黜，以至三载之淹，当殛而始正中枢之席焉。是时边防窳惰，业五载于兹矣。当袁督师之陛见御前，矢口轻言灭奴，因箴规之相咈，遂谋议之参商。必欲易本兵，以恣行其臆。于是谏垣有水火之谈，而恎壬任苞苴之入。债帅逋诛之疏，投鼠起憎；而召对欺藐之旨，批鳞触忌。偶缘惠安之增敕，萝葛株连，瞥然投劾而归矣。借令家君在任，则蓟兵不至抽单，岛帅何繇立捽，插部不迁，素囊不灭，而虏不背约以从奴，讵至阴许和而阳赴援，有引虎入门之祸哉。老父年龄薄暮，愿不知名；子情喜惧交切，惟知爱日。身之隐矣，何用文为。顾念虏患披猖，君父蒿目，十年辽事，草野谨闻其概，史乘恐失其真。断简残篇，悉从邸钞中之纂集。梓人乞付剞劂，皆铲浮摭实之文，无虚无赝，董狐、齐太史，或取征取信焉。

《凡例》：

一、国史有专成，而今自为纂述者，何也？汉命儒臣编史于东观〔一一〕，而其后有袁宏《纪》，张璠、薛莹、谢承、华峤、袁山松、刘义庆、谢、沈之史。宋范晔删采为十纪、八十列传，刘昭复补为《汉志》。史非一手所能成，诸家之书，正以助东观儒臣所不及也。非诸史，后来何从考正乎！

一、国史非书生所能述，仕未登朝，总为途说，躬未亲阅，类多耳食。今时之杂编，无当肯綮，有假此索贿市恩，求容于津要者。且多依傍门户，毁誉失真，非信史之必传，直付渔樵之论可也。

一、词馆编纂，不过采部科之奏疏。六垣架阁数椽，原本按时缴进，而兵部之不存堂簿，已三十余年矣。昨年之稿，今年无可觅者，即词林有专管章奏之官〔一二〕，恐亦不能书录也。

一、近事莫大于辽。十载间功罪得失，议论是非，俱当备载。今新编所注述，皆浮蔓之条陈及嚣争之笔舌，不知榆关何以得守，弃地何以得复。至于丧师败绩，不复深言，护彼之短，正以掩他人之长。此皆山人流棍，占风望气，逐臭附膻，用意之深，为将来混淆正史之地。遍阅诸刻，虽无一言之诋及于予，而其所爱护者，显然见于言表矣。此编一出，必为邪诐偏党者之所忌，然而原疏俱在，明旨昭然，与诸大夫国人共质之可也。

一、山海之距神京〔一三〕，所谓一重门限。若无宁前，关门必不能守。余为总理时，抗疏争之，而党人讥为鲁莽之谈。旋责余为经略，不收复关前地面，则与累臣同罪也。比余果践其言，而党人之气塞矣。既无可指摘以加之罪，乃阴谋更换以使之归。时局如此，而欲望边臣之树功书伐，其可得乎？

一、海运最难。始事者止十万，而顿加六十万，不知几费心筹事乃得济。而新编并无点墨，所谓问齿决而轻饭歜也。余虽纪其事，述其艰，然亦仅存节略耳。

一、史书专为奖劝忠义，若死事不传，无为贵史矣。此编必穷搜博载，有宦者书其官，以旌其殉国之节。至于立祠赐谥，加官予荫，祭葬从祀，阐扬朝典，流传万载，永慰忠魂。

一、史以显微阐幽，质疑辨难。是以从井之妾，必书其氏；殉主之仆，务列其名。当死不死，而勉图旦夕之生；杀不当杀，而立染尚方之剑。死敌而埋灭黄沙，偷生而粉涂青史。务求其实，质之鬼神而无疑。

一、虎酋为虏王，奴强而插众。款插则西虏尽归约束，我可以专力拒奴，奴之所寒心也。至丁卯而插部西迁，遂不能纪纲各部，皆筹边者之失策。五次入犯，奴耶？虏耶？不能辨之矣。

一、辛酉失辽阳，廷议以东征兵马、钱粮、军需、兵仗，设总理三部侍郎，此从来未有之官也。海运米粟山积，盔甲等件，万千朽烂，虚耗物力，新编尽为隐讳，并新设之官无述焉。一人创笔，捕影者皆然，草野之间，附党剧于庙战矣。

一、辽事起，言路封章多为熊、王争战守，及广宁失，后为经、抚争罪案。自今观之，孰战？孰守？至其罪状，已正于西曹，赘谈不必尽述。

一、庚申以后，纪余之奏疏，似觉其烦，然所纪皆切要事也。先儒胡致堂有云："义不当隐者，圣人犹自序其绩。"知我罪我，其亦听之。然余署部，有一百五疏，百存其一；抚东总理经边，亦存什中之三四。家贫乏剞劂之资，摘略而非全疏也。

一、辽东为本朝疆域，其山川关隘险阻及外夷住牧，聊纪崖略，以备开卷参阅。

一、叙事必溯原所始。奴孽之先，播毒于前代，其后自相戕灭，倏盛倏衰，易为兴歇。余著其始事于篇端。

一、叙事必首编年。奴酋繇戊午以暨丁卯，十年间边事，明注年月，历历可按。其或以后事证前，则为旁注，另注某年月。

东夷考略四卷燕京大学藏抄本，日本内阁文库藏明刊本。

原题"苕上愚公撰次"。按苕上愚公为茅瑞征。同治《湖州府志》卷七十五《人物传·文学》云："瑞征字伯符，归安人，坤从孙。万历二十九年进士。知泗水县，调黄冈，擢兵部职方主事，升郎中，历福建参政、湖广右布政、晋南京光禄寺卿，历官有廉吏之目。壮年即解组归田，自号'苕上愚公'，耽情咏吟〔一四〕。官职方时，著有《象胥录》《三大征考》，诗亦真率自喜。卒赠大理寺卿。"是书首篇《女直》，记自秦、汉以来女真部族之沿革；次篇《海西》，记南北关王台、祝孔革之部族；三篇《建州》，记王杲、阿台之事，讫努尔哈赤之兴，至万历末年而止。首有《辽东全图》《开铁图》《开原控带外夷图》《沈阳图》《广宁图》《海运饷道图》《苕上愚公传》。前有《考原》，末附《东事答问》，仿枚乘《七发》之例，述防辽之法，为答客问之体。瑞征官历兵部，目睹当时情状，亲历其事，故记述特详。其记奴酋为建州之支部，及并有诸夷，蔑视明廷之事迹，王台、仰加、逞加二奴之兴废，言之凿凿。至记明正统三年征董山之役，马文升之抚辽东，杨镐之四路丧师，声色煊赫，脉络详明〔一五〕，足裨史事。其防辽之法，大旨在设武科以陈军旅，厚资赏以招勇士，杜苛征以整辽饷〔一六〕，利间谍以窥辽情。至言军旅之弊，辽饷之滥，万历朝之慌恐无策，不为久远之计，京师重地，犹有奸人出入，至兵败之后，事过境迁，而朝士又反视之漠如，足以见当时之情势，非书生之见者可比。唯所记仅及天启初元而止，惜沈阳失陷之后，均未记载。又三篇所记之事，略有出入重复之病，而传闻失实之处，亦间不免。然记清初之史事，明代辽东之兴废，固可谓最确实有系统之书也。是篇为乾隆时全毁之书，中土久佚，日本内阁文库藏有刻本。是篇从上虞罗氏殷礼在斯堂藏抄本转录，为明清史事有数之秘籍，弥可珍也。今罗氏本已归燕京大学图书馆矣。

《考原》云〔一七〕：自有东寇，主忧臣瘁，而议同筑舍，局等弈棋。爰监往以察来，庶惩噎而改辙。故考东夷，在昔女直，既殊生熟之称；即今海西，亦列南北之号〔一八〕。瓜分豆剖，厥裔实繁。顷蚕食业骋于两关，而鲸吞敢恣于上国。耳目所逮，宁过而存之。故《通考》外，复次《海西》《建州》。齿马自宜引嫌，扪虱不妨写臆。唯执简以俟，断自先帝之登遐；而企踵以须〔一九〕，徐听后人之补塞〔二〇〕。庶纾蹙恤〔二一〕，幸逭谤书。故考东夷，讫于万历，纪年疆场，一彼一此，蒙茸将谁适从〔二二〕？语不云乎，中流遇风，勿汲汲也。肉食者鄙，匪沿曹刿之谈；谋野则获〔二三〕，窃取裨谌之义。故诸考辄参以绪论。古亦有谈兵于聚米，或画地以成图。量彼此情形，多算乃胜；问山川险易，抵掌为艰。间假顾、陆之丹青，稍佐韩、白之画策。曷可少哉。故作诸考〔二四〕，先以地图云尔。浣花主人书。

《自传》云：若上愚公者，家若水之曲，性专而癖。自先世事力穑，而公独酷嗜书。当其坐拥残帙，伊吾自喜，辄私谓天壤间虽有他乐，吾不以易也。及一再试为吏，殚精职业，绝不解以官为传舍。间有以请谒问遗至，面辄发赤反走。以是亦时窃民誉，而每为通人所不乐。公亦罢去不顾，归返初服，读书伊吾，与儿曹声相互答。或劝公仕，抱膝长啸，不为对。人谓公炙手不知炎，下石不知险，脂膏不知润，且并轩冕不知荣，胸无机械，意无好丑，此殆天下至愚人也。公亦自谓，名我以愚固当，然雅能以无私自许，人亦久而以是许之，因共号曰"茗上愚公"。愚公闲居，每好著书，然多杂以兵事。以所历官似是马曹，尝留心擘画，综理其间，虽已归卧，而宿业不辍，齿及辄津津有味乎其言。人谓愚者必专且癖，此亦愚公真种子云。时天启元年龙集辛酉夏日，书于浣花居上。

女直考一卷《广百川学海》本。

天都山臣撰，武林翁蕯业阅。《自序》云：自天厌夷德，降生真主，北窜胡元，我中土始得光天日月之盖。皇祖另辟乾坤，于逊代之外，其德固笃唐虞三代而上之矣。乃尔岁建酉以既烬之灰，鸱张跋扈，始则诡部落，继则要挟不庭，而骏骏乎启疆也。岂唯授钺者蒿目，即荷犁执耒、岩叟贩夫〔二五〕，有弗裂眦而呼，亟欲颠其垒穴者乎！顾不稔察其境之透折，不历溯其类之从，亦何异望洋兴叹。自兹图考出，而虏在我目中矣。迹奴儿哈赤之于猛酋，假女为敌饵，委妾为贿资，虽狡黠百出，不过馋馋之兽耳。我皇祖不阶尺寸，一朝而荡腥膻，岂以金瓯巩固之日，控几何储积，几何猛将谋臣，而顾难弹一痤哉！吾侪食土之毛，忠愤横臆，然有志窃未之逮。唯同志者披图而起，长于谋者输谋，长于力者输力，长于贿者输贿，共猎此黠兽而畜之也，庶不负传梨之意。

时边臣遣使请救，奴酋外恐吾声罪，实心利其妻妾部落，乃伪以女许猛酋，而阴纵其妾与通，徐以私外母为名杀之，仍以女许妻猛酋长子，送次子归我内地，以苟塞前请。边臣因不与较，奴酋旦旦有轻中国之心〔二六〕。

辽夷略一卷 明崇祯己巳刻《宝日堂集》本。

明华亭张鼐世调撰。按世调万历进士，官至南京吏部右侍郎兼詹事府詹事。熹庙时天变，陈言八事，末言慎宫闱，大拂乳媪、逆当指，旋废家居。崇祯初，仍起于家，晋少宰，总纂修记注事。著有《宝日堂集》。以万历庚申奉使东行至山海关，著《使东日记》。此书为其归后所著，言辽事者。大抵辽东部族最为复杂，如宰兔、籹花之名〔二七〕，率不易明晰。此书记兀良哈三卫之部族极详，读此一书，则当时部族了如指掌，庶不至于与女直诸部混淆，而有扞格不入之病。惟即题《辽夷》，乃于奴酋之先世尚未能指明，此不无缺憾。是书入《禁书总目》，前有《叙言》。

《叙言》曰：余自庚申十一月归途撰次《辽夷略》，记其种落、住牧及市赏诸处。盖得之周中丞毓阳《全辽图》底本中，颇详而核。今者辽、沈新陷，朝议纷纷无定画，甚有愿弃河西而守山海者。夫河西弃，而山海安能守？此不待智者知之也。窃私叹国家才失一隅之地，动辄四顾张皇，便思缩地自固，别无他策。此其病在先自弱，视奴太强，我先失中国之势，而遂视奴为不可制之敌国。不知奴于众夷中，不过弹丸之一种，操纵而颠倒之，线索原在我中国之手。晁家令云："以蛮夷攻蛮夷，中国之长技也。"请就《辽夷略》中考论之。夫从来夷无定主，犬羊相噬，投骨于地，猖然而争。虎墩兔憨为西虏帝，然累岁思邀我贡市、王爵，如俺答故事而不得，抱恨终身，岂肯坐视奴帝辽阳，断其市贡之利乎？且以宁前而论之，其革兰泰之一种，凡八枝〔二八〕，共四十酋，而领市赏则高台、兴水县二堡也。以广宁、锦、义而论之，其土蛮憨一种，凡九枝，共三十酋，而领市赏则镇远关也。其瑷塔必一种，凡十枝，共四十酋，而领市赏则镇远关与大福堡也。其大委正一种，凡三枝，而领市赏亦镇远关也。其克石炭一种，凡三枝，共九酋，而领市赏亦镇远关也。其鬼麻一种，凡五枝，小歹青一枝，市贡则大康堡；额参委正一枝，市贡亦镇远关；耿耿歹青、青歹青、石保赤丑库儿三枝，市贡亦大康堡也。其五路台吉一种，凡七枝，共十八酋，而领市赏亦镇远关也。其把伴一种，入于泰宁，凡二枝，共十六酋，而领市赏亦镇远关也。泰宁诸夷，虎喇赤一种，凡五枝，长男速把亥一枝，凡二十二酋，直广宁，海州、西平、东胜、东昌等堡，而领市赏则镇远也；其次男秒花一种，凡九枝，共三十余酋，而领市赏亦镇远关也。至万历四十三年，辽阳长安堡新开木市，而西至广宁，东至辽阳，境外游牧络绎，是虏亦以木市为命。至于虎喇赤第四男伯要儿一种，凡五枝，共六十余酋，对辽、沈、开、铁正北，而市赏俱在新安关。今没于奴，则伯要儿部下六十余酋之市赏绝矣。惟福余夷弱，而久不入市。海西南、北关夷，为奴所并而不开市，则今日每年数十万两市赏，固诸酋所恋恋而不能舍者也。诸酋利吾市赏，便我市易〔二九〕，我之布帛锅口等物，皆彼夷日用所需，而彼马牛毡革〔三〇〕，非与我市〔三一〕，则无所售。然则辽阳一带，实西虏所资以为生，料西虏亦决不利我失辽阳，而令奴得之也。今伯要儿亦无市赏之利，而思逐奴矣。秒花亦且为我守黄泥洼，以拒奴矣。谁谓西虏肯奴得土地，而己失市赏哉。挑之使斗，亦彼各自为其私情所必至也。今日惟有此一着，可使夷动而我静，夷劳而我逸。我修备修守而徐乘其敝，宽民力，定人心〔三二〕，以为恢复之计。若夫海、盖诸逃民在海岛中，皆我百姓，决宜安插各岛中，设官以统之，令山东为之接济，使安插共守，以相机会〔三三〕，为复海、盖之后图。移咨朝鲜，整兵以扰其东境，而通贡道。又见奸细藏于兵部提堂中，恐此辈埋伏伺隙者不少，托何神丛，意将何为。危哉！危哉！当事者不得瞆瞆如梦。余是以刻《辽夷略》，而借题数言，以告实心为国者，采而行之。时天启改元辛酉孟夏日〔三四〕，题于读书舫中。

按《宝日堂初集》卷一、卷二，有《诏谕辽东将士军民人等》《告谕北关属夷人等》《告谕西虏朵颜三卫属夷人等》，卷二有《备边急务疏》《再论辽事请发经略视兵疏》《四论辽事请发金钱疏》。前有许维新〔三五〕、夏允彝《序》。夏《序》云："大臣可以无技，而不可以无学。技为世用，而学以用世者也。数十年以来，天下之事莫大于辽，则翁首疏筹辽；天下之难莫惨于当，则翁有言戢当。而他文之所晓露，无不挟雷动风行之致〔三六〕，以振起一世之顽懦。其宽大雍容之气，又盎然词外，使人乐容而有余地。"是论盖非阿谀之词也。

使东日记一卷《宝日堂集》本。

明华亭张鼐世调撰〔三七〕，详上条。

剿奴议撮一卷江苏省立国学图书馆铅印本。

明云间于觉燕芳撰，同社王应遴、华亭陈继儒校。

建州考一卷《剿奴议撮》附刊本，《宝颜堂秘笈》本。

明云间陈继儒眉公撰。《建州考》记建州清初史事，向入《违禁全毁书目》。《议撮》一书共有十一篇，讨论明季辽左兵事，间以攻取守备之法。据是书所附之《跋》，燕芳此作盖在杨镐四路丧师之后，熊廷弼奉命经略之时，实当时深切著明之计也。前有《辽阳指掌图》。原《跋》考订颇详，兹录于后。二书合订，故统记于此。

原《跋》云：《剿奴议撮》，明云间于燕芳撰。奴者，清太祖奴儿哈赤也。燕芳名觉，《淡生堂藏书谱·国朝南直诸公集》目有于燕芳《杂稿》六卷六册，其目曰：《鄛草》《岭噫》《潞河草》《三山曰笔》〔三八〕、《郢草》《辇下吹》，此外所著尚有《燕市杂诗》，陈继儒曾为刊之于《眉公杂录》中，与《剿奴议撮》同为清代禁书，见《军机处奏准全毁书目》。惟于《剿奴议撮》一书，简称《议撮》，盖讳言剿奴耳。清代诸家书目均罕著录。嘉庆《松江府志·艺文志》仅载《燕市杂诗》，于燕芳行谊则不著一字。此为八千卷楼旧藏，明陈眉公订正刊本。前有"同社王应遴校"六字。应遴字云来，山阴人。万历戊午副车，为东林中人，则燕芳或亦其流辈也。燕芳作此书，在万历四十七年杨镐四路大败之后。而《议撮》一谓"金台失、白羊骨叔侄等蜂屯相望，告以故土宜复，未必遽忘中露"云云。按北关于万历四十七年八月二十一日为努尔哈赤所破，金台失自焚死，白羊骨降，燕芳《议撮》盖在其先。杨镐既败，熊廷弼于是年六月奉命经略辽东，此书亦未之及。则其著作之时，当在是年三月以后，六月以前也。杨镐之败，为明清兴替一大关键，读熊廷弼筹辽诸疏，当时朝野皇皇之状，可以想见。燕芳此书，条举复辽之策，固士大夫之留心边事者。书首刊《辽阳指掌图》，中谓"建州石砌重城，六门，三面水，一面山，城极固。内城六百家住，外城三千余家精兵住"云云。按之《清实录》，只谓"万历十五年，太祖于硕里口虎拦哈达东南加哈河两界中之平冈，筑城三层，并建宫城"云云，而不及其他。今合此书所言，然后清初建国规模约略可睹矣。近岁章炳麟著《清建国别记》，日人稻叶君山《清朝全史》，于清初史事多所创获，顾于此书都未之见。因取陈继儒之《建州考》，合而刊之，以供谈清史者之一助焉。《建州考》多丑诋满俗，亦为清军机处奏准全毁诸书之一。今从《陈眉公全集》中录出。二书刊本鱼鲁百出，故别据明《辽东志》诸书为之勘正，附诸书末，而于原书面目一无所改，庶存其真云。

山中闻见录十一卷上虞罗氏刊本。

原题"管葛山人撰"。按管葛山人姓彭氏，名孙贻，字仲谋，海盐人。为明末遗民，著有《茗斋诗》，见桢撰《彭茗斋著述考》。是书记辽东史事，卷一至卷六为《建州》，卷七为戚继光、李成梁、杜松诸人传，卷八《西人志》，卷九至卷十一为《东人志》。入《毁禁书目》。茗斋留心史事，叙述极详，为记清初史书有系统之书。前有罗振玉先生叔蕴《跋》。罗氏谓"茗斋生长南疆，不知何由洞悉朔方兵事"。实则茗斋有《燕游草》，固身历塞北也。

甲子罗《跋》云：管葛山人《山中闻见录》，记明季关外兵事颇详。予初得旧抄本，计十一卷，而阙第三至第五凡三卷。求别本不可得，乃付梓以传之，既十有一年矣。己未游沪江，忽于友人处得一本，则一叶不缺损，分十三卷。以校往岁所刊，卷一至六皆无差异，卷七至卷九列传三卷，卷十为《西人志》，卷十一至十三均为《东人志》。旧得本则并列传三卷为卷七，卷八为《西人志》，卷九至十一为《东人志》，虽卷数不同，而中实无别。因命手民补刊佚卷，此书乃得完足。去岁既得大库史籍〔三九〕，凡记明季兵事者取校此书，合者什殆八九。管葛山人为海盐彭孙贻，生长南疆，不知何由洞悉朔方兵事？殆友人佐辽幕所记，而山人据以成书耶？杀青既竟，爰书其后，以告世之得是书者，当以此书之既阙复完为可喜也。

耐岩考史录四册不分卷江安傅氏藏抄本。

上虞朱璘青岩撰。右《耐岩考史录》旧抄本四册，无卷数，不著撰人名氏。为江安傅沅叔先生藏园所藏书〔四〇〕。为纲目体，记有明一代与建州之关系。起洪武二十二年己巳诏以兀良哈之地置朵颜、泰宁、福余三卫始，至清康熙二十二年癸亥施琅克复台湾止，叙清之建立颇详。惟不见著者姓氏为憾。而历观书中所引断语，曰黄道周、曰徐石骐者，皆曰某人曰，而称按者仅朱璘一人，且每册皆数见。按《南疆绎史》勘本所引乾隆间禁书目，有朱璘《明纪辑略》一书，且谓其书语多荒谬，疑即其人，惜不得见其行事。近阅章实斋《湖北通志检存稿·平夏逆传》，有记朱璘事一节。夏逆为夏包子，名逢龙，倡乱于清康熙二十七年，后为朱璘所擒。《朱璘传》略云：

朱璘字青岩〔四一〕，上虞人。任武昌同知，仁廉爱民。

康熙二十七年，署湖北驿盐道。逢龙劫璘，同张芑至阅马厂，璘、芑骂贼，屡被陷不挫。次日，陷璘索印，璘厉声曰："头可断，印不可得也。"贼令分禁诸营。乘防守懈，密与督标营将王相、守备胡定海约，共图歼贼。脱身走安庆求援。时将军瓦岱调兵江宁，璘往从之，随征催饷。芑亦会军复武昌县。逢龙败，逸于白云堡，璘、芑侦知擒献。事定，璘擢南阳府知府。璘以贡监筮仕，而好学不倦，著有《纲鉴辑略》《明纪全载》，又有《诸葛武侯文集》《二程文略》《朱子文略》《古文适》《八大家古文适》《训诱蒙学》。

按浙东自万季野以后，史学之风日炽。青岩为上虞人，平夏之年，上据作史之年仅五岁，时代先后相同。且章传有《明纪全载》，而《南疆绎史》引有《明纪辑略》，书名相同。是作《考史录》之人，即朱璘可无疑也。

明季野史记辽事者，如《山中闻见录》《女直考》《建州私志》诸书，挽近发现颇多，然编年记载者颇鲜。此本举清初之沿革，颇有条理，叙述能得其真，一也。年经日系，可以觇其条贯兴废之迹，二也。其论明之败亡，非由于将之不勇，实由于调遣之失策，信任将士之不勇，而行军多受制于内。尝论党狱之起，由于杨、左诸君子之营救熊廷弼。其第一册朱璘按云："初，汪文言尝为廷弼求缓决，许魏当四万金，既而不与。故魏当借文言求脱杨镐、熊廷弼，罪廷弼遍赂杨、左诸人，于是坐名追赃，无得免者。"此追赃之因，所言尤详，三也。惟是书自南渡以后，则或听诸传闻，或语焉不详。如谓鲁监国之被郑成功之沉诸海中诸事，凭诸野史，未加审辩，岂当日真确记载尚未出耶？又是书虽未见《禁书目录》，然偶忆其记永历朝党人之争倪，在田续《明史纪事本末》已全取此篇，故知此书亦非仅此一种抄本矣。己巳初夏浴佛前三日〔四二〕。

又按《明纪辑略》八卷，有刻本，又见抄本《明纪全载》十五卷。《辑略》至明穆宗而止，《全载》则至明季三王，为续《通鉴辑略》而作，前均有张英序。刻本较抄本略有删节，实即一书也。是书每条之下，亦间有朱璘按，更足证明是本为朱璘之作。近见海盐朱逖先先生藏有《明纪辑略》刻本〔四三〕，记辽事极详。恐此本即由《辑略》本抄出，而通行之《明纪辑略》，则避清讳而去之耳。

辽纪一卷传抄本。

明钱塘田汝成叔禾编纂，无锡俞宪汝成校正。叔禾嘉靖进士，官广西右参议，谙晓先朝遗事〔四四〕，著有《炎徼纪闻》等书。是编为纲目体，起洪武二年置辽东卫，至嘉靖十七年夏六月御史史褒善请于金州设兵备宪臣及开置州县，不报。按年纪事，多取材于《实录》，于有明一代辽事可资参考。

辽事志略一卷孔德学校藏《今略书》卷十一，抄本别出。

原题"承阳道人董基识，男董诗较"。是书记辽事，至天启初年熊廷弼、王化贞经抚不和，丧师沈阳而止。后附《筹辽录》，当时人奏议及详论辽事之文。明末言辽事者，所谓以口打贼，其方策不下数十百种。此书择其要者节录之，足便人阅览。惟所录奏议策疏，不列时代，不著事实，不知其事者读之便觉茫然。此则明末人著述之通病也。

明史纪事本末补遗六卷〔四五〕旧抄本，未见。

清丰润谷应泰赓虞撰。按应泰顺治丁亥进士，著有《明史纪事本末》。

傅节子《明史纪事本末跋》云：此书尚有《补遗》六卷，藏书家罕见著录，惟吴寿旸《拜经楼藏书题跋记》载之："旧抄本《纪事本末备遗》二册，不分卷，亦无序、目，撰人名截去。首册为《辽左兵端》《熊王功罪》《插汉寇边》，二册为《毛帅东江》《锦宁战守》《东兵入口》，凡六篇。"吴氏旧抄，今归陆存斋心源，曩曾假读，录得副本。其书体例全仿古书，只篇末无论，为小异耳。观卷中附注，有"详《流寇之乱》《崇祯治乱》"等语。此两篇乃此书中子目，疑为一书。后以事关昭代龙兴，恐有嫌讳，授梓时始别而出之。如邹漪刻《绥寇纪略》，特阙《虞渊沈》中、下两篇，未可知也。以所载皆此书所遗，依此书一篇一卷之例，改题《明史纪事本末补遗》，勒为六卷。

高昌馆课甲册不分卷四册胶县柯氏藏明刻本，东方文化基金会图书馆藏传抄本。

不知编人名氏。桢晤柯凤荪先生云："此即四夷馆所辑藩属之来文，而误题曰'高昌馆课'，盖当时不明夷属之方域也。"按何乔远《名山藏》，记辽东一百八十四卫名颇备。是书按年记载各卫之事，抄出建州、毛怜、兀者等卫之文，与《华夷译语·女真编》及德人 Vom Dr. Wilhelm grube 一八九六年所著 Die Sprache und Schrift jucen，录其有关辽事者，比而较之，则清初之世系，可补史事之阙者当不少也。原文如下：

皇帝洪福。前建州右卫都督察哈塔并毛怜卫大小人等奏：今我每比照今年来进贡海西的人赏赐，都赏与银两，我每照例奏讨银两便益。怎生恩赐？圣旨知道。

皇帝洪福。前建州卫都督完者帖木儿惧怕奏：奴婢今年在东边地方射猎，寻得白爪海青一对，能擒天鹅。奴婢不敢自用，专差指挥撒里赴京进贡，望朝廷怜悯。状了。怎生恩赐？圣旨知道。

皇帝洪福。前建州左卫督都佥事脱罗干保奏：有本卫都指挥佥事牙速，成化四年七月十一日除授前职，今故了，有他男亦剌哈要袭父职。又有指挥同知阿剌哈，弘治二年三月十二日除授前职，出气力多年了，今讨升都指挥佥事职事。怎生恩赐〔四六〕？圣旨知道。

皇帝洪福。前建州卫都督完者秃奏：先前奴婢本卫一百十五人进贡来时，有都指挥使苦鲁名字人有珠子二个，卖与大市倪佐名字人，说定与布一百匹，后不曾与。今望朝廷怎生怜悯，追还原物的恩赐。圣旨知道。

皇帝洪福。前建州右卫都督赏哈惧怕奏：有本卫都督佥事剌哈，成化十四年十月初三日除授前职，弘治五年十二月十二日故了。今保他男老察袭他父都督佥事便益。怎生恩赐？圣旨知道。

皇帝洪福。前建州左卫都督脱罗惧怕奏：天顺八年正月十八日，除授马木敦做都指挥。成化元年，抢去边上十九人、马十匹、甲八副，将这马木敦送到广宁城收了。这马木敦多出气力有来，因此今保他男马哈塔袭父都指挥职事。怎生恩赐？圣旨知道。

皇帝洪福。前建州右卫都督人等保奏：成化十五年三月十六日，除授阿剌哈做都指挥佥事，有升官的敕书，被大军马抢了。

今保他男忽塔哈袭父前职。成化十五年三月十六日，除授阿塔忽都指挥佥事，有升官的敕书，也被大军马抢了。今有他男马塔要袭父职。怎生恩赐？圣旨知道。

皇帝洪福。前建州右卫都督赏哈惧怕奏：成化十四年，除授猛可做都指挥同知，后被抚顺所官人杀了，有升官的敕书，失落了。今保他男伯孙袭父指挥同知。怎生恩赐？圣旨知道。

皇帝洪福。前建州卫指挥使童撒哈惧怕奏：天顺六年除授前职，今进贡马匹叩头来了，讨升都指挥佥事。又有指挥佥事撒哈塔，天顺八年袭了父职，年远了，今讨升都指挥同知。又有指挥同知卜儿哈，天顺二年袭了父职，年远了，今进贡马匹叩头来了，讨升指挥使。怎生恩赐？圣旨知道。

皇帝洪福。前建州左卫都督脱罗惧怕保奏：成化四年七月十一日，除授牙速做都指挥佥事，今故了，有他男亦剌哈要袭父职。又有指挥同知马哈木，天顺二年三月十九日除授前职，多年了，今讨升都指挥佥事。怎生恩赐？圣旨知道。

皇帝洪福。前建州右卫都督赏哈惧怕奏：有都指挥阿剌哈家下妻子九口人，被陈都堂杀了，有升官的敕书，被人抢去了。先前失落了敕书的人，后都给与了。今奴婢保这阿剌哈奏讨都指挥敕书。怎生恩赐？圣旨知道。

皇帝洪福。前建州左卫都督脱罗惧怕奏：天顺四年十二月十二日，除授脱你赤做都指挥佥事，今保他做都指挥同知。成化元年二月十九日，除授歹罕做指挥同知，今保他做都指挥使。成化十四年十月初三日，除授扫察做都指挥佥事，今故了，保他男昂克温袭父前职。怎生恩赐？圣旨知道。

皇帝洪福。前建州左卫都指挥使花当惧怕奏：成化五年，有李三名字人逃在我每地方，我花当将这人拿住，送到韩总兵处了。成化九年，有朵颜三卫达了来抚顺所地方抢夺，时我每与他厮杀了，他一人送与边上王大人处。成化十二年，有王成名字人逃在我每地方，我拿住，送到兵部马大人处有来。奴婢有这等功劳，今叩头来了，讨升都督佥事。怎生恩赐？圣旨知道。

皇帝洪福。前兀者左卫指挥佥事哈里哈男撒鲁格奏：有的父成化十年二月十七日除授前职，今奴婢求讨父职。怎生恩赐？圣旨知道。

皇帝洪福。前兀者卫都督也克惧怕奏：今奴婢求讨金带大帽子。怎生恩赐？圣旨知道。

皇帝洪福。前兀者前卫都督卜哈惧怕奏：有本卫都督脱里，景泰元年十月十一日除授前职，诚心出气力行间。后天顺二年，被迤北达做了贼，将这都督脱里抢去了。有他男兀哈秃，天顺三年进贡时，袭了他父都督佥事职事，出气力行间，故了。今有他男纳哈出袭父都督佥事。怎生恩赐？圣旨知道。

皇帝洪福。前兀者卫都指挥佥事马塔哈男撒秃哈奏：比先奴婢袭父职事，有敕书，被歹人抢去了。比先有马侍郎大人去招附时，奴婢随他出气力，主人前叩头来了。众人都升了职事，止奴婢不曾得升，今照例讨升职事。怎生恩赐？圣旨知道。

毛怜卫指挥使塔出奏：比先成化二十三年，有我祖撒鲁，正直好人，同兀黑纳被辽东韩总兵领军马出边外时，将我的祖杀了。这等苦楚，今奴婢求讨升职。奏得。圣旨知道。

奴酋一卷《博物典汇》本卷二十《四夷》，别出。

原题"史官黄道周参玄氏纂"。按道周字幼玄,一字螭若,号石斋。天启进士。崇祯初官右中允〔四七〕,以文章风节称于时。福王时,官至礼部尚书。南都覆,唐王以为武英殿大学士,率师至婺源,兵败不屈死。《明史》有传。所纂《博物典汇》,《四夷》有《奴酋》一篇,《九边》有《辽东》一篇。清乾隆四十一年上谕云:"至黄道周,另有《博物典汇》一书,不过当时经生家策科之类。然其中纪本朝事迹一篇,于李成梁后设谋恚害,具载本末,尤足征我朝祖宗行事正大光明。因命馆臣酌加节改,附载《开国方略》后,以昭征信。"惟原书一经删改,则面目全非。此篇就原书抄出,可见清初改书之例。此篇叙述辽事首尾颇详,亦足征也。

奴酋即金余孽也。元灭金,以其地置军民万户府。国朝分为三种:曰建州,即奴酋祖地;曰海西;曰野人。而建州实居中雄长,地最要害。永乐元年,野人酋长来朝,已而建州、海西悉境归附,设建州等卫、所二百余,置都司一,曰奴儿干以统之。官其酋,自都督至镇抚有差。惟野人以绝远,贡无常期。其建州、海西,定每岁以十月验放入贡,仍设马市开原城。是时,建州卫指挥阿哈出及子释家奴,皆以有功赐姓名。而释家奴弟猛哥不花,亦以内附故,俾领毛怜卫,累都督同知。父子兄弟,光宠于时,此建州之始大也。正统初,建州卫都督猛可帖木儿为七姓野人所杀,弟凡察、子童仓逃之朝鲜,并失亡其印,于是稍衰矣。时童仓弟董山嗣为建州卫。亡何,凡察、童仓归建州,朝廷存继绝之义,诏更与印。比得故印,凡察辄匿更给者。乃更分建州左卫置右卫,剖二印,令董山领左,凡察领右。而夷性故鸷骘,自此益骄，辄诱北虏入寇不绝，杀掠辽东吏民无算。景泰中，巡抚王翱遣使诏谕，稍归所掠，复款关。然七姓之乱，诸酋多死，子孙失其赐敕，不得官，以舍人入贡〔四八〕，赏赐大减，益失望。董山纠毛怜、海西诸夷，盗边无虚月。成化二年，遣都督武忠往谕，檄致董山，即奴儿之祖，先羁广宁，寻诛之。命靖虏将军赵辅督师三道，入捣其巢；捕斩首虏过当，筑抚顺、清河、瑷阳诸堡，边备日严。夷稍创，乞款贡，而朝廷亦欲与之休息，令董山、凡察后皆得袭，诸从叛者，视先世递贬一官。诸夷虽复贡，然时时以报董山仇为辞，往来患苦塞上。会大当汪直方幸功用事，巡抚陈越揣其意，疏言建酋连结海西，名虽屏蔽，实怀兽心，宜大发兵创之。乃以抚宁侯朱永为帅，副直行，袭破之，颇有斩获。而虏益愤怨，深入焚掠，惨于往时，开原、广宁之间，骚然烦动矣。居久之，其酋完者秃贡马，乞入谢，许之，诸酋复奉贡请袭如故。迄正、嘉间，塞上得息。嘉靖二十一年，建州李撒哈赤等入寇，巡抚孙绘御之，失亡颇多。亡何，抚臣于敖坐减赏物，夷入哗，更诈杀哗者。夷由此挟忿，数入寇杀掠如成化时，辽之东西几困，已复稍辑。至万历二十八年，建州奴儿哈赤袭杀猛骨孛罗，其势始悍。猛骨孛罗者，与那林孛罗俱海西部落，与奴酋之家俱封龙虎将军。猛最忠顺，虏或入犯，辄预报，得为备，诸酋皆心恶之，奴酋尤甚。会猛酋与那酋相仇杀，猛力不支，请救于边吏，不许，愿得乘障扞一围，不许，遂求援奴酋。奴酋悉起，以援为名，袭执之。时边臣遣使讲救，奴酋外恐吾声罪，寔心利其妻姜部落，乃伪以女许猛酋长子，送次子归我内地，以苟塞前讲说。边臣亦因循不与较，奴酋自是有轻中国之

心。又先是，奴酋父塔失有胆略，为建州督王杲部将。杲屡为边
患。是时李宁远为总镇，诱降酋父，为宁远向道讨杲，出奇兵往
返八日而擒杲。酋父既负不赏之功，宁远相其为人有反状，甚之
以火攻，阴设反机以焚之。死时，奴儿哈赤甫四岁。宁远不能掩
其功，哭之尽哀，抚奴儿哈赤与其弟速而哈赤如子。奴酋稍长，
读书识字，好看《三国》《水浒》二传，自谓有谋略。十六岁，
始出之建地，故其兵端动以报复祖、父仇为辞，日与其弟厉兵秣
马，设险摆塘。自三十四年贡后，以勒索车粮为名，遂不复贡，
时拥众要挟，凭陵开原。边臣嗫嚅，莫可谁何。原奴酋之寨，在
宁官塔旧址，二面临河，一面阻山。其城系砖石包砌，重围。奴
居内城，随住夷人三百余家，皆亲党心腹。外城住夷约近万余
家，皆是挑选精壮者。其远近环寨，散处之夷，约有数十万之家。
其地界南邻朝鲜义州，横江为界，离江有一千余里。江外有十四
道湾，系忽喇户故址，皆为奴并。又有王兀堂、王宁古铁等夷，
亦为奴所并。西邻长奠、永奠、大奠、宽奠、新奠、暖阳、孤
山、醶阳、一堵墙、清河、散羊峪、马根单、抚顺、三坌儿、白
家冲、抚安、柴河、松山、靖安、威远、镇北关，北有混同江、
乌龙江、白石江。江内先有灰扒、伯答里等夷，皆被奴酋袭杀掳
掠，部夷八千余众，悉入奴地。另设置建夷千余家，屯种此地。
又有海西夷南关旧址、大黑山地方，亦并入奴酋，近屯兵二千余
家，在此住牧。初，酋一兄一弟，皆以骁勇雄部落中。兄弟始登
垄而议，既则建台策定，而下无一人闻者。兄死〔四九〕。弟私
三都督，酋疑弟二心，佯营壮第一区，落成，置酒招弟饮。会入
于寝室，锵铛之注，铁键其户，仅容二穴，通饮食，出便溺。弟

有二名婢，以勇闻，酋恨其佐弟，假令召入宅，腰斩之。长子数谏酋勿杀弟，且勿负中国，奴亦困之。其凶逆乃天性也。然奴虽叛贼，大都有气。昔哱承恩入京袭父官，司马吏故难之，哱喧于大司马前。有司马属官异其相〔五〇〕，拟明日置酒，呼之酌，而是夜已去矣。奴酋气亦类哱，盖未尝一日忘父仇也。九边虏俱不毛，唯建夷产珠及参与貂，最下赤松子。界鸭绿江而居，珠，江出也，其鱼最肥。又东北走数千里为生虏，中国徒知其幅员三千里，不知东北数千里，战败度可匿形。东多茂松，貂巢其上，张弓焚巢，则貂堕于罗。取山泽鱼盐之产，易我中国之财，故酋日富。酋岁贡蜜，兼开蜜市，自癸丑后不贡，至丁巳。相传虏炼蜜为糗粮，抚台疑其事，未敢讼言于朝，密使辽阳材官萧子玉伪称都督，衔命问故。子玉盛具仪仗，东临虏境，酋不郊迎。子玉大怒，诟虏曰："天使俨临，而大都督不出，是辱皇朝也。将归问罪。"奴酋闻之，欢然属橐鞬，跽迎道左，供具甚丰腆。子玉大喜，相与尽欢。徐致诘不贡市之命。酋从容对曰："本部之蜜〔五一〕，犹天朝五谷也。五谷有不登之年，皇朝将谁是诘耶？本部五年来，花疏蜂死，是以不供。俟春枝花满，酿熟蜂衙，当复贡市如初。此琐事耳，何烦圣虑。"厚赠子玉。并辔而出，至别处，从马上拍子玉肩，笑曰："汝是辽阳无籍萧子玉也，安得假称都督，临我郊境？我非不能杀汝，奏之圣明，顾不忍贻天朝以辱耳。为我致意抚台，后毋再作诈事。"子玉狼狈西奔，抚台闻之，闭门累日。中国每事贻笑远人，安得不启其轻侮之心哉！己未冬，蓟人咸云："奴酋苦饥，一日啜粥二碗。"识者曰："实者虚之，此未可信。"蓟人亦以酋乏食为喜。迨刘总戎破酋寨，五谷满园囷。奴酋狡诈，诸事类此。奴酋破清河，先一日，其子犹与张总戎夜饮极洽。酒酣，二子忽叩张云："屡劝家君止戈，而壮心不已。假令终违苦口，元戎何策御之？"总戎时已醉，盛称中国威德，兼扬己长。二子微笑而别。明日，驱貂、参车数十乘入城，貂、参穷而军容见，因入据城门，延入诸骑。故清河之破，视抚顺尤速。以后破辽阳，破广宁。总之，先溃在中国，谓奴酋尽以善战善攻得，则誉寇太甚矣。按辽左之人，生二子，则以一人私役于奴酋。酋给之银暨貂，卒岁而归，值满十五六金。奴酋掠钱，无所用之，高积如山。欲归者畀银三两，令尽力负钱，命所过给以饮食，负重者致腰背尽折。故城破之日，奴酋驱之而归，不必以兵威劫也。天启六年八月，奴儿哈赤病死。

女直考一卷、朵颜三卫考一卷 《苍霞草》本《四夷考》，《宝颜堂秘笈》本。

明福清叶向高进卿撰。按向高字进卿，号台山。万历进士，累官吏部尚书兼东阁大学士。时帝在位久，朝事废弛，乞休归。光宗立，召为首辅。天启间，魏忠贤擅政，惮而不发，善类赖以保全。即向高去位，杨、左诸君子均遭惨祸。卒谥文忠。《明史》有传。《宝颜堂秘笈续集》有《四夷考》八卷，入《禁书总目》，专记朝鲜、日本、安南、哈密、赤斤蒙古、罕东左、俺答诸事，女直及朵颜三卫，均其中之一篇也。女真后避辽讳，故曰女直。是编叙女直、朵颜三卫颇详，足资参考。

皇明四夷考·女直 《吾学编》本，别出。

明海盐郑晓室甫撰。按晓字室甫，海盐人。嘉靖进士，授职方主事。熟习边事，尚书金献民属撰《九边图志》，人争传写之。

以御倭功，官至兵部尚书，卒谥端简。著有《吾学编》等书。作者作于隆庆以前，故叙辽事仅及嘉靖而止。

汪直专恣一卷《皇明大事记》卷二十一，别出。

明乌程朱国祯文宁辑。按国祯万历进士，天启初拜礼部尚书，坐逆党李蕃所劾罢归，卒谥文肃。著有《明史概》，后庄廷鑨依之作《明书辑略》，卒至文字之狱者也。是书记大当汪直专恣事。是时陈钺抚辽东，杀入贡夷起衅。汪直乃请往察边，与抚臣马文升不和，以至偾事。是书记汪直一生事实，不尽记辽东边事，然与辽事有关。

先余录卷二、卷三故宫博物院图书馆藏明刻本，别出。

明曲阿姜志衡无摇辑。是书为留心经济讲求边事之书，卷二、卷三为《九边总论》《三关论》，均有关辽左史事。其《东夷篇》记女直之原始及兀良哈三卫之建置颇详。前有其孙姜在宛天启五年《序》。

姜《序》略曰：《先余录》者，我大父吕渎公留心经济之书也。一日，偶从敝籢中发检旧书，乃得大父末年纪录之笔。其间山川之险阻，人事之得失，披览皆在目前，似不特服官从政可用鉴衡，即吾属操觚以应谀对〔五二〕，尽有足采观者。于是妄加参订，汇成八卷，聊以自备遗忘已尔，焉敢谓能网罗世代熙康之略也。

无梦园海集三卷、漫集二卷、车集三卷东莞伦氏藏明崇祯癸酉刊本，别出。

明古吴陈仁锡明卿撰。按仁锡长洲人，字明卿。天启进士。授编修，典诰敕，以不肯撰魏忠贤铁卷文落职。崇祯初，召复官，累迁南京国子祭酒，卒谥文庄。常得文衡山砚，有《砚铭》云："良宵恐无梦，有梦即同游。"又以出仕不逾年即归，尝为诗曰："家临荮水绝尘喧，常住萧萧无梦园。怪底出门太多事，梦梅梦竹梦分莲。"因以"无梦园"名集。是书《海集》名《山海纪闻》，专记辽事。《目录》题曰《辀轩纪闻》。《漫集》杂记辽饷、屯田、茶马诸事。《车集》为筹边论、防御等事。《漫》《车》二集，均不全记辽情，唯《山海纪闻》记辽事最详。大抵明季为兵事之说者，率意为空论，夸大其词，徒为一时义愤之说，究之于实无补。是集则讨论实事，考察地望情势，务欲得其详确之情，庶为知此知彼之计，以为防御之法。即后世考史者，亦有所征焉。是编内容组织之法，首为记全辽形势建置，附图及全辽地理城堡之名，言之最为明晰；次则记奴情及其方言、称谓、习俗、军律之情；再次则记明清交涉、国际之情势及复辽之法。破当日所谓渐进渐复、用夷攻夷、修屯持久三说，而以直捣巢穴为计，语虽过当，然在当日情形，不为无见。其述全辽情势也有云：

> 全辽之地，宛如鼍形。奴寨是其首；灰扒、南关、金台、白羊谷、五谷城一带，自北而南，是其脊；宁远过三岔河，沿海、金、复等州直至镇江，是其腹；辽、沈、开、铁、清河、宽奠、广宁诸内地，是其肠胃；关门一阕，是其尾闾；旅顺是其脐带。大海连鸭绿江，以上乌龙潭，旋绕奴山，流出太子河，滋润辽地，总归三岔河，复注于海，首尾呼吸，血脉贯通。

其他记奴酋号色、旗制、兵律，尤为详晰。记明清交涉情势，则首由明太祖建大宁，扼二房于东西，以三韩为肩臂。及永乐北征，乃以夷攻夷之法。迁大宁于内地，即为边患之始。以迄奴酋，屡次入犯，通、蓟被害之事。次乃陈蓟门之险要，至当时最近情势而止。吾人即读此一书，亦可略知其概矣。为治辽事者，不可不读之书也。

皇明通纪从信录卷三十四至卷四十明刻本，别出。

明东莞陈建撰，秀水沈国元订。

两朝从信录三十五卷国立北平图书馆藏明崇祯刻本。

明秀水沈国元述。《皇明通纪从信录》，系因陈建《皇明通纪》略加删订而成。是书记万历朝辽事颇详，卷十四永乐九年，有记野人头目来朝一条。《两朝从信录》记泰昌、天启两朝事，至天启七年而止，记辽事尤备。明代通纪编年之书，若《宪章》《吾学》《大政》《大政续编》《典则》《统宗》《纪闻》《汇编》《史料》诸书，均有记辽左之事。其书为记事本末体者，均可别出。若编年之体，则别出非易，故录其著者，条举如上。《明史·兵志》及边臣诸传，缺落甚多，如与明代所著《通纪》校观，必可得其真相，要在学者别而观之。

辽东一卷、东北夷女直一卷《潜确居类书》裁定卷十一《区宇部》六《九边》、卷十四《四夷》，别出。

原题"史官陈仁锡纂辑"。是书卷十一述辽东建置，卷十四东北夷条，讲女直部族，大致与何乔远《名山藏》相同。

王享记卷四、卷五明刊《名山藏》本，别出。

明晋江何乔远稚孝撰。乔远号匪莪，万历进士。崇祯间，累官南京工部右侍郎。尝辑明十三朝遗事为《名山藏》。是书《王享记》记明代边事，其卷四记鞑靼、兀良哈，卷五记海西、建州。其记隆庆五年高拱饬边，以副使张学颜为巡抚、李成梁为总兵而止。惟记建州一百八十四卫名，为他本所无，足以补订《满洲源流考》之谬。其《臣林记》中有辽东名臣传记，足资参考。

李宁远征建州王杲一卷 《昭代武功编》本卷八，别出。

明吴桥范景文梦章纂。梦章万历进士，崇祯间，累官工部尚书兼东阁大学士。甲申京师陷，草遗疏，赴井死，谥文贞。是编述征王杲事颇详。

四裔考女直一卷 《续文献通考》卷二百三十八，别出。

原题"皇明进士云间王圻纂辑"。是书记女直风俗极详。如云："迄列迷有四种，性柔刻贪狡，捕鱼为食。著直筒衣，暑用鱼皮，寒用狗皮。不识五谷六畜〔五三〕，多狗，耕田供食皆用之。迄里迷去奴儿干三千余里。一种曰女直野人，性刚而贪，文面椎髻，帽缀红缨，衣缘彩组，惟袴不裙。妇人帽垂珠珞，衣缀铜铃。射山为食，暑则野居，寒则室处。一种曰北山野人，乘鹿出入。又一种住平土屋，屋脊开孔，以梯出入，卧以草铺，类狗窝。苦兀在奴儿干东，人身多毛，戴熊皮，衣花布。亲死，刳肠胃，曝干负之，饮食必祭，三年后弃之〔五四〕。其邻有吉里迷，男少女多，始生，先定以狗，十岁即娶，食惟腥鲜。"所谓文面椎髻，帽缀红缨，即清代衣冠之情状，可以知当时之风俗。惟仅叙至万历二十八年而止。

兵部三十七女直一卷 《国朝典汇》卷一百七十三，别出。

明都察院右佥都御史臣徐学聚编辑。是书记女直，自洪武二十七年十二月女直野人寇辽东，都督宋晟、刘真御却之，以迄嘉靖二十七年北房通兀良哈诸女真入寇辽东，巡抚李珏亦以不胜任罢去而止。

建夷一卷明崇祯刊《槎庵小乘》卷四十一《夷狄类》，别出。

明西陵来斯行道之甫修。叙辽事，至袁崇焕斩毛文龙，无甚特出之处。

女直一卷南浔嘉业堂刘氏藏《罪惟录》本《地理志》，别出。

明海昌查继佐伊璜撰。是书列奴儿干都司卫名，所记极详。下注云："自亦列迷以前，永乐中置，以后正统中置。"

辽事略一卷《幸存录》本，别出。

明夏允彝彝仲撰。是篇为刻本所无，据扬州吴氏测海楼所藏《秘史廿二种》本《幸存录》有此篇，今别出之。

建夷授官始末一卷、沈辽失守始末一卷抄本《续幸存录》本，别出。

明夏完淳存古撰。是二书记载辽事，一记建州始末，至吞并南关而止；一记沈、辽失守始末。二篇皆极简略，无特异之记载。下篇记沈阳失守事，较为详明。

成仁谱卷二十至二十六清道光乙巳邗江刊本。

太仓盛敬寒溪辑。是书辑历代杀身成仁之士，卷二至卷末，为辑明万历辽事之变，以及明末死义之士。

新镌出像通俗演义辽海丹忠录八卷四十回日人内阁文库藏清初刊本。

原题"平原孤愤生戏笔，铁崖热肠人偶评"。序后署"崇祯之重午翠娱主人题"。章二：曰翠娱主人，曰雨侯。

以上专记辽事诸书

辽东志九卷、附图一卷日人前田侯爵藏明刊本，日本大正元年铅印本。

明西溪任洛、河南钧州人，左检都御史。萃轩薛廷宠福建福清人，工科左给事中。等重修。据《满洲历史地理引用书目》，此书始编纂于正统八年，始修人为王祥、毕恭。弘治元年刊行，据《全辽志·修定志姓氏》，有新河陈宽、广阳韩斌。嘉靖八年，东岩徐文华等改修。至十六年，任洛、薛廷宠重修，书成，此为第二次之刊行本。李辅纂修刊行之《全辽志》凡六卷，乃以第二次之《辽东志》为底本，增加西纪一五三七年前后之资料，名称虽异，实即《辽东志》第三次修本也。第二、三次刊行本，传世甚稀。日本前田侯爵尊经阁文库，藏有嘉靖十六年重修刻本。中土范氏天一阁，藏有《全辽志》《辽东志》二书，全谢山《鲒埼亭外集》曾引其书，盖即据天一阁本也。今北平图书馆中藏《全辽志》传抄本及明嘉靖四十四年刻本各一，虽无《辽东志》之原刊本，然亦不可谓非幸事矣。比桢至大连，参观满铁图书馆，乃获见日本大正元年之排印本及传抄本，前有晋安龚用卿《序》、弘治元年宁都董越《序》、正统八年东鲁毕恭《序》《目录序》《凡例》《舆图》。

毕《序》云：圣朝肇造区宇，抚御万方，武以戡祸乱，文以兴太平，车书一统，薄海内外，罔不臣服，重译来朝者万国，粤自开辟以来，未有盛于今日也。窃尝稽诸方册，辽东之地，故襄平郡也。当元季时，有元平章刘益、高家奴分据是方。洪武初，上遣使谕以天时人事，益等于是奉表来归。上复遣使诏谕，益等授职有差，设卫治于盖州。洪武四年，以都指挥使马云、叶旺率

兵渡海，自金州而抵辽阳，设定辽都卫。既而分定辽左等五卫并
东宁卫、金、复、盖、海四卫于沿边。已而改设都指挥使司而统
属之，招降纳附，开拓疆宇。复于辽北分设沈阳、铁岭、三万、
辽海四卫，于开原等处西抵山海，分设广宁及左右中卫、义州、
宁远、广宁左右中前后五屯卫于沿边，星分棋布，塞冲据险，且
守且耕。东逾鸭绿而控朝鲜，西接山海而拱京畿，南跨溟渤而连
青、冀，北越辽河而亘沙漠。又东北至奴儿干，涉海有吉列迷诸
种部落。东邻建州、海西、野人女直，并兀良哈三卫，永乐初，
相率来归入觐。太宗文皇帝嘉其向化之诚，乃因其地分设卫、所
若干，以其酋长统率之，听其种牧飞放畋猎，俾各安其生，咸属
统内。是辽东乃东北之雄藩，实国家之重镇。爰自永乐中，见上
遣使谕本司纂修图志。乃即钦承上命，以国朝削平叛乱之由，创
治之制，建置、沿革、分野、疆域、城池、里至、山川、形胜、
坊郭、屯堡、烽堠、土产〔五五〕、贡赋、户口、学校、军卫、
廨宇、铺舍、坛场、寺观、桥道、驿程、官迹进呈，惟稿是存。
斯集乃国朝之盛典，藩维之伟绩，可秘乎哉？用寿诸梓，以永其
传，使凡来者，皆知皇明普天率土之广大，而因有所采摭云。正
统八年龙集癸亥仲夏五月，东鲁毕恭书。

《目录序》：夫古今沿革不同，疆域名称或异，法得备书。王
公设险，以守其国，故形胜次之。广谷大川异势，人居其中异
俗，故山川、风俗次之。职方氏辨九州之国，使同贯利〔五六〕，
故物产次之。废兴之迹〔五七〕，殷鉴或存，故以宫室、陵墓、
古迹终焉。志《地理》。办方正位〔五八〕，是乃建置，城池以安
之〔五九〕，公署以治之，学校以教之，王政所为治也。监苑列

乎其中，详军政也。关梁以济，坊以表，驿传以通，坛壝、祠庙以祀，幽明之义备矣。志《建置》。建置式备，君子攸宇，于是饬武备，则士马有籍，简练有法，防守有方；于是谨边略，其法峻，其情迫，杂用经权，威德覃被；于是理财赋，则征敛有艺，出纳有司；于是平徭役，则劳逸有节，贫富有则，安养备矣。志《兵食》。兵食既足，教化崇，敬天而重时，隆德而上齿，始于尊君，终于邦好，生人之教明矣。志《典礼》。出政令，树声教，其必曰人乎。爵命以驭其贵，使命以驭其专，职官以驭其分〔六〇〕。名宦也者〔六一〕，纪德政、扬名实也。志《官师》。德政行，人士淑矣。以儒术显，以将材录，以方译用，至如济美象贤，立功立名，殉名殉节，又各以其汇表之，旁及寓贤，以及方伎、仙释，无遗人矣。志《人物》。文献不足，夏、商无征、故诸睿制鸿篇，各附见所指。其余有系于兹土者〔六二〕别为类以该之，示有征也。志《艺文》。夫本志备矣，又为《杂志》《外志》何？《杂志》者，三志之杂述也。辽之沦于诸胡，据于草窃，攻击战守，或得或失，疆域之限，代有不同，故不能统述之也。杂而述之，其有足征乎。祥异天道，亦以杂言者，随其时代而杂见焉。称《外志》者，诸夷之边辽者也。在夷狄而志之，何也？安攘之计，不可废也。志其古今沿革，知其险夷也；志其卫所居处，知其强弱也；志其驿传，知其向道也；志其贡物，知其感宾之诚也，王者无外也。《辽志》修矣。

《目录》：

地理、建置、兵食、典礼、官师、人物、艺文、杂志、外志。

《凡例》：

一、今志一以旧志为准，惟加增定〔六三〕，《一统志》所载者，俱收入，尊制书也。

一、旧志分地，各自为类；今志分类，各载其地，综合伦比，便稽阅也。

一、旧志属物比类，靡有统纪；今提其纲为志九，而以其目系之。

一、今志纲举目列，序在其中，详《目录序》。

一、辽阳虽都司会治，而广宁抚镇弹节，士马独盛，实与辽阳分东、西河而治。次则开原，控扼北虏，独当一面。故今志俱表以白书，异诸卫。

一、《地理》《建置》，析而为二〔六四〕。疆境、风物与凡地之所有，为《地理》；其创立规模〔六五〕，经画制度，则为《建置》云。

一、士马、赋役，事体所系甚大，故标总分析，独加详云。

一、辽东操法，他处未见，如烧荒之类，皆边政之大者，故今志备录。

一、《典礼》教化所系，旧阙，今增入之，其诸未详，以俟考求。

一、《官师》志其在官者，大者书其名氏、爵里；小者不能悉纪，存其官；善者特书，别为名宦；亦有不必特书者，附见其名下。世近而方仕者，虽善不敢书，俟论定也。

一、《人物志》，志其在乡者。仕者以资为次，贤者以行为次。及封荫，荣恩宠也；及流寓、方伎、仙释，尽乎人也。

一、乡贤以行为次，名宦不分者，以其官次之耳。

一、凡圣制、序记、杂述，各以其所指附之，取其要，切其余。泛及地方时事者〔六六〕，别为《艺文志》。

一、《杂志》《外志》，以其关涉辽事者，故取之。

一、史为与夺抑扬，志不纯用史法〔六七〕，故篇中或为论见之。

《舆图目》：

《辽东河东城堡地方总图》、《河西城堡地方总图》〔六八〕、《辽东都司治卫山川地理图》、《广宁山川地理图》、《广宁右屯卫山川地理图》、《义州卫山川地理图》、《广宁左中屯二卫山川地理图》、《宁远卫山川地理图》、《铁岭山川地理图》、《开原控带外夷山川之图》〔六九〕、《开原地理之图》、《广宁前屯卫山川地理图》、《沈阳中卫山川地理图》、《海州卫山川地理图》、《复州卫山川地理图》、《盖州卫山川地理图》、《金州卫山川地理图》。

日人稻叶君山《跋辽东志》云：读中国历代之边郡地志，则于考察各时代国力之展缩大略，最为便利。譬如读《汉书·地理志》，观其所设之朝鲜四郡，于乐浪南部山川之名，今犹多仍其旧，则可知胥受武帝用兵之赐，而汉代兵力之远达半岛，可以证明矣。明代之治理满洲，原有两种制度：一为确实领域，一为明之属卫，即所谓羁縻州之类。乃清代官撰诸书，辄曰："明初疆圉，东尽开原、铁岭、辽、沈、海、盖，其余东北之境，全为我朝之乌拉、哈达、叶赫、辉发诸国，并长白之纳音，东海之窝集等部，明人曾未一涉其地。永乐二年，仿唐羁縻州之例，设尼噜罕奴儿干卫。七年，改为尼噜罕都司。后又续设各种卫、所之空名，其疆域远近，原非所知，山川城站，亦多在传闻疑似之例"云云。此种解释，亦有多数首肯者，抑知尼噜罕用兵之事实，并不止记载于皇明《实录》。彼黑龙江口之《永宁寺碑》，今尚赫然存在，其记载当时之伟业，固班班可考。即检本书之卷末，则东北满洲之交通经路，粲然具载。其间海西东水陆城站一节，所记自开原以北至哈尔滨附近，更折向东北，循松花、黑龙两江之江岸，下出于鞑靼海峡，所有驿站，一一详列其中。吾人试按此等站名，就今日地名一为考察，则十之六七总可寻得。更自开原东北，行经长白山之北，绕松花江之上源，以出于今之延吉，遵豆满江而南，经朝鲜之咸镜南道，将所有驿站一一检查之，更可得十之七八。则谓"明人曾未涉足其地，山川城站，亦多传闻疑似"云云，岂非无稽臆说也哉！要之，观永乐、宣德二朝用兵之结果，于当时国势之进展固属可惊，而万历以降，外难频仍，其疆围遂不能出辽河流域，则国势之衰，亦有令人不胜悼叹者。

重修全辽志六卷国立北平图书馆藏明嘉靖四十四年刻本。

明侍御李辅重修。此书即《辽东志》第三次之修订本，前有嘉靖乙丑奉敕巡抚辽东王之诰《序》，知为李君所修。书为上虞罗氏殷礼在斯堂旧藏，《序》已残缺。书前有王之诰、龚用卿、董越、毕恭诸《序》，盖录历代修撰人之《序》，并《凡例》《引用书目》《修志名氏》《图考》。

王《序》云：余抚辽之明年，甲子秋，侍御近台李君奉命来按辽。至则涤烦苛，崇大体，周历境内，询民疾苦，综核吏治。又数条上便宜事，皆中肯綮，裨实务边。泯戡之间，尝语余以《辽志》弗称，将图新之，未遑也。又明年春，余以承乏晋贰夏官，还朝。而李君事亦报竣，需代者弗至，遂得以余力搜往牒，撮舆见，统纂昭晦，剔芜缀遗。历夏徂秋，而志告成，以书来京师，征余序。余取而读之，首《图考》，次《沿革》，次《山川》，次《赋役》，次《边防》，次《兵政》，次《马政》，次《职官》，次《选举》，次《宦业》，次《人物》，次《典礼》，次《风俗》，次《方物》，次《祥异》，次《故迹》，次《杂志》，次《艺文》，次《外志》，凡十九篇。篇各有论著，以备经略，以垂法戒，其用心盖亦勤矣。顾余弗良于言，曷足以序君之志。然义弗得辞，则为之说曰：辽北拒诸胡，南扼朝鲜，东控夫余、真番之境，负山阻海，地险而要。中国得之则足以制胡，胡得之亦足以抗中国，故其离合，实关乎中国之盛衰焉。然自魏、晋以降，其与中国离者什六，合者什四。至于辽、金、元，而沦没于左衽腥膻之俗者，几五百年。盖其得之既难，而守之尤难如此。余尝读三史地志，见其树规拓图，画畛区野，大州小邑，交铨互镳，与内地埒。维我国家混一函夏，奄有万方，穷陬遐壤，咸置长吏，星分棋列，遍于寰宇。乃辽独铲去州邑，并建卫、所，而辖之都司，何哉？边鄙瓯脱之俗，华夷杂糅之民，迫近胡俗，易动难安，非可以内地之治治之也。我圣祖鉴古今之变，饬戎夏之防，因其利不易其俗，齐其政不易其宜，恢疏网以顺民心，奋武卫以慑虏气，故其民安焉。二百年来，辽左之兵，尝为诸镇雄。人皆习虏轻敌，而莫肯退畏者，岂非以法令宽简，人得自便，而无拘挛牵忌之虑哉？余昔来此，观其地形，察其谣俗，乃知我祖宗计虑深远，圣神之见，可谓度越千古矣。顾余有所深忧者，国家之建都，与前代异。往者汉、唐之都，皆在关、洛，辽在当时，直边郡耳。今国家建都燕、蓟，与胡壤接，则辽为京师左臂，所系尤重。迨夫大宁失险，山海以东，横入虏地。且数百里一线之涂，声援易阻，此其地形之异势如此。又近年以来，习尚颇移，法令渐密，建设日广，调发愈频。夫法令密则巧伪滋，建设广则气势分，调发频则士马耗，欲其利爪牙以捍腹心，岂不难哉！故密网裁而鱼骇，罻罗制而鸟惊，法令深而人恐。究观地形、民俗之异，宜仰溯祖宗建置之深意，则今日辽左之于国家，其所系轻重，与其固圉绥怀之策，盖可睹矣。往余与李君计，李君心尝忧之，故今为斯志也，盖有弘远深沉之思焉。后之览者，不独以其文焉已也。

《目录》：

图考、星野附。沿革、山川、关梁、海道附。赋役、岁运附。边防、墩台、路河、路台、永利闸。兵政、军器、粮赏附。马政、苑马、太仆二寺事。职官、选举、宦业、人物、典礼、风俗、方物、祥异、故迹、杂志、流寓、方伎。艺文、外志。外夷国卫史考。

《凡例》：

一、今志事宜悉准旧志，但冗者删之，如郡名、操法、营图、长编之类；缺者增之，如星野、海道、障塞、马政之类。其他损益，咸是义焉。

一、旧志纲目近百，今约为十九。

一、辽阳按临总会，广宁抚镇驻节，开原三面控夷，独当重地，故三城特用白书，以别于他城。

一、海道之通塞，辽人之休戚关焉，故特详其里道、沿革，以备他日之考。

一、兵马十少四五，而营卫仍以原数称，盖军有定籍，马有定额，于法得清勾买补，故悉存之。

一、旧志爵命、使命，今悉省去，以《职官》概之。其大者书其名氏、爵里，小者止列其衔，有异常之绩者，则书名。

一、《宦业》纪治行之善，以风来嗣，以世代先后为序。若入名宦者，则即于传后见之，不别立款，省赘也。其世代稍近者，虽善不书，以俟论定。

一、《人物纪》与《宦业》例同。

一、《风俗》旧志甚略，今加详焉。

《图考目》：

《全辽总图》、《辽阳镇境图》、《辽阳镇城图》、《海州卫境图》、《盖州卫境图》、《复州卫境图》、《金州卫境图》、《广宁镇境图》、《广宁镇城图》〔七〇〕、《义州卫境图》、《广宁左中屯卫境图》、《广宁右屯卫境图》、《广宁前屯卫境图》、《宁远卫境图》、《沈阳卫境图》、《铁岭卫境图》、《开原卫境图》、《开原控带外夷图》、《永宁监境图》。

按清咸丰间，金州隋汝龄九芗纂《辽海志略》一百六十八卷，记辽事颇详，足补《盛京通志》等书之缺。其他若《盛京通志》《吉林通志》《大清一统志》等书，记掌故者若《八旗文经·作者考》，皆可参考。以非全记明代辽东之事，故不列入。

山海关志八卷 明嘉靖间刻本。

明户部郎中郡人詹荣辑，监察御史古完张敇、兵部主事德平葛守礼同刊。葛守礼《后序》，嘉靖十四年。张敇《跋》。嘉靖乙未十四年。前有图二十八叶，图明季自山海关至黄花镇驻兵之处，并兵数至详。黄麻纸印，旧为天一阁藏书，《四库》不收。《目录》俱列如下。

《目录》：

地理、沿革、疆域、山川、土产、形胜、风俗。关隘、关营。建置、城池、公廨、卫学、仓库、驿递、杂建、古迹。官师、部使、守臣、卫官、学官。田赋、户口、屯田、杂役。人物、名宦、乡贤、孝节〔七一〕。祠祀、神祀、贤祀。选举。进士、乡举、岁贡、将选、武举、封赠。

四镇三关志十卷明万历间刻本。

明刘效祖撰。按效祖武功左卫人，嘉靖庚戌进士，官至陕西按察司副使。前有《自序》，万历丙子四年。《纂修边志檄文》《修志姓氏》《凡例》。四镇者，蓟、昌、保、辽；三关者，紫荆、居庸、山海也。明季志边政者无虑数十，然未有如此书之详尽者也。起草于万历甲戌冬，杀草于丙子夏，阅时凡三载。其中《制疏考》篇幅最巨，题奏、集议，尤有裨于史事。《四库》不收，《明志》及《千顷堂书目》俱作十二卷，与此本不合，岂尚有增订本欤？

《目录》：

建置考、图画、分野、沿革。形胜考、疆域、山川、乘障。军旅考、版籍、营伍、器械。粮饷考、民运、京帑、屯粮附盐法。骑乘考、额役、兑给附互市、胡马、赔补。经略考、前纪、令制、杂防。制疏考、诏敕〔七二〕、题奏、集议。职官考、部署、文秩、武阶。才贤考、勋劳、谋勇、节义。夷部考〔七三〕。外夷附入贡、属吏附入贡、入犯。

《凡例》〔七四〕：

一、采集诸说，但取其事之有关于地方者，故不备录全文。

一、先年奏议，或为当时所弃，今察其有可行者，必录以俟采择。

一、将领之奏捷、失律者必录，以昭往鉴。

一、凡改筑边墙恢复旧制之说，一时虽曰难行，必录之，以俟便宜者采焉。

一、因事直书，止为备事，言之不伦不文，非暇计也。

一、凡有一得之愚，借录之于后，以备自考，非敢求知于人也。

皇明九边考十卷国立北平图书馆藏明嘉靖刻本。

兵部职方清吏司主事魏焕编辑。是书汇辑有明边事，九边者，为辽东、蓟州、宣府、大同、三关、榆林、宁夏、甘肃、固原等地。是书首为《镇戍》、《经略》、《番夷》、诸《通考》，而每考均分疆域、保障、责任、军马、钱粮〔七五〕、边夷、经略考等七条。为乾隆间禁书，极不易得。今抄《辽东考》之《序》及《女直》条于后。

《辽东考·疆域》云：辽东，古幽、营二州。舜分冀北医无间之地为幽州，即今广宁之地；分青东北为营州，即今辽阳之地。东至鸭绿江，西至山海关，一千四百六十里；南至旅顺海口，北至开原城，一千七十里。元季时，为平章刘益、高家奴分据。洪武初，奉表来归。四年，置定辽卫。八年，改为辽东都司。十年，革所属州县，设卫二十五。永乐七年，于开原、辽阳复设安乐、自在二州，以处内附夷人。自汤站抵开原、邻建州、毛怜、海西、野人、兀者诸夷，而建州为最〔七六〕。自开原之北，近松花江之山寨夷，亦海西种类。又北抵黑龙江之江夷，而江夷为最。自宁前迤东抵开原，邻兀良哈三卫〔七七〕，而朵颜为最。

《女直》条云：女直初号女真，后臣属于辽，避兴宗讳，改曰女直，即古肃慎。地在混同江之东，东滨海，西接兀良哈，南邻朝鲜，北至奴儿干、北海。部族散居山谷。至阿骨打始大，易部建国曰金，灭辽，都渤海。金亡归元。永乐元年，野人头目来朝，悉境归附。自开元以北，因其部族所居，制奴儿干都司一，建州、毛怜等卫一百八十有四，兀者、隐勉赤等所二十有四。其酋长为都督、指挥、千百户、镇抚等职，给之以印，俾以旧俗统厥属。每年一朝贡，每贡，都督许带一十五人，共一千五百人。建州、毛怜则渤海大氏遗孽，乐住种，善缉纺，饮食服用皆如华人。自长白山迤南，可拊而治也。海西山寨之夷，曰熟女直，完颜之后，金之遗也。俗尚耕稼，妇女以金珠为饰，倚山做寨，聚其亲居之。居黑龙江者曰生女直，其俗略同山寨。数与山寨仇杀，百十战不休。自乞里迷去奴儿干三千余里，一种曰女直野人，又一种曰北山野人，不事耕稼，惟以捕猎为生。诸夷皆善驰射，虽通职贡，时加抢掠，居民苦之。但较之三卫，则少差耳。

又按：巡按陕西监察御史张雨编《边政考》十二卷，是书作于明嘉靖丁未，北虏也先"土木之变"以后，历记有史以来边事。前记三边、四镇，有总图、分图，划分极详。并有《三夷记事》二卷、《北虏河套》一卷，均上讫上古，以表行之，而于辽事则付阙如。盖当嘉靖之时，女直之族尚未繁炽也。又高拱撰《边略》五卷，记隆庆以来边事，分《防边纪事》《伏西纪事》《安边纪事》《靖南纪事》《绥广纪事》五篇，非专记辽事之书也。

辽东一卷《武备志》卷二百五《占度载》十七《镇戍》二，别出。

明防风茅元仪止生辑。是书记辽东建置及建夷部族颇详，附辽东边图。乾隆间入《禁书总目》。

九边图

不知撰人名氏。为辽东边外地理，与《九边图说》全异。目见《满洲历史地理引用书目》。

女直明嘉靖刊本《大明一统志》卷八十九《外夷》，别出。

明李贤等奉敕撰。贤字原德，邓人。宣德进士。宪宗时官少保、华盖殿大学士、知经筵事，为宪、孝二宗时名臣。卒谥文达。《明史》有传。是书纂成于明天顺四年，至五年刊行。依永乐、景泰间所纂之《寰宇通志》而节约之。刊本约有五种：一、天顺五年官刻本〔七八〕，二、弘治八年刊本，三、〔七九〕，嘉靖三十八年重刊本，四、不知年月刊本，五、朝鲜刊本。此依嘉靖刊本别出之。此编题云："东滨海，西接兀良哈，南邻朝鲜，北至奴儿干、北海。自混同江至京师，三千五百里，至南京，四千六百里。"分沿革、风俗、山川、土产等类，叙奴儿干卫名极详，堪资考订。

东北夷明万历间刊本《大明会典》卷一百七《礼部》六十五《朝贡》三，别出。

明张居正等奉敕续编。居正字叔大，别号太岳。嘉靖进士。穆宗时，与高拱并相。神宗时，代拱为首辅，居相十年，海内称治。《明史》有传。是书为明弘治间徐溥纂修，正德四年重订，嘉靖二十八年参补，至万历十五年又订之。此依据万历间改订本也。记东北夷情颇略，惟朝贡物品有马、貂鼠皮、猞猁狲皮、海青、兔鹘、黄鹰、阿胶、殊角即海象牙等，事极详。

女真一卷《殊域周咨录》卷二十四〔八〇〕，别出。

原题"皇明行人司行人刑科右给事中嘉禾严从简辑"。是书记明代外国情事，卷二十三为兀良哈，二十四为女直〔八一〕。前有万历癸未严清《序》。据《序》云："国家纤疥之恙〔八二〕，在东南莫狡于日本，在西北莫蔓于粗虏。"盖明万历以前，边事之患在南倭、北虏，而辽东之患反次之。是书作于万历初年，故记辽东边患，仅及马文升抚辽而止。然叙辽东初年历史及辽东之风俗极详，亦足征也。后附《辽边总论》。

《总论》曰：辽东，《禹贡》青、冀二州之域。舜分冀东北医无间之地。为幽州，即今广宁以西之地；青东北为营州，即广宁以东之地。即辽阳，东至鸭绿江，西至山海关，一千四百六十里，南至旅顺海口，北至开原城，一千七百里。历代以来皆郡县。元季时为平章刘益、高家奴分据。洪武初，奉表来归，四年，置定辽卫。八年，改为辽东都司。十年，革所属州县〔八三〕，设卫二十五。永乐七年，复设安乐、自在二州。我朝改置卫，而于辽阳、开原二城中设安乐、自在二州，处内附夷人。其外附者，东北则建州、毛怜、女直等卫，西北则朵颜、福余、泰宁三卫，分地世官，自易站抵开原，邻建州、毛怜、海西、野人、兀者诸夷，而建州为最。自开原之北，近松花江，山寨诸夷，亦海西种类。又北抵黑龙江，诸夷江夷为最。自广宁前屯东抵开原，中间地没入兀良哈三卫。今特山海关一线之地，可以内通。互市通贡，势虽羁縻，形成藩蔽，是以疆场无西北边之患。南则海上，自刘江之捷，而倭寇屏迹。弘治中曾一见之，未及岸而去。若今，则晏然久矣。所备则东北、西北二夷。东北屋居耕食，不专射猎，边警差缓。而西北则俗仍迤比，虽未尝大举入寇，然窃发颇多。故辽东夷情，与诸镇异，要在随方拊辑，处置得宜。北遴朔漠，而辽海、三万、沈阳、铁岭四卫，足遏其冲〔八四〕；南枕沧溟，而金、复、海、旅顺诸军，足严守望。东西则广宁、辽阳，各屯重兵，以镇压之。复以锦、义、宁远前屯五卫，以翼广宁；增辽阳东山诸堡〔八五〕，以扼东建。先事戒严，防守不堕，俾恩威并立，足制其心，乃策之上。而俘斩论功，此第二义也。开原、广宁，并据襟吭，金、复、海上，颇称沃野。三岔河南北，亘数百里，辽阳旧城在焉〔八六〕。木叶、白云二山之间，即辽之北京、中京地也，草木丰茂，更饶鱼鲜。自国家委以与虏，进据腹心，限隔东西，道里迂远，而守望劳费，辽人每愤愤焉。成化以来，论者率欲截取之，而屡付空谈，竟不见施行者，无亦有识者为起衅边方之虑乎？若夫革互市之奸欺，禁驿传之骚绎，纠验放夷人抑勒之弊，塞请开贡路生事之门，墩军增其月支，百姓敛其岁蓄，专制一方者，不得不任其责矣。

使职文献通编未见传本。

明嘉禾严从简编。章太炎撰《清建国别记》引其书。近人卞鸿儒日本刊行《满蒙丛书》，《叙录》称是书集明代行人司之掌故为《正编》，又集略与明互事交通之外族事迹为《外编》。《满蒙丛书》有《使职文献通编钞》一书，惜未刊行。

各镇考一卷、四夷图说一卷明刻《职方考镜》本，别出。

原题“敕赠逸史文翘卢传印汇编”。是书成于万历甲午，《各镇考》中之《辽东镇》，《四夷图说·东北夷·女直国语》，文虽简短，均于辽事有关。

三卫志一卷《弇州史料》卷十八，别出。

明琅琊王世贞元美纂撰。元美自号"凤洲"，又号"弇州山人"。嘉靖进士，官刑部主事，著有《弇州山人四部稿》。《明史》有传。是篇记兀良哈三卫事。《销毁抽毁书目》称："《史料前集》卷六内成化三年李秉一条，成化十五年汪直一条，卷七成化三大功赏一条，卷十二马文升成四川等条，均有偏驳语，应请抽毁。"是皆有关辽事者也。又明施泽深撰《急览类编》，卷六有《兀良哈三卫夷考》一篇，仅一页。

辽东略一卷《全边略记》卷十，别出。

明桐城方孔炤潜夫撰。按孔炤万历进士。崇祯间，以右金都御史巡抚湖广。后督师大名，未赴。京师陷，南奔。马、阮乱政，归隐。所著《全边略记》，记有明一代边事。以三字命题，如《蓟门略》《大同略》《宣府略》《辽东略》等类〔八七〕，而记东北边事为尤详。故别出《辽东略》一篇，足资参考。前有《自序》及《职方氏识》，以无关辽事，不录。

边塞考六卷海盐朱氏藏明弘光刻《经国雄略》本，别出。

明温陵郑大郁孟周编订。卷一《辽阳镇》，卷十一《朵颜三卫》，建州有图，蓟宁内边、河套有议，女直有图。是书为明弘光时刻，颇不易得。

明政统宗附卷明刻本。

明豫章涂山撰。按《统宗》一书，记有明一代大事，其附卷为汇集名公议论，内有《九边总论》《朵颜三卫论》《三关总论》为偏头、宁武、雁门三关〔八八〕。等篇，皆有关辽事之作也。

辽左弃地一卷《酌中志》卷二十一，别出。

明宦官刘若愚撰。若愚为明天启时内监，事详拙著《晚明史籍考》《酌中志》条下。是篇记李成梁弃宽奠六堡事。《明宫史》中《辽左弃地纪略》一篇，即由《酌中志》节出。

辽东都指挥使司〔八九〕《读史方舆纪要》卷三十七《山东》八，国立北平图书馆藏抄本，别出。

无锡顾祖禹景范撰。景范沉敏有大略，不求名于时，学者称宛溪先生。著有《读史方舆纪要》，考订地理最为允确。是编记辽东地理甚详。

边备《天下郡国利病书》卷一百十五，国立北平图书馆藏抄本，别出。

昆山顾炎武宁人撰。宁人为清初大儒，事见拙著《晚明史籍考》《圣安纪事》条下。内有周弘祖《辽东论》《三卫论》、主事陈绅《与辽东巡抚诸公书》。景范、宁人皆生当明季，关心时事，本具恢复之志，故于边塞言之綦详。此书著于崇祯十二年以后，《四库全书存目》称其为未成之书。刊行于道光十一年，世间多有传抄之本。日本内阁文库、前田侯爵家各有藏雍正、乾隆间旧抄本，北平图书馆亦藏抄本。惟与刊行之本多有不同。盖刊行之本有避讳处，全行删去耳。

又亭林辑有《皇明修文备史》，子目有《北边世系考》《东三边速把亥列传》《墨石炭列传》《董狐狸兀鲁思罕长委列传》《长昂列传》等目。原传已刊于《中国学报》中。

五边典则未见传本。

明末徐日久编〔九〇〕。有崇祯三年《序》。《满蒙丛书》《叙录》有《五边典则钞》，称其记明初至隆庆间边事，第四卷为蓟辽女直之事，第十四卷为宣大之事迹。《叙录》中又载有明倪谦《朝鲜纪事》、龚用卿《使朝鲜录》、方州先生《奉使录》，皆记使朝鲜之事，附其目于此。

皇明职方图三卷 未见传本。

明陈组绶编。日人《满蒙丛书》有《皇明职方图钞》，收金、辽、大宁、开平、兴和、宣府、大同等郡图。按《满洲历史地理行用书目》解题云：共三卷，其上卷首《禹贡》及《周礼》职方图，次为《皇明大一统图》等十有六图；其中卷为镇边图、蓟州、内三关、全辽、大宁、开平、兴和、宣府、大同、山西、榆林、宁夏、固原、洮河、甘肃等图；其下卷收诸杂图、历史地图、年表等。组绶崇祯七年进士，官职方事。此书崇祯八年正月起稿，翌年四月稿成，一生精力殚于舆地，为明代地理学家。近人李木斋盛铎藏有明刊本《大宁图考》，未知即此书否，惜未见。

以上辽东边备及方志诸书

〔一〕"俄"，底本作"织"，今据《勘误表》改。

〔二〕"关"，底本作"间"，今据《抚安东夷记》改，《续修四库全书》影印明嘉靖袁氏嘉趣堂《金磬玉振集》刻本。

〔三〕"成化"，底本作"正统"，今据《勘误表》改。

〔四〕"拼"，底本作"并"，今据《三朝辽事实录·自序》改，《续修四库全书》影印明崇祯刻本。

〔五〕"憨"，底本脱，今据《勘误表》补。

〔六〕"朽"，底本作"杇"，今据《勘误表》改。

〔七〕"斧钺"，底本二字乙，今据《勘误表》正。

〔八〕"厄"，底本作"犯"，今据《勘误表》改。

〔九〕"载道"，底本脱，今据《三朝辽事实录·王会苾跋》补。

〔一〇〕"也"，底本脱，今据《王会苾跋》补。

〔一一〕"编"，底本作"归"，今据《三朝辽事实录·杂引凡例》改。

〔一二〕"词林"，底本二字乙，今据《杂引凡例》正。

〔一三〕"山"上，底本衍"右"，今据《杂引凡例》删。

〔一四〕"耽"，底本作"耿"，今据《湖州府志》卷七六《人物传·文学》改，清同治十三年刻本。

〔一五〕"络"，底本作"胳"，今据《勘误表》改。

〔一六〕"杜"，底本作"渎"，今据《勘误表》改。

〔一七〕"云"，底本重文，今据《勘误表》删。

〔一八〕"列"，底本作"别"，今据《东夷考略·考原》改，书目文献出版社一九九八年《北京图书馆古籍珍本丛刊》影印明天启元年刻本。

〔一九〕"须"，底本作"顷"，今据《考原》改。

〔二〇〕"徐"，底本作"待"，今据《考原》改。

〔二一〕"蓥"，底本作"厘"，今据《考原》改。

〔二二〕"茸"，底本作"葺"，今据《勘误表》改。

〔二三〕"谋"下，底本衍"求"字，今据《考原》删。

〔二四〕"作"，底本作"凡"，今据《考原》改。

〔二五〕"叟"，底本作"史"，今据《勘误表》改。

〔二六〕"旦旦"，底本作"且旦"，今据《勘误表》改。

〔二七〕"秒"，底本作"炒"，今据《勘误表》改。

〔二八〕"凡"，底本作"儿"，今据《勘误表》改。

〔二九〕"便"，底本作"使"，今据《辽夷略·叙言》改。

〔三○〕"革"，底本作"羊"，今据《叙言》改。

〔三一〕"非"，底本作"北"，今据《叙言》改。

〔三二〕"定人"，底本脱，今据《叙言》补。

〔三三〕"机"，底本作"济"，今据《叙言》改。

〔三四〕"辛"，底本作"幸"，今据《勘误表》改。

〔三五〕"新"，底本作"翰"，今据《宝日堂初集·许维新序》改，《四库禁毁书丛刊》影印明崇祯二年刻本。

〔三六〕"动"，底本脱，今据《宝日堂初集·夏允彝序》补。

〔三七〕"明华"，底本二字乙，今据上文正。

〔三八〕"曰笔"，底本作"草"，今据《建州考》改，巴蜀书社一九九三年《中国野史集成》影印民国钵山精舍排印本。

〔三九〕"籍"，底本作"借"，今据《勘误表》改。

〔四○〕"傅"，底本作"传"，今据《勘误表》改。

〔四一〕"岩"，底本作"严"，今据《勘误表》改。

〔四二〕"日"下，底本衍"政"字，今据《勘误表》删。

〔四三〕"辑"，底本作"纪"，今据《勘误表》改。以下径改，不注。

〔四四〕"遗"，底本作"辽"，今据《勘误表》改。

〔四五〕"末"，底本作"未"，今据《勘误表》改。

〔四六〕"赐"，底本脱，今据《勘误表》补。

〔四七〕"允"，底本作"充"，今据《勘误表》改。

〔四八〕"入"，底本作"人"，今据《勘误表》改。

〔四九〕"兄死"，底本脱，今据《博物典汇》卷二〇《四夷·奴酉》补，《续修四库全书》影印明崇祯刻本。

〔五〇〕"马"，底本脱，今据《博物典汇》卷二〇《四夷·奴酉》补。

〔五一〕"蜜"，底本作"密"，今据《博物典汇》卷二〇《四夷·奴酉》改。

〔五二〕"诹"，底本作"辄"，今据《勘误表》改。

〔五三〕"六"，底本脱，今据《续文献通考》卷二三八《四夷考·女直》补，《续修四库全书》影印明万历三十年松江府刻本。

〔五四〕"弃"，底本作"葬"，今据《四夷考·女直》改。

〔五五〕"土"，底本作"工"，今据《勘误表》改。

〔五六〕"赍利"，底本作"贯制"，今据《辽东志·目录序》改，辽沈书社一九八五年影印《辽海丛书》本。

〔五七〕"废"，底本作"广"，今据《目录序》改。

〔五八〕"位"，底本作"信"，今据《目录序》改。

〔五九〕"城池"，底本作"域地"，今据《目录序》改。

〔六〇〕"其"下，底本衍"名"字，今据《目录序》删。

〔六一〕"名宦"，底本作"官"，今据《目录序》改。

〔六二〕"兹土"，底本作"良士"，今据《目录序》改。

〔六三〕"增"，底本作"指"，今据《辽东志·凡例》改。

〔六四〕"析"，底本作"折"，今据《凡例》改。

〔六五〕"创"，底本作"例"，今据《凡例》改。

〔六六〕"泛"，底本作"迄"，今据《凡例》改。

〔六七〕"纯"，底本作"能"，今据《凡例》改。

〔六八〕 "西"下，底本衍"地"字，今据《辽东志·舆图》删。

〔六九〕"控带外夷"，底本作"控卫外"，今据《辽东志·舆图》改补。

〔七〇〕"广宁镇城图"，底本脱，今据《全辽志》卷一《图考》补，影印《辽海丛书》本。

〔七一〕"节"，底本作"贤"，今据《山海关志·目录》改，《续修四库全书》影印嘉靖十四年葛守礼刻本。

〔七二〕"敕"，底本作"刺"，今据《四镇三关志·目录》改，《四库禁毁书丛刊》影印明万历四年刻本。

〔七三〕"夷"，底本作"吏"，今据《目录》改。

〔七四〕按：此处所引《凡例》，与《四镇三关志·凡例》完全不同。

〔七五〕"钱"，底本作"铁"，今据《皇明九边考·目录》改，齐鲁书社一九九六年《四库全书存目丛书》影印明嘉靖刻本。

〔七六〕"而"，底本作"为"，今据《皇明九边考》卷二《辽东考·疆域》改。

〔七七〕"邻"，底本脱，今据《辽东考·疆域》补。

〔七八〕"天"，底本脱，今据《勘误表》补。

〔七九〕"三"，底本脱，今据文意补。

〔八〇〕"域"，底本作"城"，今据《殊域周咨录》改，《续修四库全书》影印明万历刻本。

〔八一〕"直"，底本作"真"，今据《殊域周咨录》卷二四改。

〔八二〕　"恙"，底本作"患"，今据《殊域周咨录·严清序》改。

〔八三〕"四年……十年革"，底本脱十七字，今据《殊域周咨录》卷二四《女直·辽东边论》补。

〔八四〕"卫足遏其"，底本脱四字，今据《辽东边论》补。

〔八五〕"增"，底本脱，据《辽东边论》补。

〔八六〕"旧"，底本作"归"，今据《辽东边论》改。

〔八七〕"略"，底本脱，今据《全边略记·目录》补，《四库禁毁书丛刊》影印明崇祯刻本。

〔八八〕　"雁"，底本作"府"，今据《新刻明政统宗》附卷《三关总论》改，《四库禁毁书丛刊》影印明万历刻本。

〔八九〕"司"，底本作"命"，今据《读史方舆纪要》卷三七改，《续修四库全书》影印上海图书馆藏稿本。

〔九〇〕"久"，底本作"文"，今据《五边典则》改，《四库禁毁书丛刊》影印旧抄本。

卷 四

明代之记载下

筹辽硕画四十六卷、附录一卷日本前田侯爵藏明刻本,《满蒙丛书》排印本仅九卷。

明天都程开祜仲秩辑。是书记明万历四十六年夏间迄四十八年秋,内外臣僚关于辽事奏疏,按年排次。卷一、卷二为熊廷弼、张涛二人奏疏〔一〕。以二人夙巡视辽东,其所条议,皆在奴酋未发之前,卓有先见,以见辑者微意。著者程开祜传略待考。是书久佚,中土徐乾学《传是楼书目》仅有其目。日人前田侯爵藏有其书,《满蒙丛书》印至戊午孟秋第九卷而止。前有《自序》《舆图》《图说》《东夷奴儿哈赤考》《凡例》,侯爵前田利为《引》,稻叶岩吉撰《题要》。

《自序》云:粤自奴酋匪茹,辽事旁午,一时中外臣工蒿目而筹者,章满公车。自阁部、卿寺、台省,以迄词臣、勋戚,甚者若罢吏、若废弁、若孝廉、若青衿、若成均士,又甚者若属

国、若女胄，凡抱同仇之义，莫不扼腕抒筹，图上方略。其言
兵、言将、言战、言守、言饷、言运、言马、言车、言器仗、言
屯田、言练京营、言固山海、言防宽镇、言备通津、言用夷、言
征土司，人摅所见，缅缅不一。要以矢谟陈议，忧深虑远，内伸
挞伐，外复备疆，期灭此而后朝食，则凿凿可以佐庙谟，真所谓
忧危苦词，当今硕画者也。祐也有志请缨，无阶借箸，睹逆奴谩
书侮榜，不觉发竖眦裂。何物么么，辄敢以螳臂当辙，睥睨我天
朝，憾不食其肉，寝处其皮，以抒国家之愤。因念高皇帝迅扫胡
氛，夺腥膻之宇宙，还之中夏。于时五将军出塞，蒙古遗孽鸥伏
鼠窜，直今幕南空庭，斯何如功伐，真所谓雪耻酧百王，除凶报
千古者。迨文皇帝建都北平，益惩虏患，天戈所指，至南极、斗
杓而还。其在东陲，则三卫错置，用绥要服。蕞尔建州，咸受戎
索，迄今二百余祀，俯首称外臣，曾何敢逆我颜行者。即如万历
初年，王杲跋扈，戕杀边吏，然偏师一出，旋就禽雉，献俘饮
至，随筑京观。斯时赫声濯灵，讵谓毡裘之胆不寒哉！蠢兹奴
酋，倏开边衅，并毛怜，歼灰叭，镞杀哱啰，诱执宰赛，屠掠金、
白，蚕食我属夷〔二〕，罪在不赦。顷复阑入内地，直至陨将覆
军，克城夷堡，如蹈无人之境。此岂中朝全力不能制伏小丑？则
从前玩寇积习，为狡奴所诳，与先当事者轻率失计，是以取败
也。今幸新经略建牙，赐尚方剑以振武略，其于防守机宜，业有
定着。而新抚、镇、司、道各员，又同心协力，一切应援诸务，
靡不部署以时济。故将士奋励，咸歃血矢盟，思鸣鞭飞槊，以长
组系奴。虽未获捣巢扫穴，执讯俘馘，而堵截拒扑，间奏首功，
似旌旗稍稍生色。由此而缮城守，由此而练甲兵，由此而广侦

探，用间谍，相险隘，行征剿，犁庭绝漠，悬逆酋之首，献之阙下，直需时耳。矧圣天子新嗣御极，其于边事，尤切宵旰。近睹发帑犒士，而白金文绮劳锡边臣者，不崇朝而举。中外人心踊跃，不啻如灵武受命时，其诸硕画，当一一布行，非徒托之空言者。祜虽小臣，幸拭目以瞻沧涣，知逆奴不足平矣。惟是诸筹，舌敝唇焦，苦心苦口，各抒一得，足襄帷幄而制疆圉。用是搜采成帙，仿编年例，为四十六卷，公之海内。庶寓目者一展帙，知闳谟秘计，我国家定非乏人，而草泽英雄，有摩厉以须，思得一出以当虏者，挟策而往，未必非行间韬略也。至于终篇，犹俟辽左之露布在，尚需续锓，以结辽事完局，用备东观一大典云。时万历庚申孟秋。

《凡例》：

一、是集为辽事镌，故诸疏、揭凡系筹辽者概采入；而蓟、昌、东省以及京都，于辽皆患切震邻，是以议关数处者，咸附录焉。

一、是集惟取筹辽，故凡言兵饷、战守等项，一并采录。其间忠愤所激，不无持议过戆，语涉攻讦者，不敢摭拾伤雅，是以篇中不妨删削。若旧抚、旧经略、旧镇将，丧师殃国，辜罪显然，公论已定，谈者缕缕明揭，兹勿以讳。

一、谈辽事者夥矣，惟疏中各抒筹略，凿凿中肯，有裨庙算者，乃以寿梓。至语涉雷同，议拾风影，间删弗录。若其当事者任已蹶而议仍收，则不以人废言也。

一、熊、张二公，一按辽，一抚辽，其所条议设备、修守、縻奴诸策，皆奴衅未发前卓有先见。故今日筹辽，仍辑其当年奏议，录于弁首。

一、诸疏、揭率搜之邸报。乃邸报中鲁鱼豕亥，错误者多，至不能强解，故不嫌删刷一二语，改窜三五字。间或中有脱落词句者，无从补缀，亦因原本，或删去数语，或抹去数行，期于词指了然，意义联合。览者勿罪。

一、是集从戊午四日起，逆奴始难也；至庚申七月止，先帝终历也。例取编年，志前后时事缓急耳。嗣后新主临御，诞将天威，凡庙谟廷画，仍当续梓。不日奴酋献俘，辽左露布奏捷，乃告竣役。

一、抚、清、开、铁及三路败没诸将士，捐躯裹革，皆殉国难，优恤钜典，降自朝廷。其在海内，忠愤之士荐亡吊亡，诗文胪列，皆谊切同仇，痛深饮泣，故另梓一册并附。

《舆图说》云：辽东东起鸭绿江、朝鲜，西山海关，南旅顺，北开原，外边九百余里，三面濒夷，一面阻海，惟山海关内通。中有三岔河，为辽阳旧城。洪武壬子，辽始两歧，河西土蛮时引诸夷为患，冬河冰，亦阑入。万历癸巳以来，出师援朝鲜，辽左驿骚，而虏、倭兼备。境外酋蛮部落住牧〔三〕，东北有建州、毛怜、女直等卫〔四〕，西北朵颜、福余、泰宁三卫，俱互市通贡。查辽阳、前屯、开原、义州、宁前、锦州、铁岭、镇武、广宁、中后、中右所、沈阳、镇静、清河、懿路、长勇、中前、店山、长安、泛河、西平、中左所、庆云、武靖、广宁右屯、镇西、静阳俱极冲。

东北女直，即古肃慎。在混同江东，东滨海，西兀良哈，南朝鲜，北奴儿干、北海。永乐初归附，设都司、卫、所三百八十二，赐敕印，于开原、庆云、新安等处交易马市。夷三种：一居海西，一居建州毛怜，一居极东，野人、兀者，去中国益远。独海西、毛怜先为边患，自仰、逞二奴被戮，迄今贡市抚赏如故。

旧辽阳在边外，西行二百里至广宁，东北三百里至开原，地界开、广间，相去五百里。今夹河为塞，纡八百余里。地饶，虏邑牧其中，东北则犯开原，东南则犯广宁，中则犯辽阳、海州，盖辽左腹心之害。

辽故航海，属山东。自金州旅顺口达登州新河关，计水程五百余里。海中岛屿相望，远可百里，近止数十里，舟易停泊。先年，山东岁运以给辽，丰歉两利。因海岛亡命为患，始设严禁。万历二十五年来，议海运饷东征，其禁稍弛。复设游击于旅顺，以防海。

朵颜三卫，故契丹种，始为兀良哈。洪武中，为蒙古所抄，乞降，为置三卫。东起广宁前屯抵喜峰，近宣府，曰朵颜；自锦、义度辽河至白云山，曰泰宁；自黄泥洼逾沈阳、铁岭至开原，曰福余。已靖难，兀良哈有功，因以大宁界之，授官置卫，每岁贡赏不绝。石塘、古北、曹寨、马阑、松棚、喜峰、太平、燕河、抬头、石门，皆抚赏之处。后部落日众，朵颜遂强，阳顺阴逆，时为虏向道，住牧喜峰口边外会州、青城诸处，附青把都部下。三卫夷共二百七十枝，酋长昂、炒蛮、董狐狸诸夷及诸妇大、小擘只、猛可真等号为六凶，而长昂犹黠。

《东夷奴儿哈赤考》云：自开原东北，南抵鸭绿江，逶迤八百余里，环东边而居者，则皆女直遗种，皆辽之属夷，所谓东夷者也。然今之呼女直者，凡三种：其一曰海西女直，则故王台之属，今开原南、北两关之夷是也；其一则东方诸夷，之为卫、所甚众，而建州领其名，曰建州女直，今奴儿哈赤之属是也；其极东曰野人女直，去边远，岁因海西入市于开原，虽不入贡，而亦不为边患。先是，海西王台强，能得众，称开原南关酋，北收二奴，南制建州，终其身向化，而东陲以宁。是时东夷之势在王台，故听其袭祖速黑忒左都督之职，以长东夷。万历三年，以擒献逆贼王杲，故奉旨加授勋衔，与其二子长虎儿罕、少猛骨孛罗俱为都督，赏以金币，特优已。又视西虏例，授龙虎将军。及王台死，长子虎儿罕又继死，其子歹商袭职，守忠顺之业。后台子猛骨孛罗与其孙歹商骨肉相残，遂弱，而逞、仰二酋称雄于北，奴儿哈赤称雄于南，且各恃其强，而甘心于王台之后。奴儿哈赤，王杲之奴叫场之孙，他失之子也。寨在宁宫塔，内城高七尺，杂筑土石，或用木植横筑之。城上环置射箭穴窦，状若女墙。门皆用木板。内城居其亲戚，外城居其精悍卒伍，内外见居人家，约二万余户。北门外则铁匠居之，专治铠甲。南门外则弓人、箭人居之，专造弧矢。东门外则有仓廒一区，共计一十八廒，每廒各七八间，乃是贮谷之所。先年，叫场、他失皆忠顺，为中国出力。先引王台拿送王杲，后杲男阿台将叫场拘至伊寨，令其归顺，合党谋犯，以报父仇。叫场不从，阿台拘留不放。大兵征剿阿台，围寨攻急，他失因父在内，慌忙救护，混入军中。叫场寨内烧死，他失被兵误杀，因父子俱死。时镇守李总兵将他失尸首寻获，查给部夷伯插领回。又将寨内所得敕书二十道、马二十匹给领。今奴儿哈赤继祖、父之志，仍学好忠顺，屡次送进汉人一十三名口。万历十六年五月内，贼酋克五十窃犯柴河堡，射守堡指挥刘斧，巡抚顾都御史牌行分守栗参政，差通事宣谕奴儿哈赤，即将克五十斩首献进，以后验马朝贡。奴儿哈赤祖叫场原领敕书，系都指挥使，后因送进人口，且归心听约束，加升都督职衔。然彼时奴酋祖、父为我兵掩杀，尚孑然一孤雏也。此时惟北关之逞加奴、仰加奴最强，遂日构西虏，与王杲子阿台等以攻杀南关为事。十一年，逞、仰二奴被戮，奴酋于是渐长獭豕之牙，与二奴子卜寨、那林孛罗遂相角立矣。二十二年，卜、那二酋思报父仇，又日与南关相构，遂反戈以攻奴酋，不谓大败，卜酋竟为奴酋所杀。比北关请卜酋尸，奴酋剖其半归之，于是北关遂与奴酋为不共戴天之仇矣。二十六年，那酋又攻猛酋，猛酋力不能支，因质妻子求援于奴酋。奴酋利其妻妾部落，悉兵以出，袭而执之。猛酋寄命奴寨几二年，奴酋乃伪以女许妻猛酋，而阴纵其妾与通，徐以私外母射杀之，尽得其所有，此二十八年事也。及我中国切责，欲问杀猛酋之罪，革其市赏。奴酋因悔罪，许妻猛酋子吾儿忽答以女，厚其妆奁，并原抢人口财物，送吾儿忽答归南关。中国原其悔罪，遂置不问。至三十一年，那林孛罗与白羊谷又纠庄南〔五〕，抢杀吾儿忽答，吾酋穷迫无归，因投奴寨自存。自后吾酋不返，而南关之敕书、屯寨、土地、人畜尽为奴有矣。迩年以来，奴酋自称恭顺，每以北关戕杀吾酋为口实，尚自托于存孤之义，而实以与为取，以护为吞也。在北关，觖望于南关不得，又怀伊父未报之仇，每以奴酋吞并南关谋犯内地为词。四十一年，北关又收酋逃婿卜占台而妻之以女，又悔奴酋所聘老女，转欲嫁与煖兔子把哈打儿罕，奴酋于是与北关深恨积怨，益不可解。时中国倚北关为外藩，乃主援北之议，使枪炮手成金台失、白羊谷二寨，以至奴酋大愤，兵端自此起矣。初则差男莽骨太带领马步夷人，在于靖安堡、广顺关外地方包寨，周围约四百丈。继则侵入柴河、松山、白家冲等堡，拨夷人万余耕种。又继则领夷兵进境，径驰至开原南门外河滩列营。种种跋扈，其目中宁有中国哉！已而破抚顺，夷抚安、三岔、白家冲三堡，覆清河，陷开原，再陷铁岭。在彼势若贪狼，在我御如拒虎，嗟嗟辽阳一块土，半染腥膻，宁不寒心也！盖奴酋擅貂、参之利，富强已非一日。自扑杀王兀堂，吞其地，遂南与暖阳、宽奠为邻。自扑杀阿台，吞其地，遂北与抚顺、清河为邻。自戕杀猛骨孛罗，吞其地，遂又北与开原、铁岭为邻。自擒杀金、白二酋、吞其地，而我之抚、清、开、铁城堡一空，遂近与辽、沈为邻。又兼北关既亡，东西夷虏自此合交无碍，门庭之寇，乃及堂奥矣。及今守辽、沈，须复开、铁，而后可固形势，缮甲兵，徐议征剿也。乃宽奠、镇江一带，地虽滨海，而闻乌龙江奴方造巨舰，系以长缆，万一叵测，问渡旅顺，登、莱、天津一带，实剥肤之患，可谓虏习骑不习海哉？况年来淮东海运粮储举积于此，十八万军生死系命，则安得不急屯重兵，不速简猛将〔六〕，不委任节钺文臣，而泄泄坐视也！杞人愚虑，曷胜纬恤，惟当事者筹之。

筹边纂议卷四国立北平图书馆藏明万历刻本。

明奉政大夫山西潞安府同知管理蒲州事辽海郑文彬撰。是书记历代边事，作者成明万历十八年，故于辽事尚未甚详。其卷四有招元将纳哈出两条。其第一条云："四年洪武六月，辽东卫遣人奏言，元将纳哈出据金山扰边，为辽阳患，乞益兵以备。乃遣黄俦赍书谕纳哈出。"谕略。纳哈出为满洲之祖,考清初史事者所关〔七〕,故录其第二条"元将纳哈出受降"一条于后。

二十年六月,冯胜驻师金山东北,遣蓝玉至纳哈出营,降其众。初,纳哈出分兵为三营:一曰榆林深处,一曰养鹅庄,一曰龙安一秃河,辎重富盛,畜牧蕃悉,虏主数招之不往。及是,大将军将逼之,纳哈出计无所出,乃刺吾因劝之降,纳哈出犹豫未决。胜遣指挥往谕之,纳哈出乃遣使至胜营,阳为纳款,而实觇兵势。胜遂遣玉往一秃河受其降。虏使见胜还报,纳哈出闻之,指天啧啧曰:"天不复欲我有此众矣!"遂率数百骑自诣玉纳降。玉大喜,出酒与之饮,甚相欢。纳哈出顾其下咄咄语,将脱去。时常茂在座,其麾下有解胡语者,以告茂,茂直前缚之。纳哈出大惊,起欲就马,茂拔刀砍之,伤臂不得去,耿忠遂以众拥之见胜。纳哈出所部妻子将士凡十余万,在松花河北,闻纳哈出被伤,遂惊溃。余众欲追,胜遣前降将观童往谕之,于是其众悉降。胜以礼遇纳哈出,复加慰谕,令耿忠与同寝食,遣使奏捷于京,仍奏常茂惊溃虏众,遂班师,悉以纳哈出来降将卒妻子及其辎重俱南行,仍以都督濮英等将骑兵三千为殿。是年闰六月,濮英殿大将军还,道为虏所乘,死之。初,纳哈出之降也,余众惊溃者皆窜匿。及闻大将军旋师,以其降众俱行,甚憾之,乃设伏于途,候大军过而邀之。英等后至,伏发,英猝为所乘,众寡不敌,遂见执。英绝食不言,乘间自剖腹而死。英庐州人,少以勇敢闻,累功升中军都督佥事,至是没于虏。上闻之惊悼,特赠开国辅运推诚宣力武臣,追封金山侯,谥忠襄。大将军冯胜捷奏至,上以常茂惊溃虏众,即令械送京师。

按辽疏稿六卷国立北平图书馆藏鲍氏知不足斋抄本，明广陵汪氏刻本。

明熊廷弼撰。按廷弼字飞百，万历进士。擢御史，巡按辽东，缮核军实，风纪大振，旋以事罢。杨镐丧师，复起经略辽东。自按辽时，即持守边议，至是主益坚。所至报流移，缮守具，分置兵马士卒，人心复固。以王化贞兵败论死，而化贞之诛反在其后。飞百不死于封疆，而死于门户，识者哀之。飞百赋性刚直，《明史》称其以偏性取忌，观其《自序》，可以见志。是书为鲍氏知不足斋抄本，较刻本为多，极为可珍。顷见明刻《经略熊先生全集》残本，奏议仅三卷，书牍残存五卷。抄本有李化龙序，惟《自序》则为抄本所无。此集皆飞百初次经略辽东之奏疏及与当事诸书，于辽东史料极有关系。

《自序》云：余在辽中，日每裁答中外上下各衙门书牍，不下数十道。今于其行也，检其什之二三，得五卷，付之梓氏。大都触怒任怨，与夫自用之状，其大者见之章疏，而其余略尽此牍中，盖一部罪书也。顾又思之，不触怒则众不激，众激而大家照管以应辽，怒未可少也〔八〕。不任怨则众不急，众急而上紧干办以图辽，怨未可少也。不自用，则谁为余筹？谁代余往？余筹以开众智〔九〕，余往以道众勇〔一〇〕，而有以救辽，自用未可少也。何也？以济封疆之事也。封疆之事济，而众怒、众怨与刚愎自用之名〔一一〕，皆集于一身，则齐人之所云，其所以自为，则吾不知者也。沙岭与袁公交代，偶语及此，袁公曰："子得无苦恼乎〔一二〕？"余曰："一身之害轻，封疆之利重。利择其重，害择其轻，自触之、任之、用之之时〔一三〕，已早计此矣，何苦恼之有乎!"相与一笑而别。泰昌元年仲冬初日，熊廷弼漫识。

秘书兵衡卷二、卷八国立北平图书馆藏明天启间郑思鸣刻本。

明豫章喻龙德明时撰。是书为兵家言，卷首有《授受印证师友源流》，授师如旡妙上人、浮仙人等名目，类道家者流。卷二《武策突窣》，附注云："秘谈今日急务，附有议、策、疏、条陈。"卷八为《闭户周强》，附注云："秘谈天下形势，有图。"卷二汇集丁魁楚《足饷议》、布衣臣喻龙德《拟上平夷策》、万历己未冬稿〔一四〕。《建策平夷疏》、天启辛酉夏北行草。《东征急务七条上熊大司马》。卷八有《九边全图论》《平夷指掌》《建州女直巢窟道路全图并论》。题曰《奴儿狗窟》，又曰《奴儿矢突》，骂胡人极甚，盖清乾隆间禁毁之书也。明时为明天启间义愤之士，激昂之气形容于文辞，故为兵家之言，以为灭敌之计。其言辽事之失策，由于熊廷弼之罢，其言甚当。惟其议论，时亦有书生之见。其论如曰："有人问于喻子曰'言奴儿不足惧者，子也；言我一无可恃者，又子也；何取而然?'喻子曰：'谓奴儿不足虑者，天命之在人，不在狗也。谓我一无恃者，人修之不至，未如天也。''然则哈赤之头可断乎?'曰：'吾视奴儿一种，纵百万众，可一日肉泥之，安在哈赤一羯狗头哉!'曰：'噫！异矣。以中国之大，求一偷儿剑侠无其人，况肉泥百万乎!'曰：'不然，五里之乡，千人之市，万夫之党，其中必有杰士奇人，况中国哉! 直以上格已坚，气机不下，属虽召之，必不来耳。且天朝下讨穹庐，直当布诏声罪，虽有刺客，焉用之'"云云，则直漫骂之语矣。前有《自序》及天启癸亥龚居中《跋》。《自序》空论无补，录龚《跋》一端于后。

　　龚居中《跋》云：我明之起，挞伐胡虏，若斥逐猪犬，不烦精力，故奇谋异能，不必尽见。开国尚尔，守成不异。然用兵者罕奇，而谈兵者不乏。迄自松花鼎沸，羯鼓涛惊，封豨载突于辽东，狂狗续嚎于鬼国。于是人情汹涌，士论喧腾，在朝者奏议纷飞，在野者传言绎络，无不谊同捍首，志急请缨。是皆由祖宗三百年培养人才，功深气厚，而愿忠者悉众，抒力者尽人也。戊午以来，疆场之上，中国之内，死事则有刘将军、何参政等诸大臣〔一五〕，运筹则有王尚书、孙相国等诸大臣，建言则有如邹水部之首陈清野，张侍御之申明赏罚，熊经略之力主坚持，皆烨烨嘉谟，具光典册。其缙绅绪论，草泽怀猷，或奋迹儒林，或方兴行伍。诸异人奇士，亦干时而效策，与养客而论兵者，则有岳公石蕃、何公天玉、茅君止生、吴君长卿、程君相如、陈君元石、黄君衡玉等诸人。而情最迫极而难伸，数最奇穷而莫效，只身飘然思远引于岩穴，而又不能自已，垂之至言，则惟喻子。喻子盖当今世异人也。有霁夜烈风骤雨，火光斗大，从雨中滚入母床下之异而生。生来，每梦与上天星宿游，或从孔、孟、程、朱学，或遇钟、吕等仙人谈玄，是以夙慧殊特，垂总便通天象、地舆、历律等诸方术家言。十九岁后，缘疾走麻姑、西山诸名山幽岩，访求异人，得玄功，习之三年，疾去即止，不更为。二十后，专心理学，发明程、朱，错综群书，尤嗜《易》。为诗文定关世教，不一涉风花雪月之词。所著述有邹、鲁门人《四书》旨义。此《同言藏稿》十二卷，《庖羲逸民易学大成藏稿》二十余卷，《喻子天经》《喻子书读》《书观》《书源》《书菁》《书粹》《书宗》《书余》各《藏稿》共五十余卷。《实实子古人志藏稿》十二部，徐君季衡已引其绪，为三卷，梓之。《中兴传》十二卷，钟山人梓之，仍藏板。惟此《兵衡》十三卷，实为十三种秘书，则居中所受，以示通国，有目共宝。乃付主人郑氏梓之，以为天下公。既成，主人仍使居中跋之。龚居中曰：尝道南州盖多右族〔一六〕。至问世代最绵远，人烟众多，所居为市，冠盖相续不绝，亦不骤隆，道学、节义、文章世世不乏，则高士徐孺子先生家外，称喻子家。喻子家豫章之城南，为扪膝先生后派。居忠孝，名龙德，字明时，别字实实子，号达用生，道号书隐先生，又自称古人、天下人等名。其学以实体实用为修，不好浮论。其品正直，不与人相阿。其操守极清，不妄取人一介之惠，不容非礼污与非义干。年三十，不近妇人，家止老母与仲母居。已游半天下，为其母并仲母家觅粮，然所至主人必师保奉之。诲人必悉心竭力靡遗，门第多成才。必尊过其父兄则留，不然则去之，故落落不合，不受世怜也。戊午在鲁，闻东事，即与门弟子赵生元理等议坚守以图之。及闻出师，拍案叫苦，使元理录其诸路将名，以为鬼录也。辛酉在河南，闻谕收草泽，即投笔北行，欲伏阙上书不获，书稿在集中，即《平夷疏》也。北上道中，尝一见济上熊兵尊，兵尊雅爱重之，相竟日谈，为之治行李焉。在都见熊大司马，愈器之，谓游侍御曰："是生双目炯然，精灵沈密，有用人也，可与共事。"荐之侍御，侍御诺而未从。再见于霍谏议，谏议方奉旨练兵，欲以两千人授子布阵。而谏议年例去，喻子遂从丁光三司徒公，赞饷以行。方在都时，喻子可山可海，虽投之剑林火窟，不避也，卒无一遇而返。岂必非斯文不泯，鬼神呵护，己之欲死，天实生之，以待他日之用耶？使是书者，虽未见之行事，而灯窗昧火，继日月之光，托诸空言，以俟来哲，宁不足为戡乱救民、皇王将相则耶？所谓其家世道学、节义、文章耿耿不乏者，喻子不复光前烈耶？且夫一命之不沾，而社稷是虑，何人不迂喻子。喻子固行之自如也已，奇矣！又闻其自北来，即欲留郓，丁公既挽之南。壬戌在汴，夏四月，河北大乱，遂欲孤身赴郓死，故人难而大河绝渡，噫嘻，又死而生矣。且望朋友于今，有是心者，其亦寡矣。古人志不自云乎，"此心但欲自白于天地间"。见当此之世，犹有一人焉，身之不恤而友朋是忧，斯死亦足也。噫嘻！再四读之，辄为流泪也。

武库纂略卷八、卷九、附武库九边考一卷国立北平图书馆藏明崇祯丙子刻本，别出。

明古宣张一龙云昭撰。是书记历代兵事，起黄帝以迄明崇祯末年，分年编载，尤于辽事为详，满洲之兴起，皆可于此考见。惟记至万历末年而止，天启、崇祯二朝，则题为《武备疏考》，录黄彦士、冯三元、王在晋、邹元标等关于辽事之奏疏，为清乾隆间毁禁之书。前有周镳、詹应鹏《序》《自序》及其子思琳所撰《武库纂略述》。《述》略之，意则以"文运之隆，有明最久，而武略则不过制策间问一二则，而对者不必皆详。武弁之士，又以承平久不用，率不娴熟本业，所见不远，而胆智之小因之。故侵寻至今，而潢池之变，宵旰圣明。士虽不见庸，忠孝要不可不明，此家大人《武库》之所为作也"。是云昭之书，盖以鉴于当时昧于武事，故有为而作。至周镳为复社巨子，是云昭亦社盟中人物。周《序》徒垂空言，不免标榜之习，不录。兹录《自序》于后。

《自序》云：高皇帝抚造中夏，武臣子弟悉令读书国学，以曹国公督领监事，盖将推广其才，而使文武兼资，不至守一家之言以终。故鞭挞胡虏，芟夷群寇，天兵无敌。以至于今，垂二百七十年，世享神武，而迩者则来漆室之虑焉。辽左发难，始于神庙末年，今十数稔，而东西交讧，草窃蔓延。圣天子经文纬武，听鼙思将，欲剪灭此而朝食，而应明诏者或起于章句，未娴武略。即偶一娴之将，如西楚王学书，不肯竟学，故循资代庖，不知所底。予夙拙朴无似，青衿铩羽，遽绝宾兴，而结庐松湖，啸咏自老。顾君父疥癣，不能忘情，于是历综羲皇以来诸英主硕臣，暨通经肄武之士，所以计安社稷，捍御外侮，而获有成绩者，及昭代之张皇六师，安边靖难之策，悉著之简，汰繁芜而掇纲领。书凡十卷，卷分世纪，要于颣明武略，而因略致详，则在有志当世者。刘长卿《献淮宁军李节度使》曰："家散万金酬士死，身留一剑答君恩。"予故无金可散，而是编不没，或足为答主之剑乎，惟博古君子览而裁焉。

九边破虏方略 未见传本。

明栗在廷撰。是书叙辽东边外形势及击退辽夷方略，对于明代边墙之位置考订极详，为明代辽东允确史料。目见《满洲历史地理》。

寸补三种三卷 孔德学校藏刻本，海盐朱氏藏抄本。

原题"原任辽东赞画太医院使新安陈仑记"。是书为《医按》《疏草》《辽画》《渝吟》等数种，其关于辽事者共有三种，即《疏草》《辽画》《渝吟》是也。入《禁书总目》。《寸补》前有郑三俊、吕维祺、李遇知、郝弘猷《序》，兹录郑《序》于后。

郑《序》云：予观古今济难定倾，率急奇士。然往往貌为奇耳，如啖画饼，何补人毫发事。以予观，原仲真奇士也。原仲论医医奇，论诗诗奇，论兵则兵又奇。其意气慷慨，尝欲起天下殊死之人，而并起封疆殊死之病。医辽一案，至今号为仓石、扁鹊望而却走者。读原仲《辽画》，何其策之审、言之预也。原仲三入辽，参幕府，凡虏情向背，山川险夷，道里近远，与夫士马登耗，飞挽难易之数，心识手籍，洞如观火。即言不尽行，而其已言已行者，则无一之不奇矣。曩者广宁溃败，风鹤皆惊，桓桓弁耠之流，无一人敢窥左右。原仲独携数十骑，直探虎穴，收拾遗民以归，何其壮也。此原仲之奇，奇于胆也。哗军之变，抚镇受缚，少有不讳，即成骑虎。原仲从攒锋中，抗亢立解，得不决裂，其消弭于危强者甚大。此原仲之奇，奇于功也。奴氛断区，插势已张，都邑令扬入奴炎，东实逼奴，险可捍奴，当其穷时，抚而有之，其险可有也。原之言也。事机一失，遂为奴用，乃敢烽火达于甘泉，谁贻噬脐。此原仲之奇，奇于识也。凡立功非难当机难，瞻决非难劝忠难，识务非难见远难。今天下病辽极矣，十年以往，苦无成效。原仲察微治神，其名不出于闾，今至镵肌刻肤犹不获免，而天下愈知原仲之名。自原仲归，辽事益坏，每见其激烈悲感，扪虱而谈往事〔一七〕，潸然欲泪。原仲何悲哉？悲其言之得施，未必无夫寸补也。而乃卒不得施，此《寸补》之所以刻也〔一八〕。然则辽终不可医耶？原仲曰："何为其不可医耶！邪气盛，当厚元气以胜之，邪将自退。急攻之不能，讳言攻，而爬搔推摩以护养其邪气心腹胸膈之旁〔一九〕，日炽日逼，是速之毙耳。辽之病已重矣，使今日而言抚东，东可抚乎？今日而言款奴，奴可款乎？我不可以战，犹可以守。奴鲜衣美食，已非水草腥膻之旧，何一不仰给内地。但坚守严练事之，着实一切货贿绝莫与通，奴将自困。所谓元气厚而邪气自退者也，虽殊死之病，犹可起也。外此，则我不知也。"嗟乎！今之负奇如原仲者不少，如原仲之奇而沥肝剖心可为疆场死、为知己死者，予独信有原仲耳。观其轮蹄所及，披霜斩棘之余，发为謦欬，无不淋漓悲壮，不减昔人出塞诸什，而忠恳过之，予又以见原仲之心矣。原仲非奇士哉？使原仲而得竟其奇，予且借原仲见垣补石之功，解名士画饼之诮也。《寸补》中所载《医按》《渝吟》《辽画》凡数种，小之关于性命，大之关于国家命，特论其大者，故尤重《辽画》云。时崇祯辛未嘉平朔日，年家眷生郑三俊撰。

按程将军《疏草》前，有天启癸亥鲍钊《序》、天启二年羽林右卫经历司经历程仑《奏》。附论目次，为《战守》《一权》《毛帅》《款虏》《京营》等篇。

《辽画》前，有崇祯甲戌钱谦益《序》、崇祯庚午潘维驹《序》。目录：《赍鲜》《筹辽》《宁远》《隅守》《叠阵》《论马》《膺赉》《恤灾》《粮政》《醝政》《抚虏》《陈画》《弭乱》《据金》《图说》。《隅守》《叠阵》均有图。末附崇祯辛未张兆曾撰《阅兵觉华岛记》，讨论辽事，颇中肯綮。

《渝吟》前，有崇祯癸亥宋献《序》、高阳孙钤《序》，均在渝关所作之诗也。

东事书一卷海宁赵氏藏明天启刻本。

苏门山人郭淐述。是书汇辑万历四十七年以迄天启二年与其季弟家书，及与文总督、李督饷、熊经略、上政府诸书，率讨论自开、铁、抚顺失守，以迄广宁失陷之辽东兵事。读其书，知著者曾为少詹事，掌南京翰林院事，未就。其弟则名浍，居京师，而渭则居行间，此则寄其弟之书也。其治辽之法在于选将，而集合调遣之法，则在于声应气求。如云："必得一知名宿将人心归服者以为大帅，而又择其贤豪夙著者、将家子弟、大姓有力之人为偏为裨，假以名色，以次招集，而后至亦必被招引，然后豪杰乐为效用。彼其人自能招集真正有用之兵也。"其《与熊经略书》《上政府书》言之痛切，然率多空言，无补实用。当时兵势之不振，由于兵制之坏，兵多缺额，将皆依用家丁，而兵反等虚设，其根本之计在于练兵。惟招募豪杰，非根本之策，终不免为书生之见也。前有《自序》。

《序》云：奴酋为难，日甚一日，上关庙社，下关民生，人谁不有身家性命之忧！从来应之，敢谓当事者失计，而草野陈人虑有一得，实未与符合也。始忧之，与弟私言之，既而与可与言者言之，虽亦未敢自必其言之是与未是，而忧迫于杞人之衷，不觉其言之赘也。当逆酋始发难，斯时而用辽将，招辽人为兵以言守，或者可以守。何也？奴势未张也。奴亦未即敢肆然以为恃，而我人心犹然固也。可以言守，顾言剿。四路败衄，奴始张矣，中国之宿将精兵尽矣。人畏奴如畏虎，非厚集强兵与之从事，不能御其患。所宜剿也，顾言守。用一锦衣为帅，但招辽人为兵，可以守乎？不可以守乎？既而北关并，开、铁陷〔二〇〕，事几不可为矣。简用经略，单骑出关，而所调兵马，招之市人，征之川贵，乃曰西北兵不可驭也，则亦不可驭而已。有众十余万，与无兵同，是以为祸，至有今日之惨也。夫兵，义事也；战，勇气

也；奋其死力以与敌人从事，鼓之以义也。雄杰之辈，义与气相
感慕耳。行伍以将帅为司命，其人可恃，七尺委之，如其父母，
如头目手足相捍，而安有不可驭者乎？余所谓选将而兵自集，真
正有用者，此也。招之者一人，用之者一人，所招非所用，宜乎
其不可驭也。天雄乌喙，其毒可以杀人，善医者用之，立奏奇
效，有法以用之也。今用之不有法，而狃于土司之兵，以概招西
南，而卒不讲于强弱之数，有用无用也，岂不大可虞哉？奴之不
即来，我可以有为之时也，为亦必有要说矣。余所忧者，正奴之
不即来也。比至其来，尚可为乎？古人云，不一劳，不永逸；不
有远虑，必有近忧。是以数言之，不自知其赘也。余方屏迹山
中，而言关廊庙，不知余者，得无谓余为讥为讪，则余曷敢！则
余曷敢！付之剖厥，以传诸人，期与共相谋议，同保患难而已。
书成，余为述此，适接邸报，见赍恤道臣疏云："京师闻见，与
边疆绝不相同。其所陈说，乃真情形也，而无奈闻见之不同也。"
嗟嗟，如东事，何至所谓西兵十八万，我以五百骑破之云云，则
白起畏马服，君子为将之说也。奴之狡黠每如此，而我常不逆
诈，危哉可虑也。余向者言之，然乎？否耶？天启改元辛酉秋
日，苏门山人郭淐述。

宝善堂集卷三十二至四十故宫博物院图书馆藏明天启丙寅刊本，
别出。

明黎阳王在晋明初撰。卷三十二至四十，有《复朝鲜毛总戎
防夷十要疏》《防夷察奸疏》《边情疏》《关门形势疏》《山海情
实录》等，均有关辽事之文也。

抚辽疏稿一卷国立北平图书馆藏明刻《铨垣疏稿》本，别出。

辽东巡抚东越喻安性题稿。安性著有《铨垣疏稿》，其卷三为《抚辽疏稿》。天启元年正月，由顺天巡抚丁忧后，调任巡抚辽东山海关等处提督军务，汇其抚辽疏稿为一卷，有属夷、叩关、复赏、举劾、文臣、五防、功罪诸疏，有关史事之文也。

又登莱巡抚陶朗先元晖有重复海运之举，近人辑有《陶元晖中丞遗集》，内文非专记辽事。又明长水岳和声天启二年由江西九江道，调直隶永平道，著有《餐微子集》，内有《蓟门疏草》二卷，记蓟西虏情，附其目于此。

督师奏疏十六卷国立北平图书馆藏抄本。

明高阳孙承宗稚绳撰。稚绳高阳人，万历进士，沉毅有智略，晓畅辽事。天启初，累官兵部尚书、东阁大学士。时辽阳、广宁俱破，稚绳自请以原官督理诸处军务，便宜行事。既至，修复城堡数十，练兵十一万，开屯五千顷，遣将城锦州、松山、大、小凌河，拓地二百里。魏忠贤党谗之，乞归。清兵攻高阳，城破，投缳死。《明史》有传。是书汇集少师奏疏，非全言辽事者，且中间多有缺落。少师自历行间，经略辽左，著有蜚声，惜赟志未成，阖家殉难。此奏疏为少师心血所寄，考史者所必征也。

按黄虞稷《千顷堂书目》有《孙承宗督师全书》，计《督师事宜》十八卷，《东便门纪事》一卷，《前督师纪略》十六卷，《后督师纪略》十卷，《抚夷志》十卷。

东营百八叩二卷《荆驼逸史》本〔二一〕。

明高阳孙承宗稚绳撰。目并见钱谦益撰《行状》。

袁督师遗集一卷、附录一卷《沧海丛书》本。

明东莞袁崇焕元素撰。是书为近人张伯桢所编。《沧海丛书》第一集，尚有《袁督师配祀关岳议案》一篇。

奏议记蓟辽事实一卷、辽阳二卷《皇明世法录》卷五十六，别出；《皇明世法录》卷六十、六十一。

原题"史官陈仁锡评纂"。《奏议》一卷，汇辑洪武十二年以至嘉靖奏议，内马文升及陈钺奏议颇多，足资参考。《辽阳》二卷，内题为《辽阳志原》。卷一汇辑圣制敕谕、学校碑记、《全辽总图》及海、盖、金、复诸卫图说，卷二为辽阳户口、田赋、徭役、防边、兵政，志辽东掌故，足以与《全辽志》相辅而行。

神庙留中奏疏汇要兵部类十二卷慕氏藏抄本。

明华亭董其昌玄宰辑。是书辑万历间兵部留中奏疏，玄宰《容台集》中《笔断》，可以与此相符而行。其间王象乾等奏疏，颇与辽事有关。

皇明经世文编国立北京大学藏明平露堂刻本。

明华亭徐孚远暗公、宋征璧尚木、陈子龙卧子、彭宾燕又选辑，何刚愆人参阅。是篇选有明一代经世之文，最为繁富，兹择其有关辽事之文，列之于后。

《郑端简集》，郑晓，《书辽东镇图后》，原书卷二百十七至二百十八。

《许恭襄公边镇论》，许伦，《辽东总论》，卷二百三十二。

《赵中丞奏疏》，赵伸，《筹边疏》，卷二百三十四。

《巡边总论》，魏焕，《辽东镇》《保障》《边夷》《经略》《经略总考》，卷二百四十八至二百五十。

《赵文肃公文集》，赵贞吉，《议边事疏》，卷二百五十四至二百五十五。

《王槐野存笥稿》，王维桢〔二二〕，《安边》，卷二百六十二。

《杨襄毅集》，杨博〔二三〕，《议处朵颜三卫夷种疏》，卷二百七十三至二百七十七〔二四〕。

《刘带川边防议》，刘焘，卷三百四〔二五〕。

《霍司马奏议》〔二六〕，霍冀，《辽东镇图说》，卷三百二十三〔二七〕。

《张江陵集》〔二八〕，张居正，《辽东大捷辞恩疏》、《论边事疏》、《与蓟辽总督谭二华书》二通、《与蓟辽督抚》、《答蓟辽总督王鉴川》、《又与王鉴川言边屯》等数道〔二九〕、《答蓟辽总督张居崃》，卷三百二十四至三百二十八〔三〇〕。

《王弇州文集》，王世贞，《三卫志》，卷三百三十二至三百三十五。

《汪司马集》，汪道昆，《蓟镇善后事宜疏》，卷三百三十七至三百三十八。

《漕河奏议》，万恭〔三一〕，《议处朵颜三卫事宜疏》，卷三百五十一至三百五十二。

《庞中丞集》〔三二〕，庞尚鹏，《清理辽东屯田疏》，卷三百五十七至三百六十。

《张心斋奏议》〔三三〕，张学颜，《抚辽奏议》，卷三百六十三。

《张凤盘集》，张四维，《与王鉴川论封贡书》四通，卷三百七十三。

《申文定公集》，申时行，《虏情疏》，卷三百八十至三百八十一。

《悟斋文集》，吴时来，《边务疏》《目击时艰乞破常格责实效以安边御虏保大业疏》〔三四〕，卷三百八十四至三百八十五。

《杨司农奏疏》，杨俊民，《边饷渐增供亿难继恳乞酌长策以图治安疏》〔三五〕，卷三百八十九。

《王文肃公文集》，王锡爵，《论边事疏》，卷三百九十四至三百九十五。

《宋经略奏疏》，宋应昌，《移蓟辽总督军门咨》〔三六〕，卷四百一至四百二。

《郑经略奏疏》〔三七〕，郑雒，《类报四镇虏情疏》，卷四百四至四百五。

《王太仆集》〔三八〕，王任重，《边务要略》，卷四百十三至四百十四。

《李襄毅集》，李化龙，《摘陈辽左紧要事宜疏》，卷四百二十二至四百二十四。

《李中丞奏疏》〔三九〕，李植，《请罢辽左开采疏》，卷四百二十五。

《侯给谏集》〔四〇〕，侯先春，《安边二十四议疏》，卷四百二十八至四百二十九。

《冯元成文集》，冯时可，《记边事》，卷四百三十四。

《朱文懿公文集》，朱赓，《论辽东税监高淮揭》《备陈边饷揭》〔四一〕，卷四百三十六。

《薛恭敏公奏疏》，薛三才，《请剿奴酋酌议兵食第一疏》

《第二疏》，卷四百四十三。

　　《杨宗伯奏疏》，杨道宾，《海建二酋逾期违贡疏》〔四二〕、《建酋兼并属夷凭凌属国罪状已着乞速颁文告严饬武备以遏乱萌事》〔四三〕、《海建夷贡补至南北部落未明谨遵例奏请乞赐诘问以折狂谋疏》，卷四百五十三。

　　《李文节公文集》，李廷机〔四四〕，《九边屯政考》，卷四百六十。

　　《陈学士集》，陈懿典，《筹边移稿》，卷四百六十五。

　　《宋都谏奏疏》〔四五〕，宋一韩〔四六〕，《边防难于宣大急于蓟镇敬陈末议以备圣明采择疏》〔四七〕、《直陈辽左受病之原疏》，卷四百六十七。

　　《来禽馆文集》，邢侗，《东事策》、卷四百六十八。

　　《熊经略集》，熊廷弼，卷四百八十至四百八十二。

　　《丘少鹤集》〔四八〕，丘禾嘉，《备陈辽事疏》，卷四百八十五。

　　《徐文定公集》，徐光启，《拟上安边御房疏》《复熊芝冈经略》二通，卷四百八十八至四百九十三〔四九〕。

　　《左宫保奏疏》，左光斗，《题为急救辽东饥寒事疏》，卷四百九十五。

　　《姚宫詹集》，姚希孟，《建夷授官始末》，卷五百一。

　　《宋幼清集》，宋懋澄，《东师野记》《东征记略》，卷五百二。

　　《李□□奏疏》，李棠，《经略边务疏》，补遗卷一。

　　《吴□□奏疏》〔五〇〕，吴仲，《预处边储以图治安疏》〔五一〕，补遗卷三。

原书卷帙浩繁，兹据《目录》录其篇名、卷数，以便检查焉。

以上筹辽诸书

襄平先生幽愤录八卷 海盐朱氏藏原刻本。

明辽阳佟卜年八百撰。按卜年被杜茂、李永芳、李春菲所诬私通建州，被罪自裁，作《幽愤录》以见意。孟森《清朝前记》上篇云：《明史·王纪传》〔五二〕："有千总杜茂者，赍登莱巡抚陶朗先千金，行募兵。金尽而兵未募，不敢归，返蓟州僧舍，为逻者所获，词连佟卜年。卜年辽阳人，举进士，历知南皮、河间，迁夔州同知，未行，经略廷弼荐为登莱监军佥事。逻者榜掠，茂言尝客卜年河间署中三月，与言谋叛，因挟其二仆往通李永芳。行边尚书张鹤鸣以闻。鹤鸣故与廷弼有隙，欲借卜年以甚其罪。朝士皆知卜年冤，莫敢言。及镇抚既成狱，移刑部，纪疑之。时纪为刑部尚书，以问诸曹郎。员外郎顾大章曰：'茂既与二仆往来三千里，乃拷讯垂毙，终不知二仆姓名，其诬服何疑。卜年虽非间谍，然实佟养真族子，流三千里可也。'纪议从之。逻者又获奸细刘一巘。忠贤疑刘一燝昆弟，欲立诛一巘与卜年，因一巘以株连一燝。纪皆执不可。潍遂劾纪护廷弼，缓卜年等狱，为二大罪。帝责纪陈状，遂斥为民。以侍郎杨东明署部事，坐卜年流二千里。狱三上三却。给事中成明枢、张鹏云、沈惟炳，卜年同年生也，为发愤，摭他事，乃连劾东明。卜年获长系，瘐死，而东明遂引疾去。纪既斥，大学士叶向高、何宗彦、史继偕论救，皆不听。后阉党罗织善类，纪先卒，乃免。"是书内容为自撰《幽愤先生传》《鸣冤疏》《鸣冤揭》《鸣冤再揭》《槛车咏》等，前有钱牧斋、周亮工《序》，余均题跋。钱牧斋《有学集》中，有《明故山东登莱监军道按察司佥事佟公墓志》及《幽愤录序》。兹将钱氏所撰之《序》抄录于后。

钱《序》云：佟氏《幽愤录》者，故登莱佥事观澜佟公当绝命时，自著《幽愤先生传》，其子今闽抚思远并出其对簿之揭，与槛车之诗，集录以上史馆者也。东事之殷也，江夏公任封疆重寄，一时监司将吏，皆椓言蜡貌，不称委任。江夏按辽时，佟公为诸生，与同舍杨生昆仁筹边料敌，画灰聚米，慨然有扫犁之志。江夏深知之，以是故号咷呼援以助我。而公自以世受国恩，谙知辽事，盱衡抵掌，乐为之用。当是时，抚、清虽燔，辽、沈无恙。以全盛之辽，撼新造之胡。以老熊当道之威，布长蛇分应之局。鹬蚌未判，风鹤相疑。传箭每一日数惊，胡虏或一夕再徙。公将用辽民守辽土，倚辽人办辽事，赦胁从，招携贰，施钩饵，广间谍。肃慎之矢再来，龙虎之封如故。经营告成，岂不凿凿乎其有成算哉！天未悔祸，国有烦言。奸细之狱，罗钳于前；叛族之诛，瓜蔓于后。公既以狱吏膊书，衔冤毕命，驯至于一误再误，决河燎原，辽事终不可为矣。呜呼！批根党局，假手奄宦，借公以螫江夏，又因江夏以剪公。此能人要路所为，合围掩群，惟恐或失者也。杀公以锢佟氏之族，锢佟以绝东人之望。于是乎穹庐服匿之中〔五三〕，望穷区脱；椎结循发之属〔五四〕，目断刀环〔五五〕。翕侯、中行说之徒，相率矫尾厉角，勠力同心，以致死于华夏。坚胁从之心胆，广内讧之羽翼，失招抚之大机，破恢复之全局，盖自群小之杀公始。此则操刀推刃者，懵懵不自觉，而世之君子，亦未必知其所以然也。国家当白山作难，人主旰食，中外震惊。惟是秉国成、参庙算者，用是以快恩仇，恣刭决。岐口沓舌，张罗设械。巧于剪外人之所忌，而精于弭敌国之所短。画庙社于一墙，委人主为孤注。河东之司命，遥寄于柄臣之门；关外之师期，克定于狱吏之手。如公之死，不死于丹书，不死于西市，而死于仿佛错莫诞漫不可知之口语。迄于今藏血久碧，墓草再陈，山川陵谷，俯仰迁改，而卒未知坐公死者为何法，责公死者为何人。天不可问，人不可作。有鬼神构斗其间，而公与国家，并受其害，可胜痛哉！公绝命之词曰："数实为之，天王圣明。"衔刀仰药，怨而不怼，有余忠焉。思远间关苦块，泣抱遗文，负延祖之忠，而抱伟元之痛，犹前志也。嗟乎！云台未圮，伏波之子，关草索以上书；天水犹存，相台之孙，吁《金柅》而辩诬。今者乌屋谁瞻？鹤表安仰？羽林有死事之孤，而纶綍无肆赦之诏。此思远之所以仰天擗地，茹血饮泣，而不能自解者也。余读《幽愤录》，涕泪渍纸，不自知其无从。乃窃取公羊子之义，书其后曰："于观澜见忠臣之至，于思远见孝子之至。"又为大书特书，谂于后之谋国者曰："前鉴不远，尚慎旃哉！"

冒爵辨真一卷《颂天胪笔》刻本，别出。

不知撰人名氏。明天启时，言辽东边事者，必谓厂臣壮猷神算。即边臣归功，不曰秘授方略，则曰厂臣发纵。天启六年，奴酋攻宁远，袁崇焕以西洋大炮攻败之，崇焕仅晋巡抚，而魏当则晋上公。是书记其事颇详。惟云奴酋疽发背死，则与后人所云是役被创死者异也。

督师纪略十六卷高阳李氏藏旧抄本。

明定兴鹿善继、归安茅元仪、忻州杜应芳纂。按鹿善继字百顺，为清初硕儒。茅元仪字止生，号石民，所著有《石民四十集》等书。应芳待考。均为佐高阳之幕者。是书记天启壬戌正月广宁不守，高阳奉命督师事。

章炳麟《序》云：《高阳孙少师督师全书》一百卷，见《明·艺文志·杂史类》。此《督师纪略》十六卷，则幕府鹿善继、茅元仪等所为也。《明志》未录，而乾隆《销毁书目》有之。世久无传者，蒲圻但焘于肆中偶得写本，上有识语，"房"写作"卢"，"奴"写作"如"，"奴酋"写作"如酋"，于清讳"胤"字不缺笔，知顺治、康熙间人所录也。《明史·孙承宗传》载其经画，阙略不周，且云："度彼之才，恢复固未易言，今专任之，犹足以慎固封守。"不知高阳乃主战最力者，特知广宁不足图，而欲固据右屯，南取金、复、海、盖四卫，以入房军，非徒以城宁远为功也。鹿善继移书台省，称："东奴赭地歼人，筑边拒河，斥堠刁斗，防我甚于我之防彼。"本书第十四卷称："奴得辽阳，即择形势，于代子河北城，甚坚固，其珍异子女皆畜之。及公渐东，奴惧，遂毁其宫室，而北徙于沈阳，止以五百人为守。奴自筑宫于沈阳瓮城，不就，又惧袭之，渐运珍异于老寨。又营城于抚顺关塞外，渐思通。若使高阳不去，奴直稽颡款塞尔，何不能恢复云尔。"乌乎！不得本事，无以知列传之谬也。高阳才量实过于熊飞百，然是书过抑飞百，则为偏辞。或善继牢信东林之由耶。民国十三年冬，章炳麟。

后督师纪略十卷海盐朱氏藏旧抄本。

明定兴鹿善继、忻州杜应芳纂。前有鹿氏《自序》。关于高阳之著述，钱谦益《孙公行状》云："有《文集》一百卷、《奏议》三十卷，兵火之后，茅元仪得之颓垣败屋中，南参赞范景文刻而传之。别有《督师全书》一百卷、《督师事宜》十八卷、《车营百八扣》一卷、《历官旧记》四卷、《抚夷志》十卷、《高阳县志》十四卷，惟《中官志》若干卷未就。《前督师纪略》十六卷、《后督师纪略》十卷，定兴鹿善继所辑，于公之行事，为得其大者。"与《千顷堂书目》所引略有出入，附记于此。

高阳太傅孙文正公年谱五卷明崇祯间刻本，清修补本。

高阳孙铨编辑，容城孙奇逢订正。是书为文正公嗣铨倚庐所编。铨随文正公，自儒生以至台辅，四十余年，一生出处，知之独详。文正公阖门就义，铨系官山东，独免于难。故为公谱，甫成八百余页，未完而卒。其孙之藻，请孙征君夏峰足成之。前有孙奇逢、陈守创、浦湘《序》〔五六〕，之藻《跋》，及诸家《像赞》，元孙尔然《赘言》。是书康熙间板已残缺，元孙尔然为修葺之。

孙奇逢《序》云：按公长君高苑令铨读礼三年，泣血茹苦，编次成之，未及授梓，而高苑君没。高苑次子之藻访余渥城，谓："兵燹之后，先少师年谱已多遗失，并钱牧斋所状亦未得存，言念及此，寸心如焚，中夜起坐。"余曰："牧斋以状付余，固恐其有遗失也，已存副本于笥中矣。"之藻喜谓："少师复作。"因出高苑君所为谱，嘱余订之，并谱其缺。余卒业，至遗失处，掩卷叹息。常于鸡鸣夜清时，追忆生平所见所闻，再采牧斋所撰述，令博儿录之，得若干卷。公之生平大节，炳如日星，至其纤

悉周折，语言颦笑，皆为精神所寄。高苑君所谱，子孙当敬守
之，不可令再有疏失也。都南文集之刻，茅止生卖水田二顷，为
公了此。甫竣，遂杂荆薪，供军旅之一爨。噫！造物者岂忌公宣
泄之太尽耶？

**特进光禄大夫左柱国少师兼太子太师兵部尚书中极殿大学士
孙公行状**《牧斋初学》卷四十七，别出。

虞山钱谦益牧斋撰。是编较《明史》为详。

孙高阳前后督师略一卷《荆驼逸史》本。

泉州蔡鼎撰。按鼎尝从戎高阳幕中，记督师事，当有可取之
处。李慈铭《越缦堂日记》：鼎隆武中用为军师，见《行朝录》
《所知录》等书，皆谓其妄习术数，自请督师，一战而败。然
《黄漳浦集》有疏，荐之甚力。

孙恺阳先生殉城论一卷《海甸野史》本，《荆驼逸史》本。

泉州蔡鼎撰。是书论高阳殉难事，书仅二页，实无创见。
《海甸野史》本"丑""奴"等字均加涂抹，知为旧本。

荆溪卢司马殉忠实录一卷《荆驼逸史》本。

荆溪许德士雪城撰，胞弟卢象观功哲订。按司马名象升，字
建斗，宜兴人。天启进士，官至右佥都御史，治郧阳，治盗有
声。会京师警，召入卫。时建斗名虽督天下之师，实不及二万。
师次蒿水桥，与清兵遇，战败死，谥忠肃。《明史》有传。是书
记其事，末附《戎车日记》《卢公遗事》。

袁督师计斩毛文龙始末一卷《荆驼逸史》本。

明兴化李清映碧撰。按清字心水，号映碧。明崇祯进士，官
至大理寺左丞。著有《三垣笔记》等书。是书记崇祯二年袁崇焕

杀毛文龙事。自文龙死，部将耿仲明、孔有德等多降入清，卒失辽东屏蔽，为明计未为得也〔五七〕。

毛大将军海上情形一卷日本内阁文库藏写本。

不知撰人名氏。目见《内阁文库目录》。傅沅叔先生增湘《东西京私家观书记》云："抄本，有天启癸亥天都汪汝淳题跋，封面题'由庚堂梓'〔五八〕，据云自内府抄出者。"

围城日录不分卷二册海盐朱氏藏《明季野史汇钞》本。

不知撰人名氏。是书记清师围辽事，前有《序》，谓闲借毛生记围中日迹，而书以弁之。尚有毛霖《平叛记》二卷、谢三宾《视事记略》一卷、高监护《东征记》，均记崇祯四年李九成攻围莱州事。非记清初史事，附其目于此。

以上记一人或记一事之书

辽东传

不知撰人名氏。《明史》卷二百五十九《熊廷弼传》云："会冯铨亦憾廷弼，与顾秉谦等侍讲筵，出市刊《辽东传》，潜于帝曰：'此为廷弼所作，希脱罪耳。'帝怒，遂以五年八月弃市，传首九边。"然则此亦谤书也。

四夷考一卷

明杨公饶翘卿撰。王在晋《宝善堂集》卷十三《四夷考序》：吾年友翘卿杨公饶为之公，尝治兵西陲〔五九〕，大展云中筹略，以上功晋秩。今且控越海之三郡，而两要区屹然借保障也。东西之观，躬跻之矣。国家承平日久，武备阔略。公时时蒿目，以忧边计，乃纂《四夷考》，以志先忧。凡熄齿枭晌之邦，韦韝毳幕之长，以至山川阻深、隔阂声教者，靡不别其种类，肖其风俗，悉其所为。制驭之策，余因是而获，穷无穷、极无极也。

留史

镇海涂伯案虞卿撰。按孙某撰《明遗民录》，卷二十四云：伯案字虞卿，仲吉字德公，漳州镇海卫人，通政一榛子也。壬午，伯案举于乡。甲申变闻，兄弟谋勤王师，当事者不之许。及隆武帝驻跸天兴，授仲吉御史，并征伯案，谢不往。闽事败，仲吉祝发于厦门，郁郁呕血卒。伯案乃栖止文山之阳，搜罗旧闻，详具君臣行事本末，以推见治乱所由，其大者《留史》《授命录》。《留史》者言辽事，《授命录》则记两都殉节之臣。

燕市杂诗

不知撰人名氏。据《剿奴识撮跋》，为于燕芳记萨尔浒之战〔六〇〕，吊阵亡将士之诗也。刻在《宝颜堂秘笈》中，惜未见。

边事小记

明周文郁撰。

辽筹

明张鏞撰。

兵略

明陈象明撰。

策衡

明茅维撰。

辽记附述

明王在晋撰。

谈兵略

明戴日昭撰。

边政纪略

明郑廷祚撰。

恢辽局势

明徐尔一撰。

行边疏草

明王之臣撰。《浙江省查办奏缴应毁书目》又有《督师疏草》一书。

按辽奏疏

明方震孺撰。

经略疏稿

明王在晋撰。

辽事颠末

明方震孺撰。此书亦见于黄虞稷《千顷堂书目》。

辽东奏议

明李化龙撰。

兵镜

明吴若礼撰。

评辽续记

评辽纪要

明王在晋撰。

筹兵药言

明曹飞撰。

夷俗记

明萧大亨撰。

复辽砭呓

明茅元仪撰。

安边书

明庞鸣书撰。

明女直志

明刘叔夏撰。

按辽疏稿

明何尔健撰。

按辽疏稿

明王雅景撰。

时务体要

明颜季亨撰。疑为谭辽东兵事之书。

张铨奏疏

明张铨撰。

议略

明叶有声撰。

兵录

明何汝宾撰。

建州考

明吴继仕撰。

登辽记事

明金陵余五化撰。

夷考

天柱野人撰。

时务菀鸿集

辽谚

世祖章皇帝谕宏觉师数条

以上三书不知撰人名氏。右目见《禁书总目》。

边垣图迹记

明胡思绅撰。

济时策

不知撰人名氏。

安边书

明庞书鸿撰。

兵镜

邓偶樵辑。右目见《应缴违碍书目》。

中边图制考

明宛陵仙克谨撰。此书叙论辽事。

全辽考

明宛陵仙克谨撰。此书叙论全辽边境险隘情形。

谏垣疏草

明李清撰。此书《奏疏》及《杂著》内叙论辽事。

虏部系考

明仙克谨撰。

武备全书

明潘康纂。

九边图论

明许论撰。

督戎疏纪

明豫章李守镝撰。

蓟辽奏议

明天津刘焘撰。所论皆嘉靖、隆庆年间边事。

边防

万历时奏疏诸涉边事。

平夷录

明赵辅撰。

兵机类纂

明云间张龙翼撰。苏州图书馆藏有明刻本，惜未览其内容，姑附于此。

兵录

明吴郡何汝宾撰。右目见《奏缴咨禁书目》。

辽左六忠述二卷一册

明何如召序次。目见《栋亭书目》。

御虏安边策一卷

明张铉撰。目见薛福成《天一阁见存书目》。

辽左失地记略二册

不知撰人名氏。目见徐乾学《传是楼书目》。

辽事颠末一卷

明方震孺撰。

辽邸纪闻一卷

明钱希言撰。

辽事备考一卷、辽事略一卷、漏居寓言一卷、九十九筹一

卷、时务体要二卷

明顾季享撰。

筹辽末议

朱祖文撰。右目见黄虞稷《千顷堂书目》。按以上诸书，皆征诸书目，存亡未卜。然挽近禁书日出，则此诸籍或仍在天壤间，按籍而索，当不难致之也。

以上存目待访之书

阿什哈达摩崖刻石

据《吉林通志·金石志》，字四行，多刓缺，在吉林城东十二里江边，其文如左：

奉天遣兴孔兵马阵前将军辽东都司都指挥使刘书。

丁未十八年领军至此。

洪熙元年领军至此。

□□七年领军至此。

《通志》云：考洪武以后，洪熙以前，两遇十八年，皆非丁未。"丁未"，疑为"永乐"之剥文。考《明史》，洪武二十六年，辽东都指挥使司奏，朝鲜招引女直五百余人，欲入寇。盖洪武、永乐间，尝用兵于女直，故领军者得以至此也。日人内藤湖南博士亲见拓本，更定其文如左：

钦委造船总兵官骠骑将军辽东都司都指挥刘清，第一行。

永乐十八年领军至此。第二行。

洪熙元年领军至此。第三行。

宣德七年领军至此。第四行。

□□设立龙王庙宇□□□年□□。第五行。

宣德七年重建。第六行。

宣德七年二月吉日。第七行。

原碑七行，《吉林通志》误作四行。其按语大半无甚价值，但此碑在奴儿干《永宁寺碑记》以前，考而订之，于史事当有所补益也。右文据日人内藤湖南《近获二三史料》一文，译其大要于此。

明奴儿干永宁寺碑

碑文：

《敕修奴儿干永宁寺碑记》

伏闻天之德高明，故能覆帱；地之德博厚，故能持载；圣人之德神圣，故能悦近而服远，博施而济众。洪惟我朝统一以来，天下太平，五十年矣。九夷八蛮，□山航海，骈肩接踵，稽颡于阙庭之下者，□莫枚举。惟东北奴儿干国，道在三译之表。其民曰吉列迷，及诸种野人杂居焉，皆□□慕化，未能自至。况其地不生五谷，不产布帛，畜养惟狗或野□□□□□□□□物□以捕鱼为业，食肉而衣皮。如弓矢诸般衣食之艰，不胜为言。是以□法女直国□□□恐□□□矣。□□而未善。永乐九年春，特遣内官亦失哈等，率官军一千余人，巨船二十五艘，复至其国，开设奴儿干都司□辽、金时□□故业。□□□□□今日复见而□矣。□上□朝□□□都司□余人□□□印信□□衣服□□布钞□□而□依土立与□□收集□部人民，使之自相统属。十年冬，□命中官亦失哈等载至其国，□海西抵奴儿干及海外苦夷诸民，赐男妇以衣服器用，给以谷米，宴以酒食。□□□欢忻，无一人梗化不率者。□□□□□□择地而建□，柔化斯民，使知敬顺。

□□□相□之□十一年秋，卜奴儿干西，有站满泾之左，山高而秀丽。先是，已建观音堂于其上。今造寺塑佛，形势□雅，粲然可观。国之老幼，远近济济争趋，□□高□□□□威□永无厉疫而安□矣。既而曰："亘古以来，未闻若斯朝民之□□□上忻下至吾子子孙孙臣服，永无□意矣。"以斯观之，万方之外，率土之民，不饥不寒，欢□感戴矣。尧、舜之治，大□□□不过九州之内。今我□□□□□□□蛮夷戎狄，不假兵威，莫不朝贡内属。《中庸》曰："天之所覆，地之所载，日月所照，霜露所坠，凡有血气者，莫不尊亲，故曰配天。"正谓我朝□□□诚无息，与天同体，□无尚也。□盛□故为文以记，庶万年不朽云尔。

永乐十一年九月□□日。

张童儿、张定安，镇国将军都指挥同知张旺，抚总正千户王迷失帖、王木哈里。□□卫指挥失秃鲁苦、弟秃花哈、妻叭嘛，指挥彻里、□□、王谨。弗提卫指挥佥事秃称哈、母小彦。男弗提卫千户纳兰以下不明。千户吴者因帖木儿、宁□、马兀良哈、朱诚、王五十六、□□、黄武、王□君、□以下不明。百户高中、刘官永奴、孙□、□得试、奴□□、李敬、刘赛因不花、傅□、□□里帖木□、韩□、张甫、金□、□原、高迁、叶胜、□□以下不明。赵锁古奴、王官音保、王阿哈纳、崔三、鬼三、□□、康速合、阿卜哈、哈赤白、李道安、□道、阎三，总旗李速右以下不明。所镇抚王溥、戴得贤、宋不花、王速不哈、李海赤、高歹都、李均美，都事席□，医士陈恭、郭□，总吏黄显、费□。监造千户金双顶。撰碑记行人铜台邢枢。书丹宁宪。书蒙古字阿鲁不花。书女真字康□。钻字匠罗泰、安来降。快活城安乐州千户王儿卜、木答兀。卜里哈卫镇阿古里、阿剌卜，百户阿剌帖木□纳，所镇抚赛因塔、把秃不花、付里住、火罗孙。自在州千户□剌□哈弗□的、阿里哥出，百户满秃。木匠作头石不哥儿、金卯白、揭英。妆塑匠方善庆、宋福。漆匠李八回。□匠昔三儿、史信郎。烧砖瓦窑匠总旗熊闰。军人张猪弟。泥水匠王六十、张察罕帖木。都指挥同知康旺，都指挥金事王肇舟、佟答剌哈，经历刘兴，吏刘妙胜。

《重建永宁寺□□》

□天之高覆，四时行，万物生焉；地之厚载，二气合，万物育焉；□人至德，五常明，万姓归焉。□故□□仁昭而□□□所化□无为而治，□□□□□者。恭惟我朝，布德□□□而逾明，□□□□□□久矣。□□蛮夷戎狄，闻风□□而朝□贡者，络绎不绝。惟奴儿干国，□□□之表，道□余里，人有□□□野人吉列迷、苦夷，□重译莫晓其言，非威□□□其心，非□舟□□其地，□□□□□其居。风俗之□，弗能备述。洪武间，遣使至其国而未通。永乐中，上命内官亦失哈□□□□大航五至其国，抚谕□□，设奴儿干都司，其官□□□斯民□□□捕海青方物朝贡，上嘉其来服，□给赏□□还之。

朝廷□□□□□命□使柔化之。十一年秋，择地满泾之左创寺〔六一〕，国民所观□□□曰□□□亘古以来，未有□此□□也。宣德初，复遣太监亦失哈部众再至，以下不明。圣天子与天同体，明如日月，□德之□□□□□□□之，其民□服，且整饰佛寺，大会而还。七年，上命太监亦失哈同都指挥康政，率官军二千、巨舡五十□至，民皆如故。独永宁寺□□基址有焉，究□□其□人吉列□□□者，皆悚惧战栗，忧之以戮。而太监亦失哈等体皇上好生□逸之意，深加□□，斯民谒□□，宴以酒食，□□□愈抚□。于是人无老少，踊跃欢忻，咸啧啧曰："天朝有□□之居，乃有启处之方，我属无患矣。时从□□□□□敢不优□。"遂委官重造，合工塑佛，不费而□，华丽典雅，复胜于先。国人无远近皆来顿首□曰："我等臣服，□无疑矣。"以斯观之，此我圣朝□□□□道高尧、舜，存心于天下，加意于□民，使八□四裔，□士万姓，无一饥寒者。其太监亦失哈、都指挥康政，□能□仁厚德，政治普化，□□□夷□□□□伟欤懋哉！正□圣主，布德施惠，非求报于百姓也；郊望禘尝，非求报于鬼神也。山致其高，云雨兴焉；水致其深，蛟龙生焉；君子致其道德，而福禄归焉。是故有阴德必有阳报，有隐行必有昭名，此之谓也。故为文记万世不朽云。

大明宣德八年癸丑岁季春朔日立。

钦差都知监太监亦失哈，御马监左少监三命内官范桂、□□、阮落、□蓝、阮通、给事中□旦。

辽东都司都指挥康政，指挥高勣、崔源、高□、李□以下不明。金宝、金□、崔越以下不明。

高□、□□、马旺、黄督、马□中间不明。医士□□以下不明。

□□、王□、□春、陆□以下不明。

海西□□等卫指挥木答兀哈、弗家奴、李希塔、木兀花□、□□□剌木兀哈以下不明。

以上不明。周□、□□、金海、王全、□□、群英□□，通事百户康安。书丹□□张竞。

　　画匠□升、孙义。木匠□成。石匠□□、余海。泥水匠□□。铁匠雷遇春以下不明。

　　□□□都指挥康福、王肇舟、佟胜，经历孙□，吏刘观。

　　右录碑文，用日人内藤湖南以照相三种、拓本二种校订本移录，较《吉林通志》及《黑龙江志稿》所载，字逾倍数。按彭孙贻《山中闻见录》卷九《女直考》云：

　　　　建州于女直为最强。永乐元年，遣行人邢枢招谕奴儿干诸部野人酋长来朝，因悉境附。九年春，遣中使治巨舰、勒水军江上，召集诸酋，縻以官赏，于是康旺、佟答剌哈、王肇舟、琐胜哥四酋率众降，始设奴儿干都司。自开原东北，至松花江以西，置建州、毛怜、塔山等卫一百八十四，兀者等所二十，官其酋为都指挥、千百户、镇抚，赐敕印，各统分部。复置站、地各七，寨一，不领于卫、所。令岁以冬月，从开原入朝贡。唯野人女直僻远，无常期。诸部愿内附者，开原设安乐州，辽阳设自在州处之。已，又为海西、建州立马市开原，岁时赐予甚厚。

　　此碑建于永乐十一年，遣行人邢枢招谕以后所立，惟中土久湮。清光绪十一年，东海诸部已为俄人所有，时曹廷杰奉命侦察西伯利亚之东边情形，著有《西伯利亚东偏纪要》一书，记其事云：

　　　　庙尔之上黑龙江附近一带。二百五十余里，混同江之东岸特林地方，有石爆壁立江干，形若城阙，高十余丈。上有二明碑,一刻《敕建永宁寺记》,一刻《宣德六年重建永宁寺记》,皆太监亦失哈记述征服奴儿干及海中苦夷之事。说者咸谓明东北边疆,尽于铁岭、开原。今以二碑证之,其说殊不足据矣。苦夷,即苦兀、库叶之转音也。

按曹氏又云:"敕建永宁寺碑阴有二体文字,两旁有四体字碑文,惟'唵嘛呢叭喃吽'六字可以认识,其余五体均不能识。"又吴大澂《皇华纪程》有一条记其事,且录其碑中诸体之书,定为唐古忒文,且谓非明刻,其说非允。明代之征辽东,实为自唐以后用事东北最大武功,有此二碑,始可证明。日人内藤博士著有《明东北疆域辨误》《奴儿干永宁寺二碑补考》二文,考证綦详,且引《明实录》等书以证明其事。文载《读史丛录》中,可资参考也。

以上明代刻石

以上明人记载之属。

〔一〕"为"下,底本衍"以"字,今据文意删。

〔二〕"食",底本脱,今据《筹辽硕画·自序》补,台北新文丰出版公司一九八九年《丛书集成续编》影印明万历刻本。

〔三〕"住牧",底本作"任收",今据《筹辽硕画·舆图说》改。

〔四〕"东",底本作"束",今据《舆图说》改。

〔五〕"纠",底本作"料",今据《筹辽硕画·东夷奴儿哈赤考》改。

〔六〕"速"，底本作"遄"，今据《东夷奴儿哈赤考》改。

〔七〕"关"，底本作"闻"，今据《勘误表》改。

〔八〕"怒"，底本作"怨"，今据熊廷弼《经辽疏牍·自序》
改，《四库禁毁书丛刊》影印清光绪湖北通志局刻本。

〔九〕"智"，底本脱，今据《自序》补。

〔一〇〕"道"，底本作"遵"，今据《自序》改。

〔一一〕"与"，底本作"兴"，今据《自序》改。

〔一二〕"得"，底本作"行"，今据《自序》改。

〔一三〕"任""用之"，底本作"作""用时"，今据《自
序》改。

〔一四〕"稿"，底本作"编"，今据《秘书兵衡》卷二改，《四
库禁毁书丛刊》影印明天启郑大经刻本。

〔一五〕"大"，底本重文，今据文意删。

〔一六〕 "右"，底本作"古"，今据《秘书兵衡·龚居中
跋》改。

〔一七〕"谈"，底本脱，今据《勘误表》补。

〔一八〕"所"，底本作"取"，今据《勘误表》改。

〔一九〕"腹"下，底本衍"胃"字，今据《勘误表》删。

〔二〇〕"开铁"，底本作"铁关"，今据《东事书·序》改，
《中国野史集成》影印《玄览堂丛书》本。

〔二一〕"逸"，底本作"佚"，今据下文改。

〔二二〕"桢"，底本作"贞"，今据《皇明经世文编》卷二六
二改，《四库禁毁书丛刊》影印明崇祯云间平露堂
刻本。

〔二三〕"博"，底本作"溥"，今据《皇明经世文编》卷二七三改。

〔二四〕"至二百七十七"，底本脱，今据《皇明经世文编·目录》补。

〔二五〕"卷三百四"，底本脱，今据《皇明经世文编》卷三〇四补。

〔二六〕"议"，底本作"疏"，今据《皇明经世文编》卷三二三改。

〔二七〕"二十三"，底本作"二十二"，今据《皇明经世文编》卷三二三改。

〔二八〕"江陵"，《皇明经世文编》卷三二四作"文忠公"。

〔二九〕"川"，底本脱，今据《皇明经世文编》卷三二七补。

〔三〇〕"三百二十四"，底本作"二二四"，今据《皇明经世文编》卷三二四改。

〔三一〕"万"，底本作"葛"，今据《皇明经世文编》卷三五一改。

〔三二〕"集"，《皇明经世文编》卷三五七作"摘稿"。

〔三三〕"议"，底本作"疏"，今据《皇明经世文编》卷三六三改。

〔三四〕"效""大"底本作"政""文"，今据《皇明经世文编》卷三八四改。

〔三五〕"供""难"，底本作"俱""虽"，今据《皇明经世文编》卷三八九改。

〔三六〕"咨"，底本脱，今据《皇明经世文编》卷四〇二补。

〔三七〕"疏"，底本作"议"，今据《皇明经世文编》卷四〇
四改。

〔三八〕"仆"下，底本衍"寺"字，今据《皇明经世文编》
卷四一三删。

〔三九〕"中丞"，底本作"侍御"，今据《皇明经世文编》卷
四二五改。

〔四〇〕"集"，《皇明经世文编》卷四二八作"奏疏"。

〔四一〕"淮"，底本作"准"，今据《皇明经世文编》卷四三
六改。

〔四二〕"朝违"，底本作"胡达"，今据《皇明经世文编》卷
四五三改。

〔四三〕"事"，底本作"疏"，今据《皇明经世文编》卷四五
三改。

〔四四〕"机"，底本作"玑"，今据《皇明经世文编》卷四六
〇改。

〔四五〕"疏"，底本作"议"，今据《皇明经世文编》卷四六
七改。

〔四六〕"韩"，底本作"翰"，今据《皇明经世文编》卷四六
七改。

〔四七〕"末"，底本作"主"，今据《皇明经世文编》卷四六
七改。

〔四八〕"少鹤集"，《皇明经世文编》卷四八五作"中丞奏
疏"。

〔四九〕"三"，底本作"二"，今据《皇明经世文编》卷四九

三改。

〔五〇〕"奏"，底本脱，今据《皇明经世文编》补遗卷三补。

〔五一〕"处"，底本作"备"，今据《皇明经世文编》补遗卷三改。

〔五二〕"王纪"，底本作"五代"，今据《勘误表》改。

〔五三〕"服"，底本作"眼"，今据《牧斋有学集》卷一六《幽愤录序》改，上海古籍出版社一九九六年标校本。

〔五四〕"区脱椎结循发"，底本缺六字，今据《幽愤录序》补。

〔五五〕"刀"，底本作"刁"，今据《幽愤录序》改。

〔五六〕"创"，底本作"剑"，今据《高阳太传孙文正公年谱》改，北京图书馆出版社一九九六年《北京图书馆藏珍本年谱丛刊》影印本。

〔五七〕"计"，底本作"纪"，今据《勘误表》改。

〔五八〕"由"，底本作"申"，今据《勘误表》改。

〔五九〕"陲"，底本作"垂"，今据《勘误表》改。

〔六〇〕"燕"，底本作"敔"，今据《勘误表》改。

〔六一〕"创"，底本作"劫"，今据《敕修奴儿干永宁寺碑记》改。

卷　五

清代官修及近人纂辑之书

皇清开国方略三十二卷、卷首一卷 《四库》本；清乾隆内府刊本，板本极大；铅印本。

清乾隆五十一年大学士阿桂、梁国治、和珅等奉敕撰。按是书之取材，多本于《实录》《老档》。《实录》修于清天聪三年，其后一改于康熙二十四五年年间，再改于乾隆四年，事实已失其真。此为乾隆五十一年所修，以全失其本来面目之《实录》为根据，则其相信之处益少矣。是书卷首曰《发祥世纪》，次为太祖八卷，太宗即位以至世祖未入关以前，为二十四卷。编年纪月，列目提纲，专纪清开国事，兹录其御制《序》之大略，以见一斑云尔。《四库总目·史部·编年类》有《提要》一则，纯为颂扬之词，不录。

乾隆御制《序》略云：有元兴于北漠，我大清兴于东海，与中国无涉。虽曾受明之官号耶，究不过羁縻名系而已，非如亭

长、寺僧之本其臣子也。况乎戴不共之仇，乘自坏之势，我朝始
基，居长白山北之俄朵里城，国号满洲。越数世至肇祖，居赫图阿拉，在俄
朵里城西一千五百余里，地当明境边徼之外，本非属国。传至景祖、显祖，
为尼堪外兰构衅于明，贻害二祖。我太祖以不共戴天之仇，又乘明季纪纲废
坏、阉臣弄权之势，乃奋志复仇。于天命三年，以七大恨告天，遂亲统师征
明抚顺，招降守将，击败全军。嗣于萨尔浒破明四路兵四十万众，神武布
昭，克定辽、沈。我国家亿万载之丕基，实肇于此。至我太宗，虽亦躬擐甲
胄，临阵决战，然既得盛京，规模已定，较之太祖，斯稍易矣。抚定中
原，建基立极。以武王于汤有光拟之，则实于汉、明有光，而
唐、宋在所弗论矣。故兹《开国方略》之著，不重于继明定中
原，而重于自俄朵里以至赫图阿拉，因十三甲，筚路蓝缕，得盛
京而定王业。若夫兴王之始长白朱果，盖犹简狄元鸟、姜嫄履
迹。天生圣人，治四海，必有祥符，与众不同。而更在于圣人之
奋智勇，受艰辛，有以冠人世，答天命，夫岂易哉！予小子守祖
宗之业，每于读《实录》，观我太祖开国之始，躬干戈，冒锋刃，
有不忍观、不忍言而落泪者。继思不忍观、不忍言之心，为姑息
之仁，其罪小；观至此而不念祖宗之艰难，不勤思政治，以祈天
永命，慎守神器，其罪大。故令诸臣直书其事，以示后世。即明
臣之纪本朝事迹，如黄道周之《博物典汇》之类，不妨节取，以
证信实。然予此为，非啻自励而已也。欲我万世子孙，皆如予之
观此书之志，其弗动心落泪，深思永念，以敬天命，守祖基，兢
兢业业，惧循环治乱之几，则亦非予之子孙而已矣。此《开国方
略》之书，所以作也。呜呼！可不敬哉！可不慎哉！

　　周中孚《郑堂读书记》：桂字广廷，号云岩，姓章佳氏，正

白旗人。乾隆三年举乡试，补兵部主事，累官至大学士。卒赠太保，谥文成。越十四年告成，卷首冠以乾隆丙午御制《序》，暨《皇清开国方略书成联句》有序，并诸臣《进表》及职名，殿以阿桂等恭《跋》。谨按我高宗纯皇帝追念祖宗功德炽盛，开创艰难，所以受天明命者，虽事具《实录》，而尊藏史宬，臣庶无从仰睹。特命纂辑是编，昭示亿代。卷首为《发祥世纪》，不入卷。卷一至卷八，自太祖高皇帝癸未年夏五月起，至天命十一年秋七月止。卷九至卷末，自太宗文皇帝初即位未改元天命十一年秋九月起，至世祖章皇帝顺治元年冬十月止。皆编年纪月，提纲列目，谟烈昭垂，麟麟炳炳，洵册府传信之巨观焉。

钦定满洲源流考二十卷 《四库》本，清乾隆间内府刊本，影印本，通行刊本。

清阿桂等奉敕撰。是书分部族、疆域、山川、国俗四类，宗通志略之法，而不据通史之体，征引赅博，故自胜于他书。惟考历代沿革仅及金源，而自明以后则讳而不书。如于东夷各部族，皆详细记载，独女真不列专条，仅于文内偶一漏出。言明代之疆域，则云仅及开原、铁岭，臆改史迹，颠倒事实，所在多有，是在读者辩之而已。前有《四库提要》《谕旨》《奏折》《凡例》，兹录其要于后。

《钦定四库全书提要》：《钦定满洲源流考》二十卷，乾隆四十三年奉敕撰。洪惟我国家朱果发祥，肇基东土，白山、黑水，实古肃慎氏之旧封，典籍遗文，班班可考。徒以年祀绵长，道途修阻，传闻不免失真。又文字互殊，声音屡译，记载亦不能无误。故历代考地理者，多莫得其源流。是编仰禀圣裁，参考史籍，证以地形之方位，验以旧俗之流传，博征详校，列为四门。
一曰部族：自肃慎氏以后，在汉为三韩，在魏、晋为挹娄，在元
魏为勿吉，在隋、唐为靺鞨、新罗、渤海、百济诸国，在金为完
颜部，并一一考订异同，存真辨妄；而索伦、费雅喀诸部毗连相
附者，亦并载焉。二曰疆域：凡渤海之上京龙泉府，靺鞨之黑水
府、燕州、渤利州，辽之上京黄龙府，金之上京会宁府，元之肇
州，并考验道里，辨正方位；而一切古迹附见焉。三曰山川：凡
境内名胜，分条胪载，如白山之或称太白山、徒太山，黑水或称
完水，或称室建河，以及松花江即粟末水，宁古塔即忽汗水，今
古异名者，皆详为辨证。其古有而今不可考者，则别为《存疑》，
附于末。四曰国俗：如《左传》所载楛矢贯隼，可以见骑射之
原。《松漠纪闻》所载软脂蜜膏，可以见饮食之概。而《后汉书》
所载辰韩生儿以石压头之类妄诞无稽者，则订证其谬。至于渤海
以来之文字，金源以来之官制，亦皆并列。其体例，每门以国朝
为纲，而详述列朝，以溯本始。其援据，以御制为据，而博采诸
书，以广参稽。允足订诸史之讹，而传千古之信，非诸家地志影
响附会者所能拟也。

《谕旨》：乾隆二十四年八月十九日，内阁奉上谕：顷阅《金
史·世纪》云，金始祖居完颜部，其地有白山、黑水。白山即长
白山，黑水即黑龙江。本朝肇兴东土，山川钟毓，与大金正同。
史又称金之先出靺鞨部，古肃慎地。我朝肇兴时，旧称满珠，所
属曰珠申，后改称满珠。而汉字相沿，讹为满洲。其实即古肃
慎，为珠申之转音，更足征疆域之相同矣。又《后汉书·三韩
传》谓："辰韩人儿生，欲令头匾，押之以石。"夫儿初堕地，岂

堪以石押头，其说甚悖于理。国朝旧俗，儿生数日，置卧具，令儿仰寝其中，久而脑骨自平，头形似匾，斯乃习而自然，无足为异。辰韩或亦类是。范蔚宗不得其故，曲为之解，甚矣其妄也！若夫三韩命名，第列辰韩、马韩、弁韩，而不详其义。意当时三国必有三汗，各统其一。史家不知汗为君长之称，遂以音同误译。而庸鄙者甚至讹韩为族姓，尤不足当一噱。向曾有《三韩订谬》之作，惜未令人尽读之而共喻耳。若唐时所称鸡林，应即今吉林之讹，而新罗、百济诸国，亦皆其附近之地。顾昔人无能考证者，致明季狂诞之徒，寻摘字句，肆为诋毁。此如桀犬之吠，无庸深较，而舛误之甚者，则不可以不辨。若夫东夷之说，因地得名。如孟子称舜东夷之人，文王西夷之人，此无可讳，亦不必讳。至于尊崇本朝者，谓虽与大金俱在东方，而非其同部，则所见殊小。我朝得姓曰爱新觉罗氏，国语谓金曰爱新，可为金源同派之证。盖我朝在大金时，未尝非完颜氏之服属。犹之完颜氏在今日，皆为我朝之臣仆。普天率土，统于一尊，理固如斯也。譬之汉、唐、宋、明之相代，岂皆非其胜国之臣仆乎？又有云我祖宗时，曾受明龙虎将军封号，亦无足异。我朝初起时，明国尚未削弱，因欲与我修好，借此以结两国之欢，我朝固不妨为乐天保世之计。迨我国声威日振，明之纲纪日隳，且彼妄信谗言，潜谋笺害，于是我太祖赫然震怒，以七大恨告天，兴师报复。自萨尔浒、松山、杏山诸战，大败明兵，明人欲与我求和，斥而不许，彼尚安能轻侮我朝乎？且汉高乃秦之亭长，唐祖乃隋之列公，宋为周之近臣，明为元之百姓，或攘或侵，不复顾惜名义。若我朝乃明与国，当闯贼扰乱，明社既移之后，吴三桂迎迓王师入关，为之报仇杀贼。然后我世祖章皇帝定鼎燕京，统一寰宇，是得天下之堂堂正正，孰有如我本朝者乎？至若我国家诞膺天眷，朱果发祥，亦如商之元鸟降生，周之姜嫄履武纪，以为受命之符，要之，仍系大金部族。且天女所浴之布勒瑚哩池，即在长白山，原不外白山、黑水之境也。又《金·世纪》称，唐时靺鞨有渤海王，传十余世，有文字、礼乐。是金之先即有字矣。而本朝国书，则自太祖时，命额尔德尼巴克什等遵制通行。或金初之字，其后因式微散佚，遂尔失传。至我朝复为创造，未可知也。他如建州之沿革，满洲之始基，与夫古今地名同异，并当详加稽考，勒为一书，垂示天下万世。着派大学士阿桂、于敏中，侍郎和珅、董诰，悉心检核，分条编辑，以次呈览。候朕亲加厘定，用昭传信，而辟群惑。并将此通谕知之。钦此。

《凡例》：

一、我国家建邦启土，肇迹东方，创业始基，地灵效顺。其古今沿革，自应详胪本末，用以昭传信而正群讹。谨拟首立《部族》一门，凡在古为肃慎，在汉为三韩，在魏、晋为挹娄，在元魏为勿吉，在隋、唐为靺鞨、新罗、渤海、百济诸国，在金初为完颜部，及明代所设建州诸卫，并为考据异同，订析讹误，博稽史传，参证群书，分目提纲，各加按语，俾源流分合，指掌了然。

一、按唐史所载，渤海置五京十三府，其上京龙泉府，即肃慎故地。而黑水靺鞨入朝，亦尝置燕州、勃利州及黑水府诸名目。其后若辽置东京黄龙府，金置上京会宁府，分设郡邑，俱详载二史《地理志》中。至元时犹有肇州之称，棋布星罗，遗迹尚颇可考。谨拟次立《疆域》一门，凡史册所载诸城镇村寨之属，各按原书方位，证以现在地理形势，件系条分，详加辩证，务使图经所纪，条贯咸该。至辽、金宫室建置，一切古迹，应行考据者，均即载入《疆域》门，用征故实。

一、按白山、黑水，其名始见于《北史》，而显著于金源。至本朝受命龙兴，实为朱果发祥之地，钟神毓庆，灵迹昭然。而诸史或称太白山，或称徒太山，或称完水，或称室建河，称谓多殊，名实易舛，允宜详悉核订。至若松花江即《唐书》之粟末水，宁古塔即《唐书》之忽汗水，亦为胜地名川，向来纪载纷淆，均资考核。谨拟次立《山川》一门，以现在《大清一统志》《盛京通志》所载，据今证古，析异定讹。其或古有今不可考者，则别为《存疑》，附之于末。

一、史称东方仁谨，道义所存，朴厚之源，上追隆古。我朝肇基东土，旧德敦庞，超轶前代。即如祀神之礼，无异于幽人之执豕酌匏，三代遗风，由兹可睹。而参稽史乘，其仪文习尚，亦往往同符。如《左传》称肃慎之矢，可以见俗本善射之原。《后汉书》称三韩以石压头，可以见俗用卧具之讹。《松漠纪闻》称金宴饮为软脂蜜糕，可以见俗尚饼饵之始。其他足资引证者尚多。谨拟次立《国俗》一门，博引典籍，分条胪考，以著淳风所本，源远流长，洵与周公之陈《七月》，金世宗之歌土风，取义维均，足以训行奕祀。

一、金时官制，如勃极烈之为贝勒，谋克之为穆昆〔一〕，猛安之为明安，虽沿误相仍，而溯源可考。又自新罗、渤海，已肇兴文字。金之初年用契丹字，太祖、熙宗作女真大、小字，其制渐备。维时设女真进士科，经书皆有译解。今遗制已湮，而碑刻间存。至我太祖高皇帝创制国书，义蕴精微，允为制作之极则。谨拟约举大凡，附列《国俗》一门之后，用以垂信方来。

一、国家扶舆积庆，傲造丕基，长白肇兴，实为邬、岐旧壤。今敬谨考核，一以近发祥初地者为定。至若王师顺动以后，经营辽、沈，卜宅定都，凡盛京地方建置规模，及山川地理，已具详《开国方略》《盛京通志》诸书中。是编请毋庸兼载，以协体制。

一、恭读《御制文集》《盛京赋》《三韩考》诸篇，及巡幸盛京、吉林诸诗什，包括典故，剖晰舛讹，洵足折衷群言，垂示千古。谨拟于书中各条内恭录载入，永昭定论。

八旗满洲氏族通谱八十卷清乾隆间内府刊本。

清鄂尔泰等奉敕纂修。是书修于清乾隆九年十二月，敕谕略云："八旗满洲姓氏众多，向无汇载之书，难于稽考。著将八旗姓氏详细查明，并从前何时归顺情由，详记备载，纂成卷帙。"御制《序》略云："爰发金匮石室之藏，征载籍图谱，考其入我朝来得姓所始，表之以地，系之以名，官阶勋迹，缀为小传，勋旧戚畹，以及庶姓，厘然备具，秩然有条，与国史相为表里。"前有《凡例》，叙述甚详，因非关辽事，故不具录。按此书以爱新觉罗氏为尊亲讳，故未著录。乾隆好大喜功，清初史事大半为其改削，此书盖亦不免。惟记载满洲姓氏颇详，亦足参考也。

八旗满洲氏族通谱辑要二卷清乾隆间内府刊本。

清阿桂、和珅奉敕辑。是书编于清乾隆五十七年，钩稽上书而成。

满洲世职表未见。

不知撰人名氏。目见《清内阁旧藏残复书目》，计一束二十五本。

钦定满洲祭神祭天典礼六卷清华大学图书馆藏满文本。

清乾隆四十二年奉敕撰。目见丁丙撰《八千卷楼目》。《清史稿·礼志一》曰："满洲祭神祭天典礼，其始关外启莘，崇祭大神暨群祀祖祢，意示从俭。凡所记录，悉用国语、国书。入关后，有举莫废。逮高宗时，依据清文，译成四卷：祭期、祭品、仪法、祝辞〔二〕。与夫口耳相传，或小有异同者，并加厘订。此国俗特殊之祀典也。"闻清华大学图书馆藏有满文本，惜未见。《清史稿·礼志四》有记《满洲跳神仪》一节。

八旗通志二百五十卷武英殿刊本。

清额尔泰等奉敕撰。八旗编制，不皆起自清初，多康熙后更制。是书乾隆四年所修，然条例详明，记载广博，颇于清建国之事有关，兹录御制《序》文大略于后。

《序》略云：太祖高皇帝龙兴东土，创造鸿基，肇建八旗，以统满洲、蒙古、汉军之众、规模宏远，立极万世。太宗文皇帝继绪膺图，遐迩率服，输诚归附者，云集景从，咸隶旗籍，以固根本。世祖章皇帝统一寰宇，定鼎京师，详定规制，体统严明，建置周密。重以皇祖、皇考德泽涵濡，休养训迪，明礼制，兴学校，广储蓄，典章日益明备。盖自开创以来，百有余年，列圣相承，经画尽善，而且响之以天地之恩，笃之以家人父子之亲，隆之以肺腑腹心之寄，英藩硕辅，宿将名臣，佐命宣猷，铭鼎钟而耀竹帛者，后先相望。下逮卒徒韦布，亦共识尊君亲上之大义，节孝忠烈，有不待勉强而出于至性者。虽邠、岐、丰、镐之遗风，丰沛、南阳之故旧，曷以加兹。顾其事散见于《实录》《会典》诸书，未有专纪。雍正五年，皇考命儒臣纂辑八旗志书，昭示永久。乃采摭汇集，撰为八志：曰旗分，曰土田，曰营建，曰兵制，曰职官，曰学校，曰典礼，曰艺文；次以八表：曰封爵，曰世职，曰八旗大臣，曰宗人府，曰内阁大臣，曰部院大臣，曰直省大臣，曰选举；次以列传：曰宗室王公，曰名臣，曰勋臣，曰忠烈，曰循吏，曰儒林，曰孝义，曰列女。越乾隆四年书成，凡二百五十三卷。于是而列祖创垂之绪，损益之宜，与夫人物殊尤之迹，胪举条分，灿然具备，与国史相为表里。然是书之作，非徒以广记载、备图籍已也。

御制己未岁我太祖大破明师于萨尔浒山之战书事清乾隆间内府刻本。

清乾隆时敕编。是书记萨尔浒之战，即明杨镐四路师之事也。按乾隆四十年冬十月上谕"恭读我《太祖实录》，载萨尔浒之战，明杨镐等集兵廿万，四路分出，侵我兴京。我太祖、太宗及贝勒、大臣等统劲旅数千，歼戮明兵过半，一时良将如刘𬱟、杜松等等，皆殁于阵。近曾亲制《书事》一篇，用扬祖烈，而示传信"云云。

太宗大破明师于松山之战书事一卷江苏省立国学图书馆藏清乾隆间内府刻本，国立北平图书馆藏满文本。

清乾隆时敕编。清廷之兴，在于己未清太祖萨尔浒之役，至辛巳太宗松山之役，而明事遂不可为。此书未写纂辑年代，当为乾隆时所修之书。如云洪承畴之跪请乞降等事，多粉饰之语，盖清廷表扬功德之书也。末附满文本，为丁氏藏书。

以上清代官修诸书

建州私志三卷传抄本。

原题"海滨野史初辑"。是书记建州史事，每篇后附《野史私记》《后记》。是篇虽取资于邸报、野史，然剪裁有序，条理昭然，读此一篇，可以略知辽东史事源流。惟叙海西诸部族，如兀剌、灰扒诸部，即吴喇、辉发诸国，仍未能叙述详晰。此亦明季野史之通病。惟其叙吴三桂行牌至京，令诸臣公服迎太子登位，比至郊迎，则辫发虬须，乃清朝之大王。此则他本所罕记者也。是书称康熙己未诏修《明史》〔三〕，又谓今二十余年尚未成书，是知此书作于康熙三四十年之间〔四〕。是书《后记》之叙述明代对于辽东之建置及评修《明史》之得失，颇为允当。兹录之于后。

《野史私记》曰：前明建都于燕，设九边以卫神京，东起辽东，西极甘肃，拖递万里。其地自山海关起，西则居庸、紫荆、雁门、宁武、偏头五关，偏头关外，则河套地也。自山海至北〔五〕，皆秦时长城故址。甘肃再西，则玉门关在焉，而长城始尽。建州值山海稍东，逼辽东地。辽自洪武四年置定辽都指挥使司〔六〕，以马云、叶旺为都指挥使，总制辽东诸卫。时元孽未靖，云等由登莱渡海，顿兵金州，招降故元参政叶廷秀，攻走高家奴〔七〕，遂进止辽东，完城缮兵，严设守备。七年、八年，元纳哈出屡寇辽东，上敕旺严兵城守，虏至坚壁，勿与战。纳哈出至盖州，知城中有备，不敢攻，径趋金州。时金州城庫兵寡〔八〕，指挥韦富等督兵分守诸门，选锐御之。其将乃剌吾恃勇挑战，城上发弩射之，中虏被擒。虏大沮引退，由城南沿柞河遁归。旺策其将遁，自连云岛十余里，缘河叠冰为墙，以水淋之，经宿凝冱，隐然如城。藏钉板沙中，设陷马阱，平地伏兵以待。虏至伏起，人马皆陷，纳哈出仅以身免。十四年，封子权于大宁，为宁亲王，开藩以弹压上游，北控蒙古，东制女直，屹然建瓴之势。十九年，敕北征将军冯胜于大宁诸边置卫，以控北虏。二十三年三月〔九〕，胜筑大宁、宽河、会州、富峪四城，留守驻大宁，率大兵直捣金山，纳哈出降，一方遂安。辽东自洪武初，割锦、义、建、利诸州隶之，设都司于惠州，领营、兴等二十余卫所〔一〇〕，所谓北平行都司也。后又于辽阳、开原间设自在、安乐二州，处属夷之内附者。此辽左建制之大略也。迁都之后，辽为三辅重地，出都门东抵山海关，七百里而近，一墙之外，天子自为守，无高山巨川以限戎马之足，惟恃辽为之屏蔽。必辽之藩篱固，而后京师之藩篱始固，则兀良哈是也。洪武二十二年，故元辽王阿札失里及朵颜诸酋求内附，诏以兀良哈地分三卫居之。自锦、义渡辽河至白云山，曰泰宁卫，以阿札失里为指挥使；自黄泥洼逾铁岭至开原，曰福余卫，以海撒儿答为指挥同知；自广宁前屯历喜峰近宣府，曰朵颜卫，以脱鲁忽察儿为指挥同知。并给印信，俾钤束部落〔一一〕，为东北外屏。是时燕、宁二藩相望，谓可奴视夷属。然自三卫界夷人，而辽之藩篱弱矣。迨燕王兵起，挟宁王入松亭关〔一二〕，尽拔诸卫军至北平靖难，而后以诸夷从征有功〔一三〕，遂捐三卫地界兀良哈者，悉界其酋，而藩篱尽撤矣。三卫自辽、沈抵宣府，计三千里。国初克元上都，设卫开平，置东西各四驿，东接大宁，西接独石。

文皇四出塞征元孽，皆往开平，尝曰："灭此虏惟守开平，则兴
和、大宁、辽东、甘肃、宁夏永无忧矣。"未几，以开平、大宁、
东胜旷野难守，移东胜左卫于永平府，右卫于遵化县，弃大宁与
虏，而兴和亦废，开平无援。宣德三年，并弃开平，营独石八
城，凡弃地三百里，尽失龙关、滦河之险〔一四〕。当明前盛时
已然，诸夷部落已逼门庭。由是三卫地广，其兵甚强，而朵颜为
最。嘉靖中，花当、革兰台、影尧为患。二十九年，特设蓟辽总
督以御之〔一五〕，三卫部多至八十余种，惟长昂、董狐狸为凶
狡。万历中，伯言、花当岁无不扰边，大抵兀良哈日多事，则辽
日益骚然，而清兵益乘其弊。譬如庶人之家，不幸其卜宅之邻于
盗也。力能擒盗以安厥居，上也；次则择善土而居之，不以累其
后人，中也〔一六〕；两俱不能，惟有益培其垣，使无隙之可乘
而后已。三者无一，何冀幸之有。明自辽亡之后，不待孟贼后
讧，而始有沦胥之叹也。顾愚于此，重有感焉。辽左李氏父子以
力战起家，当其盛也，倾家财，畜健儿，人皆乐为之用，故所战
必克。迨其衰也，移以结纳朝贵，债帅之风日炽，而功名隳矣。
且一成梁也，前此用之国日辟，后此用之国日蹙。盖折冲樽俎，
在政地不在疆场，在庙算不在阃略也。要而论之，自贵州亡弃，
河套为瓯脱，至毛帅死，视皮岛为夷属，驯致全辽尽没。神京仅
有一关之隔，虽宁、锦孤悬，亦鞭长不及矣。《诗》云"人之云
亡，邦国殄瘁"，岂不然哉？

　　野史又曰：昔宋之季也，陆君实在海上，记二王事为书甚悉
〔一七〕，以授侍郎邓光荐。及光荐卒，其书失传。然则《宋史》
所载崖海君臣之事，尚其略耳。后之阅史者，有遗憾焉。余每欲

访求永历主上南宁入土州十余年事，猝不可得也。必有如陆、邓诸公笔之藏之者，恐岁既久，有湮没不传之恨，则后之秉笔欲存亡继绝者，何所依据乎！康熙己未，曾有诏修《明史》，今二十余年来，尚未闻有成书。且尔时在局诸公〔一八〕，往往至神宗以后，多所迟回退托，各自卸肩而去。若此，则书虽成，恐未足称懑史也，况未成乎。然此不过以触忌之故，未易措手耳。有公私记载可以稽考，当年不成，异时必有成之者。独赧王之七年〔一九〕，山阳公之四世，其君臣忧惕凄风泣雨之状，岂乏可歌可咏可悲可愤者？不可使其泯泯也。况一成一旅，尚属荆涂之旧壤；而若文若献，宁论宋、杞之无征。以缅疆一席土，尚能楮撑数年，其所施行尤，岂可以游魂余息而吐弃之乎？至于国统续绝，如汉魏章武、黄初之例断，当以《纲目》为准。清朝顺治十有八年，岁在辛丑，世宗章皇帝崩。明年壬寅，吴三桂自缅甸献捷，实永历十有六年，而明亡。明自元至正十二年壬辰太祖治兵于濠，至丁未吴建号，凡十六年。此十六年，当削至正年号而标以干支，以至正分证于下，其诸僭国得附焉〔二〇〕。盖中国已有主，元不得更主之也。或因明祖奉龙凤纪年，欲以龙凤代至正，此于理未允。韩林儿草窃之寇耳，其父韩山童假宋广王之名建国称宋，嘘枯吹烬，以悚动天下，明祖以郭子兴之故旧所推戴，奉以行事，不得以光武之更始为比也。统纪明之历数，自洪武元年戊申，至永历十六年壬寅，凡享国二百九十六年，而后以康熙元年继之。如薛氏《宋元通鉴》，以庚辰之岁，为宋亡而元继之。盖祥兴二年，与至元十七年，皆庚辰也。后之作史者，宜加意焉。间尝读吴人汪琬所为《世祖章皇帝挽歌》，有曰："车书方正统，弓剑忽遐升。"事在辛丑，越明年为壬寅。钱谦益《投笔集》于壬寅三月二十三日之诗，自注题下曰："大临无时，啜泣而作。"其时有"飞走都穷瘴海头，而今人说国亡秋"之句。则汪诗所云"方正统"者，盖预言之。实则章皇帝在御之年，尚未得正统也。再阅尤侗《西堂集》中，记闽人陈衍于崇祯庚辰年刻一书，载鹭门僧一贯得古砖，上隶字四行，其末二句云："庚小熙皡，太平八纪。"意昔之善教学者，纪将来之事，即谶纬之类也〔二一〕。尤君以"庚小熙皡"为今上纪年，"太平八纪"为臣民之幸〔二二〕。今上冲龄践祚，适当车书一统之期，天命眷注，凿凿可据。如斯言有征，则历数之延，尚未艾也。时甲申三月。

柳边纪略一卷《小方壶斋舆地丛钞》本。

清山阴杨宾可师撰。按宾字可师，号大瓢，山阴人。父戍宁古塔，请代，不许。可师赴阙讼冤，得释，求父，遇之柳条边，迎归。著《柳边纪略》。是书为笔记体。据云："古来边塞种榆，故曰榆塞。今辽东皆插柳为边，高三四尺，低者一二尺，掘壕于其外，呼为柳条边。"是编记塞北风俗，明代建置，及清初造满洲字，及《老档》之名称颇详，足资参考。

旗军志一卷《昭代丛书》本。

清奉天金德纯素公撰。按素公辽阳人，隶汉军正红旗。是书叙述清初旗军建设制度。

封长白山记一卷《昭代丛书》本，《小方壶斋舆地丛钞》本，《说铃》本。

清遂安方象瑛渭仁撰。《四库全书提要》云："象瑛字渭仁，遂安人。康熙丁未进士，官至翰林院侍讲。是编记康熙十六年圣祖仁皇帝遣官至长白山事。大略言是年六月三日由乌喇启行，历文德痕河、阿虎山、库纳纳林、邪尔萨河、浑陀河、法布尔堪河、纳丹佛勒地方、辉发江、法河、水敦林巴克塔河〔二三〕、纳尔浑河、敦敦山、卓龙窝河诸处，至讷阴。十一日复自讷阴启行，十四日乃至山麓。并记所见诸灵瑞。盖檃括当日奏疏为之，故仅粗述梗概。而使臣亦佚其名，但称觉罗武某云。"

其他记塞北事者，如桐城方拱乾之《绝域纪略》，吴江吴枨臣之《宁古塔纪略》，满洲图理琛之《异域录》，桐城方式济之《龙沙纪略》等书，以非全记清初史事，然笔记遗闻，间有可取，故附其目于此。

啸亭杂录卷一至卷二通行刊本，铅印本，别出。

原题"汲修主人撰"。按汲修主人，为清宗室礼亲王昭梿〔二四〕。是书记有清一代掌故之书，卷一、卷二记清初三朝史事甚详。阅挽近所发现满文各书〔二五〕，记满洲史事者极鲜，而满洲人治史学者亦不多，此书固可谓满洲史学家之翘楚也。

叶赫氏家谱一卷国立北平图书馆藏抄本。

清额腾额修。是书起始祖星恳达尔汉，至道光三年，共十五代。前有《自叙》。

《自叙》云：叶赫地方贝勒，始祖原系蒙古人，姓土默特氏。初自永乐年间带兵入扈伦，招赘，遂有其地，因取姓纳兰氏。后明宣德二年，迁于叶赫国，其地在开原之东北，即明所谓之北关者是也。与明交会于镇北关，与海西女直接壤。所属有十五部落，而人多勇猛善骑射者，所属地方人心悦服，俱以贝勒称之。

故始祖贝勒星恳达尔汉，传子席尔克明噶图，再传子齐尔哈那，三传子珠孔额，四传子太忤。生子二，长曰清佳砮，次曰扬佳砮，兄弟三人，绥服叶赫诸部，各居一城。明万历十二年，为宁远伯李成梁所诱被害。清贝勒子布寨，扬贝勒子纳林布禄，各继其父，俱为贝勒，后与明交和。纳贝勒之弟金台石，布贝勒之子布扬武，嗣为贝勒。在叶赫地方，计一百九十年，共八代，嗣贝勒十一辈，至天命三年、明万历之四十八年乃终。以上俱由《实录》内抄出。

达尔罕王旗记录二册大连满铁图书馆藏抄本。

不知撰人名氏，书为满文。

东华纪盛二卷上海徐汇天主堂藏书楼藏《昭代武功录》本，别出。

原题"古吴陈湖逸老编次"。记清初三朝事，为编年体。

东江遗事二卷上海涵芬楼藏精抄本。

沧江漫叟辑。是书所辑，为《毛将军碑》、《援辽功绩》〔二六〕、《熊廷弼传》、《袁崇焕传》、《钱龙锡传》、《朝鲜传》、《袁崇焕》〔二七〕、《毛文龙》、《毛帅江东》〔二八〕、《锦宁战守》、《崇祯朝纪略》、《也是园杂录》、《毛太保公传》、毛际可撰《毛总戎墓志铭》、《耿靖南传》、《尚平南传》、《孔定南传》、《东华录》。前有《自序》。

《自序》云：读史者谓明之亡也，有君而无臣，以思陵非亡国之君也。然其所以亡，有三道焉：急于求治，率于用人，暗于度事。急于求治，则贤不肖并列，曲直不分，止期速效，每讨一方，未行而先与克日。率于用人，则巧佞媢嫉者竞进，正直谠言者日退，党同伐异，中外纷然。暗于度事，则惜饷汰兵，用内臣监督将帅〔二九〕，至四海鼎沸，有瓦解之势，犹委用体仁、延儒、嗣昌一辈当国，欺君黩货，陷害忠良〔三〇〕。夫如是，欲须臾延国命，得乎？是以周皇后之将自尽也，泣而曰："陛下在位一十七年，未尝听妾一言，今日之死，固其所矣。"闻者莫不为之陨涕。夫毛文龙之死，天下尽知其冤。迨袁崇焕既伏厥辜，即当下诏表暴二人功罪，庶几激励边疆〔三一〕，而作士气。至其子承禄为父泣血吁哀，朝中竟置不省。迄乎国变，又十余载，恤典始终不下，尚得谓赏罚之明乎？今去胜国且百数十年，一二故老犹有惜文龙抱不白之冤于地下者。爰从各纪传辑录为一编，曰《东江遗事》，凡二卷，以俟后人论定，且使贪功害能者，知天道之不爽。至于东江既失，有识寒心，乃中朝若不介意。迨我太宗文皇帝每降心相从，欲修邻国之好，而思陵卒岸然弗顾，驯致流贼披猖，躬殉社稷。呜呼！读是编者，亦可以悲其志矣。嘉庆丙寅夏六月〔三二〕，沧江漫叟识。

袁督师事迹一卷《岭南遗书》本。

不知撰人名氏。南海伍崇曜《跋》云：按是书首《明史》本传，次《白冤疏》，次《矾声纪》，次《潆声纪》，次《剖肝录》，次《遗文》，次《率性堂诗集》，而以嘉庆朝请从祀乡贤《呈词》《奏稿》终焉，亦随手掇拾而刻成者。前明至崇祯朝，朋党之风益炽，督师忠而获遣，痛甚于檀江州、岳忠武，而是非蜂起，朝论沸腾，迄无定议。野史所记，如《烈皇小识》谓："崇焕原知辽不可复，冀以款羁縻岁月耳。观其举荐王象乾，意可知矣。"又谓："崇焕出关，上召问方略，以五年为期。及履任，觇知文龙有成约，急遣喇嘛僧，欲解文龙议以就己〔三三〕，坚持不可。

喇嘛僧曰：'今惟有斩毛文龙耳，在我可以收功。'"又谓："崇焕虽名入援，不敢一矢相加遗。兼出言无状，户部尚书毕自严至拑舌不能下〔三四〕，举朝皆疑之。"《幸存录》谓："崇焕无可卸责，一至宁远，遂为讲款计。"又谓："崇焕少好谈兵，见人辄拜为同盟，肝肠颇热。为闽中县令，分校闱中，日呼一老兵习辽事者与之谈兵，绝不阅卷。或问之，则曰：'士子宜中者，自有命在，随意抽取可也。'宁远之捷，实为有功，遂自矜为必肯讲和，了无成算。"至《明季北略》"袁崇焕守宁远"一条，"陛见"一条，"谋杀毛文龙"一条，俱有不满之词。至"逮袁崇焕"一条谓："诏磔西市。时百姓怨恨，争啖其肉，皮骨已尽，心肺之间叫声不绝，半日而死，正所谓生剐者也。"又谓："百姓将银一钱，买肉一块，如手指大，啖之。食时必骂一声〔三五〕，须臾，肉悉卖尽。"则理外之谈，恐无其事。又"毛文龙入皮岛"一条，"安州之战"一条，"鸭绿江之捷"一条，均极推重，至谓："屯田主事徐尔一在籍，叹曰：'辽东兴师十载〔三六〕，任东事者，如经略杨镐则丧师，袁应泰则陷城，熊廷弼则败逃，巡抚王化贞则失机，总兵刘綎则阵亡。未有如毛帅开镇九年，护持两国，复城献俘者。而庙堂诸臣，反生异议，裁减军饷。军饷一减，则将士灰心矣。'遂上疏，竟不省。"则文龙固有功无罪者耶。然如《天香阁集·刘爱塔小传》称："爱塔素有归朝意，东江毛文龙招之，为人所告，将杀之，泣谏乃免。文龙又使人钩之，爱塔至东江，会文龙被害，驰谒阁部，孙承宗大喜，易名兴祚。"则文龙亦匪全不知兵者。善乎！《明史》本传称："我大清举兵，所向无不摧破〔三七〕，诸将罔敢议战守。议战守，自崇焕始。"又称：

"我大清设间，谓崇焕密有成约，令所获宦官知之，阴纵使去。其人奔告，帝信之不疑。"又称："初，崇焕误杀文龙，至是，帝误杀崇焕。自崇焕死，边事益无人，明亡征决矣。"则督师之功罪，不已昭然若揭哉〔三八〕？

袁崇焕督师事略一卷清光绪三十四年《藤县志》附刊本。

清藤县何寿谦辑。《自序》云："据《明史》本传，参以《皇朝开国方略》、钱家修《辨冤疏》、程本直《漩声记》、余□成《剖肝录》。若夏允彝《幸存录》、竹坞遗民《烈皇小识》，皆书之谈朝事者，讹者十之三四，于督师固多微词，亦窃取一二。至其家世，则本诸乡里旧闻。"

东江始末一卷《借月山房汇钞》本，《国粹丛书》本。

清吴县柏起宗王孙撰。叙袁崇焕杀毛文龙事，谓崇焕实为董思白所指使。全祖望《鲒埼亭集·外编》有《题赵维寰雪庐焚余》一卷，称"其论袁襄愍斩毛文龙事得其平，襄愍地下，亦当心服"。集中《外编》卷二十八有《书明辽东经略熊公传后》，卷二十九《题东江事迹》，以率多空论，无关史事，未录。

开国龙兴记五卷《圣武记》本，别出。

清邵阳魏源默深撰。按源字默深，邵阳人。道光进士，官高邮州知州。文笔奥衍，熟于掌故、舆地之学，著有《圣武记》《古微堂集》等书。是书起清建国之初，以迄永历被执止。卷一记满洲沿革及清太祖平定满洲诸部，卷二记清太祖与明交战之事，卷三记清太宗与明交战之事，卷四、卷五记顺治入关以至平定南明。是书记清建国事，所述甚略。生当清代专制之时，其所据之书，为《开国方略》《满洲源流考》诸书，事多颂誉，不出旧时窠臼。对于清初诸事既无发明，而传说旧闻，地理人事，皆多枉谬。惟记清太祖、太宗与明交战之事，数十年明清国际战争最纠纷之举，如清廷伐明之次数，明廷防御之策，失事之地，经略督师建制之废兴，联络蒙古之失策，辽饷之病民，能于短篇中综核条理而出之，颇便初学。《圣武记》卷五尚有《国初征抚朝鲜记》一篇，记清太宗两次征服朝鲜事。记征朝鲜之事，日人稻叶君山《清朝全史》记之甚详。默深未见朝鲜载籍，其叙事之略，固不能怪也。

东华录卷一至卷四江苏省立国学图书馆藏抄本，通行刻本，别出。

清湘源蒋良骐千之撰。作者仕籍待考。是编据乾隆未修改以前《实录》抄辑，与新出内阁档案《实录》残本大致相同，故较为可信。顷见国学图书馆藏抄本，较刊本为良。

东华录天命朝四卷、天聪崇德朝十八卷、顺治朝三十六卷南菁书院刻本，别出。

清长沙王先谦益吾编。按益吾咸、同间进士，翰林院编修官、国子监祭酒。撰有前、后《汉书补注》等书，在南菁书院编刻《续皇清经解》，补苴旧籍，最为有功。是书较蒋氏加详，然依据乾隆以后改本《实录》，事实已多不足据矣。《自序》略云："臣往诵蒋氏《东华录》，粗知梗概。从事史馆，敬绎乾隆以次各朝，为《续编》。病蒋氏简略。复自天命迄雍正，录之加详。"可以知其编纂之意也。

宗室王公世职章京爵秩袭次全表十卷石印本。

清牟其汶编。按编者供事宗人府，故知清代世系颇详。据《凡例》云："是书统编宗室亲王以下、奉恩将军以上之爵秩，列表遵照横格定式，直则得其辈分，横则辨其亲疏。其功绩事迹，载在《国史》《玉牒》，故不立传，庶明纂表之由，用合全书之例。"又云："是表首据《玉牒》，兼考成案，均详年纪月，以便前后相次，眉目井然，期于毋漏毋讹，以臻完备"云云。是《玉牒》既经庚子之乱，残缺污烂，不易整理，此书颇可补其未备。是编卷一谕旨、世系、钦定宗室王公世职、章京封爵、王公世职、旗族，卷二显祖宣皇帝位下各门爵秩，卷三太祖高皇帝位下各门爵秩，卷四太宗文皇帝位下各门爵秩，卷五世祖章皇帝位下各门爵秩，卷六圣祖仁皇帝位下各门爵秩，均与清初史事有关。前有《凡例》。宗人府为据呈《代奏》，中言《玉牒》源流颇详，录略于后。

《代奏》略云：我朝开基定鼎，宗室懿亲，勤劳佐命，其殊勋茂迹，实为从古所未有。曾于乾隆二十九年奉旨编纂《王公功绩表传》，又于四十六年复奉特谕改纂。溯自书成之后，迄今一百四十余年，未经续修。查宗室封爵，有功封、恩封、追封、考封，而《王公表传》均系功封之人，其恩封等爵秩袭次之表阙如。供事公暇之余，旁搜博采，编辑《宗室王公世职章京爵秩袭次全表》，以尽愚诚，而补国史之不逮。遵照横格之式，世系辈分，支派远近，便于观览。原立官以功封、恩封、追封、考封者，书之于首，详注封授年月，分别罔替、降袭，以及大宗之余子、今昔爵秩、袭次各缘由，一并备载。自光绪二十四年春起，二十六年五月止，凡五易稿而就绪，三阅岁而辑成。所幸者，是书编于庚子以前，彼时库存陈案尚属完全，易于稽考。迨经兵燹，无从查核。敬维国家发祥延庆，景祚无疆，则亿万年之久，宗支繁衍，将来封授爵秩愈积愈多，则袭次难免数典忘祖。是以《王公全表》亟应纂辑，昭示久远，无有大于此者。谨将是书详慎核校，分缮成帙，伏乞恩准代奏，恭进御览，以备文献之征，为《王公表传》之续。

清皇室四谱四卷铅印本。

近人丹阳唐邦治辑。是书为作者在清史馆时所辑，分列帝、后妃、皇子、皇女四编。作者不满意于清代官书之修纂，故重根据《玉牒》《实录》，辑为此编，然无甚创获也。前有《自序》。

《自序》略云：愚向者不自揣量，从事清事，不贤识小，粗有成书，而天潢眷属，尤三复专注。顾手披目览，不过坊市流布之书；互证参稽，已颇得其罅漏抵牾之迹。幸复备员史馆，金匮石室之藏，足恣搜讨。于是乃取《实录》《本纪》《列传》《会典》《事例》《宫史》诸书，对勘旁推，衷诸一是。不足，复参以历朝御集，故府秘档。仍不足，则私家之纂集，海邦之纪闻，亦节取之。定鼎以前，则印证于有明《实录》；所见之世，则采获于宫报官抄。其生卒年月，十九据之《玉牒》，惟后妃生卒，《玉牒》不载，故不能悉详也。编次既成，命之曰《清皇室四谱》，凡四卷。要之，有联缀无造作，有钩稽无穿凿，有清一代列帝、后妃、皇子、皇女，盖不啻人具一小传矣。其非皇女而封公主者，附皇女之次，犹马书例也。若皇孙以次，别有《皇族略谱》，见属草稿，未竟杀青写定，聊俟异日。

清帝系后妃皇子皇女四考、附年表一卷铅印本。

仁和吴昌绶印臣撰。是书分类与前书谱略同，但较简略。前有《自序》。

《自序》云：谈迁《国榷》首册有大统、开圣、天俪、元潢、各藩五门。按李埴《皇宋十朝纲要》，每朝首纪年号及皇后、皇子、公主，盖其先例。昌绶与纂清史，谨依《玉牒》《实录》《会典》《通考》诸书，参以列朝御集，略师谈氏义例，辑成帝系、后妃、皇子、皇女各一卷，附年表一卷，以备检核。官书撰集，非出一手，又时代悬隔，不特译音歧异，即所载亦未免舛误。参互考稽，庶期审慎，间有阙疑，尚俟订补。

袁崇焕传一卷《新民丛报》三卷第一号、二号。

新会梁启超任公撰。是书为先师梁任公先生在日本时所编，盖亦为鼓吹革命而作也。

清建国别记一卷民国十三年聚珍仿宋本。

近人会稽章炳麟太炎撰。是书记清建国事，至清太祖并南关哈达部而止，于清前纪事独详。是书所取材者，为《明实录》《东夷考略》《建州女真考》《三朝辽事实录》诸书，取材虽不过夥，然所据正确，编纂有法，合乎史裁，不愧作家之书，而史识尤其所长。记范察、董山、李满住之事，考其端尾，而以《明实录》证之，极能得事实。如谓："唐邦治作《清室四谱》，疑孟特穆即猛可帖木儿，其长子充善即董山，充善长子妥罗即脱罗。寻音近是。然移范察之孙以为其兄〔三九〕，移清之始封祖以为旁尊，移猛可帖木儿之次子以为长子，于明清人书皆倍矣。且猛可帖木儿之子为童仓、董山〔四〇〕，孟特穆之子为充善、褚晏。董山可说为充善，童仓又何说耶？蛮夷人名，声或相类〔四一〕，不得据以附会也。"最有见地。其记东建州之事，努尔哈赤为阿台之婿，记建州方域，最有发明。大抵具有史识，则其史料虽少，而仍可运用自如，非作家者，不能如是。惟其所记，如《佟氏考》等篇，不假事实，纯由训诂，此则斯书之微病。近人孟心史之《清朝前纪》，固转胜矣。是书前为《清为金裔考》《建州方域考》，由范察以至努尔哈赤之事状，前有《自叙》。按《华国月刊》二卷二号、三号〔四二〕，有《与弟子吴承仕论满洲旧事书》。

《叙》曰：清上世之事，以无书契，子孙弗能志，虽世系亦慢也。奴儿哈赤起侧微，史官载之，其辞多不诚。余昔因攘胡事，欲知其究竟，道端《明史》，固不能具体。及明人杂著、别集，有事涉建州者，迄乾隆焚书悉毁，其录于《四库》者，点窜之余也。官私所刊，若张居正、熊廷弼诸家奏议，其要者亦删之矣。已而东行之江户，旁摭朝鲜诸史，不能决。执友张继诣上野图书馆，检明世籍，得董山事，付仪征刘师培书之，亦不识其缘起。民国兴，余尝筹边关东，东抵三姓，北至黑龙江矣。所在求其异闻，殊无有，独兴京有王杲迹。遗老或言清肇祖辈，则携柳笼掊人参者，名位至微，亦未遽信也。自是十余年，张继以严从简《使职文献通编》来，其书有建州前事。蒲圻但焘以日本村山纬所抄《清三朝实录》来，此盖据《实录》初本，侍卫皆称虾〔四三〕，如御前虾、王府虾员及达尔汉虾、扈尔汉虾，郑芝龙子授二等虾，皆不改作侍卫。欲以校同异。余亦发箧，得数种书，皆明旧刻也。未几，上海王植善以茅瑞征《东夷考略》、王在晋《三朝辽事实录》来。数者相会，上窥清事，如求盗得赃品，征验的然，足以知官书悠谬。于是贯穿其事〔四四〕，为《清建国别记》七篇。稿草未定，歙吴承仕则抄《明实录》以至，相与商榷，事有违牾，悉为发正。朱果之事，明其与金后戾也；范察、董山之事，明其素居赫图阿剌也；塔克世之事，明其不与阿太同叛也；建州国汗、后金国汗之事，明其始称天命，犹不敢达于外也。昔元人作《辽史》，事有疏漏，则司马公《通鉴》或先详之。以是知异域无文籍之国，其事湮没，有资于汉土故书者甚众。以明人书校清事，不得旧本，徒随清世所点窜者以为质，则亦莫能理。太史公记五帝三代，必依古文，而排七国、秦、汉间俗记。余庶几得其旨。然非诸子扶卫之力，亦黯然无以就也。书之成，距余有志攘胡时已远矣。胜国遗俘，于今无所复恨，以其事当质定，比于《金·世纪》之流。会有人以清史馆协修唐邦治所辑《清室四谱》质者，其所发正，颇具条理。乃以满洲得名因于李满住，充善、锡宝齐篇古二世，追王所不及、陵墓所不列者，而复因前之误，责其对音，猥令清氏始封之祖移于伯兄，其说亦不为诚谛。故复就本记，益以考辨云尔。中华民国十三年九月，章炳麟录〔四五〕。

清朝前纪上编 上海商务印书馆铅印本。

近人孟森心史编。孟森字瓶庵，号心史，武进人。熟于明季掌故之学，著有《心史丛刊》三编，整理明季史料最有创获。是编记清初史事，内容分《女真纪》《建州纪》《建州左卫前纪》《肇祖纪》《褚宴充善纪》《妥罗锡宝齐篇古纪》《兴祖纪》《景祖纪》《显祖纪》《太祖纪》，附《王杲及其子阿台纪》。是书之长，以作者熟于明事，凡《明史》所不载，清廷之所禁者，抉微钩玄，能补其所不足。排比明季载籍，考订其事实，而能得其结果。惟时亦有过于臆断之处。如兴祖一纪，《清实录》作福满，王氏《东华录》作满福，其事实最为难明。孟氏乃以兀升哈当之，不无过当。又纂明季载籍之文，未加整理，非谙于其事者读之，颇难得其原委。然在整理清史之著作中，固可谓有系统有发明之书也。兹列《叙言》于后。

《叙》曰：清一代在入关之初，以关外事实为忌讳。如清太祖名奴儿哈赤，夫人而知之也。然而南浔庄氏史案，则以载入奴儿哈赤之名为大逆不道。清之先世，在明受建州卫指挥之职。自讳其曾受明官，至抹杀建州之名，而捏造满洲为国名。至太祖建国，自附于金之后，而称后金。后改为清，其实与前称后金并无妨碍，乃又必抹杀后金之名，不见国史。凡此荦荦大端，为顺治、康熙、雍正三朝之忌讳事迹。至乾隆朝，则讳饰之事，更开前古未有之例。《四库》馆开，名为搜海内散佚书籍，踵历朝右文稽古故事，其实搜书之中，挟有毁书之意。迭次毁禁各书，目录竟成巨册。凡有涉及清前代之记载，无不焚毁，藏者罪等叛逆。吾党今日尚能考见清代一二真相，皆前人冒死藏匿，以为后人稍留根据。易代之后，禁网尽除，吾辈不能继先民忍死留待之意，为之胪列发扬，以成信史。徒据清世矫诬捏饰之本，作成一代之史。是国民果可欺，而国史真无足轻重，非学人治历史者之本怀也。

清代禁书，不但禁近世直接记建州之书，并禁及古代凡言夷夏防闲之书。其业已行世久远之正史，亦加改窜，最少亦刊落其"胡"字"虏"字等清室所讳之字。尤可笑者，岳武穆为宋世御金有力之人，而小说中有《岳传》，本非有何价值，不过委巷之谈，乃亦列入禁书中。咫进斋有《禁书目录》一册，虽尚未完全，就其所开书目已夥，《岳传》即目中之一。而吾辈今日根据

之书，当时亦无不列入。至清历朝《实录》，雍正以前，本已任
意撰造。试思清世《实录》馆诸臣，岂有敢冒厉禁，不为扶同讳
饰之理？然而雍正以前六朝《实录》，至乾隆朝皆经重定。其证
据之可见者，蒋良骐在乾隆间，据《实录》撰《东华录》。后来
王先谦续撰《东华录》，并非续雍正以后之录，仍由天命朝起。
所见之《实录》，与蒋氏所据，不只详略之异，直是事实之有无
及字句之多寡，叙述之方法，无不有异。今可以相比而得，此其
一也。又如《国史·宗室王公列传》，开国诸王公，若摄政睿亲
王以下各传，皆由乾隆间重作，即与重撰之《实录》相符。外间
传本，有李氏《耆献类征》，从《国史》原本录入，可以证明
《实录》之尽经改造，此其二也。又如雍正间御定之《大义觉迷
录》，所载雍正朝御旨，自必当时原文。此书在雍正时颁行天下，
各府州县学宫皆贮是书，与《圣谕广训》同为宣讲之书。特设观
风整俗使一官，以宣传为专职，与今特设宣传部略同。今之宣传
部，尚为党之组设，而雍正间之观风整俗使，则为经制设定之
官，尤与政治合一矣。然至乾隆朝，废观风整俗使，戮受任为使
之曾静。《清会典》并不详此官之建置沿革，当时任观风整俗使
者究有几人，设观风整俗之地方究有几处，无从考见。仅于阮文
达所撰《广陵诗事》中，得见福建观风整俗使刘师恕之名，知非
仅以位置曾静，亦非令曾静遍往各处，任《大义觉迷录》之宣传
也。大约观风整俗特设一使，与省制设官相符。刘为扬州诗人，
出身科第，亦未必不与他官同采诸词章识拔之列。乾隆朝既尽毁
《大义觉迷录》板本，亦列入禁书之内。此书又经先民藏匿，获
传于今。以余所见，板本甚多，有极精之套板，存朱批圈点之

迹，亦有普通纸墨印本。盖各府州县之希意承旨，程度不同，且地方财力有异，故承办此项钦工，精粗亦大有分别。其间雍正谕旨，与《东华录》所载不同，则《实录》之为改造，其证三也〔四六〕。从来帝王家事，本多不足为外人道者。若《大义觉迷录》，原为清世宗兄弟间夺位相戕之事，列代似此者亦多，难为信史。若其罗织于海内士大夫之间，牵累人数极多、时间极久之大案，官书竟一字不见。我先民遭此蹂躏，无论记载已渺，即身受其祸之家，子孙亦罕能道其先世之事者。今从诸家文集中，推考数端，可见清代官书之远于事实。故易代以后，纂修清史，仅据官书为底本，决不足以传信而存真。此吾党所以列清史为学科之意也。

且清史一科，固以纠正清代官书之讳饰，但亦非以摘发清世所讳为本意。盖清帝逊国以后，国人以习知清世禁网之密，清记载之难信，于是妄造嚚说，流传失实，多污蔑清室之谈。其灼然诬罔者，因考索所及，亦一一加以辨正。总使史书为征信而作，不容造言生事之小说家，破坏历史大防。其为保护清室之意少，而为维持史学之意多。故虽不信官书，亦不轻听世俗之传说，尤不敢盲从革命之小说家妄造清世事实，以图快种族之私，而冀耸流俗好奇之听。此意愿与吾党共勉之。

清室入关以前，尚有明代士大夫之著述足资参考，寻检抉摘，为功尚不甚难。其尤难者，乃在清入关以后，所有文人学士无敢有牵涉时忌者，惟于诗歌题目、友朋书札之类，无心流露，当时亦莫有知为犯忌者。随处留心，乃得贯穿数事，故其难就，倍蓰于入关以前。且未发现之公案，不知凡几，即已发现者之中，其证据亦必不尽于是。有意搜辑，事且无穷。吾党特就已发现者引其端耳。今分未入关以前为《清朝前纪》，先作本科讲义之上编，别条记入关以后之公案为下编，以次讲述焉。

满清纪事一卷日本活字本。

不知撰人名。目见傅沅叔先生《东西京私家观书记》。

琐记九则《辽东文献征略》卷八，别出。

近人辽阳金毓黻撰。是书琐记清初世系、国号、八旗制度，凡九则。

明万历辽东诸道年表《东北丛刊》第十二期本。

近人吴廷燮向之撰。《自序》云：洪武之代，辽海、东宁，按察分司，置而旋废。迨乎中叶，诸道增创，首置守、巡，系衔山东，为布、按之分司。守道则参政、参议，巡道则副使、佥事，实其本职。辽海、东宁，仍沿初称。嘉靖边棘，开原、宁前，相继增置。苑马、太仆，二寺卿、少，亦有分地，遂与守、巡，同司兵备。河南、山西，布按参贰，间亦系衔。万历庚辰，仆、少省汰，其后苑寺，系衔按司，计有五道。正统而后，守、巡名氏，毕见《辽志》，不别其年。隆、万《实录》，记述颇详，除拜月日，往往而具。一方治乱，抚镇而下，实系诸道。其有绩者，每于考满，辄进阶秩，积至藩臬，留管地方，亦复非少；罹咎谪者，均所时有。边治隆污，毁誉随之，万历一代，尤系兴亡。爰仿史表，先为缀辑，所可详者，未敢少略，盖于辽故，取可征焉。庚午白露，江宁吴廷燮识。

建州表《东北丛刊》第十三、第十四期本。

近人吴廷燮向之撰。是表据明《实录》，按年排比，于考证辽东史事，极有关系。

满洲字义考一卷《东北丛刊》第一期。

近人宁恩承撰。是篇据《自述》，系所著英文《辽宁省沿革及满洲人考》之一部分，辑为斯编。《丛刊》中尚有《东北释名》，金毓黻撰；《东北舆地释略》，景方昶撰。非专记清初事，录其篇目于此。

满洲发达史日本大阪屋号铅印本；《东北丛刊》译本，尚未出全。

日本稻叶岩吉撰，武进杨成能译。是书通论满洲史事，能于简短篇章，详述满洲源流。稻叶氏深谙斯学，故能运用史料自如。又著者评判之力甚强，非独能叙述史事，而且能解决问题。如讨论朝鲜临屯真番之位置，渤海靺鞨之兴废，皆具有卓见。叙永乐之远征及娶建州夷妇，亦多创闻。盖其取材甚广，识力甚锐，容有误断之处，然其整理搜集之功，实不可没也。末附史论三种，前有内藤虎次郎《序》。武进杨成能君译为中文，陆续登在《东北丛镌》。兹录《移译大意》及《凡例》数则于后。

《移译大意》云：有清崛起，奄有中邦，开国之初，陈书发箧，颇有意于考文。惜其汲汲从事者，多偏于中土之典坟，而于发祥根本之区，反多遗置。即有一二成书，大抵都语焉不详，学者苦之。日本国境逼近，人稠地狭，其于满洲，遂不得不注集目光，以求尾闾之容蓄。近年以来，政府之所倡道，国民之所策勉，罔非以开发满洲为鹄的。译者于前四五年侨居大连，曾就彼国之公私著述略加统计，见以"满洲"二字为冠者，多至千种以上。就中定期出版如杂志、报章之类，亦且不下百种。其孜孜兀兀，每饭不忘之概，良可畏也。惟其内蕴，多关于物质、经济，而征文考献之作，殊少有之，则以稻叶斯编，最为巨制。爰亟译之，以饷学者。至行间字里，仍有主见，令人有增不快之感者。然以视其他著作，则分量殊少。引锥自刺，足以警睡，断章而取义焉，夫又何害。

《凡例》云：著者在大正三年、中华民国三年，曾将所著之《清朝全史》付印。迄今一岁，又出本编。统合以观，《清朝全史》可称总论，本编殆等于分论。故就著者之著述论之，兹二书者，实为姊妹篇，相辅而行，不可偏视。

著者意见，以为现代满洲之发达，直接关系于明以后之制度设施。盖就满洲历史之大体以观，约可分为二个区画。前者即明以前之满洲，后者即明以后之满洲，而后者为尤要。著者所致力之处，则在后者，故本书即本此旨，以定记述之详略。

著者本书，力求回避国际目光之叙述。盖因日本对于满洲，在国际上之位置真相，有不容许吾人评论者。

译者按：本书总说内，时时以日本为本位从事评论，可见实际上并不能确守此旨也。岂著者之观念，以日本之对满洲，已无国际界域乎？此则余之所不欲知矣。

清朝全史上编 上海中华书局铅印本，日本铅印本。

日人稻叶岩吉原撰，蒲圻但焘译。稻叶岩吉深于满、鲜史事，是编记载有清一代史事，为最早之书，且为最有统系之书。读此一编，即可以知清初史事之大略。桢按：凡治史事者，先须为问题之研究，而后为有系统之记载，然后斯谓有心得、有发明之著作。若据事抄辑，斯乃排比之作而已，无所谓创获也。是编所记载清初之史事〔四七〕，为问题之研究而有发明者。如建州女真之迁徙，明代辽东之边墙，清初之疆域，皆为最有见地之说。其说已先发表于《满洲历史地理研究报告》第二卷。至记清太宗朝二次之征朝鲜，则据朝鲜人记载《燃藜室记述》《沈阳日记》等书。辨证俄朵里之地址一条，亦有卓见。其他若清朝开国期之史料〔四八〕，清朝之姓氏，清代继嗣问题，金国诸王不和，皆取自其师内藤湖南之说，有谓此书纯取内藤之讲义者。然观以上诸问题，亦有其意见在，即其整理之功，固不可没也。

清代通史卷上第一编上海商务印书馆铅印本。

近人铜山萧一山编。是书通记有清一代史事。首篇记清初未入关以前之事，多取材于日人稻叶岩吉《清朝全史》之书〔四九〕。统记有清一代者，此书要为最详。

清秘史二卷附录一卷北平北海图书馆藏抄本。

原题"有妫血胤著"。是书前有甲辰光汉子、弃疾子《叙》，光汉为刘申叔，弃疾为柳弃疾也。据刘《序》，著者为陈姓。盖是书著于光绪之季，据中国旧族，不服满人，表著于光绪三十年，正当排满之时，故多种族革命之语。是书卷上为满洲世系、职官诸表，语颇翔实。下卷琐记有清一代逸事，语多丑诋，主观太深，非实录也。附录为纪吴三桂借兵歼明诸事，无特殊之语〔五〇〕，取材盖不甚博也。刘《叙》略曰："宋、明以下，史禁日严。及建虏入关，乃日以监读为务。事之前于入关者，则明季遗臣之书，刊禁目者以千数。满洲初起之事，虽据《皇明经世文编》所载奏疏，若侯先春《安辽议》、冯元成《纪边事》，以及薛三才、王象乾、魏时亮、熊廷弼之文，可得其大略。事之后入关者，则庄氏之史，吴、潘之书，中藻之诗，《南山》之集，莫不株连宗亲，戮及枯骨。

而所谓一代之事实，遂湮没不传。即其一二流传者，亦大抵出于佞臣之手，以委曲失真。然遐方记载，如日本人所著之《明清斗记》诸书。故老传闻，事有不同，言多征实，非所谓来者难诬，欲盖弥彰者耶？"柳《叙》从略。又按是书卷下"雍正筑雍和宫"条下云〔五一〕，据日本人古泽幸吉所著《燕京钞》，有记雍和宫一条，是足可为辽史资按。坊间有《清外史》一书，非专记清初事者，不录。

按近《北平晨报》二十年二月三月份《艺圃》栏内，有刘振卿撰《清代关东参票考略》一文，记载清初采参之制极详，颇足参考。

明清最初交涉史 未见传本。

近人吴江陈去病佩忍撰。金毓黻《辽东文献征略》卷八：吴江陈去病佩忍著《明清最初交涉史》，其所取材，以明陈仁锡《皇明世法录》多。谓猛可帖木儿与猛特穆决系一人。董山即充善，猛特穆之子也。脱罗即妥罗，充善之子；李撒赤哈即锡宝齐篇古，亦充善之子。满洲世系，肇祖孟特穆有二子，名充善、褚晏。褚晏无嗣，充善则有三子，曰妥罗，曰妥义谟，皆无嗣；曰锡宝齐篇古，生子名福满，即兴祖也。《皇明世法录》载，正统二年，建州左卫都督猛可帖木儿为七姓野人所杀。又稽之明人典籍，称董山骄横背叛，屡盗边塞，卒为朝廷所诛，旋授其子脱罗为指挥，给以敕印。又嘉靖二十一年，建州夷酋李撒赤哈入寇。二十四年，就禽枭塞。其大略如此。

清先世事迹考

近人唐邦治辑。目见《清皇室四谱》。

以上清代及近人追记诸书

以上清代官修诸书及近代纂辑之属。

〔一〕"之为"，底本二字乙，今据《钦定满洲源流考·凡例》正，影印清文渊阁《四库全书》本。

〔二〕"辞"，底本作"乱"，今据《清史稿》卷八二《礼志一》改。

〔三〕"诏"，底本作"谓"，今据《勘误表》改。

〔四〕"十"，底本脱，今据《勘误表》补。

〔五〕"北"，疑当作"此"字。

〔六〕"使司"，底本二字乙，今据《建州私志》卷中《野史私记》正，《中国野史集成》影印《清初史料四种》本。

〔七〕"奴"，底本作"攻"，今据《明史》卷一三四《叶旺传》改。

〔八〕"庳"，底本作"库"，今据《野史私记》改。

〔九〕"三年"，底本脱"三"字，今据《野史私记》补。

〔一〇〕"所"，底本脱，今据《野史私记》补。

〔一一〕"铃"，底本作"领"，今据《野史私记》改。

〔一二〕"挟"，底本作"扶"，今据《野史私记》改。

〔一三〕"以"，底本作"地"，今据《野史私记》改。

〔一四〕"关"，底本脱，今据《野史私记》补。

〔一五〕"特"，底本作"时"，今据《野史私记》改。

〔一六〕"力能……中也"，底本脱二十六字，今据《野史私记》补。

〔一七〕"书"，底本脱，今据《建州私志》卷下《野史又曰》补。

〔一八〕"尔"，底本作"迩"，今据《野史又曰》改。

〔一九〕"赦"，底本作"赦"，今据《野史又曰》改。

〔二〇〕"诸"下，底本衍"国"字，今据《野史又曰》删。

〔二一〕"纬"，底本作"讳"，今据《野史又曰》改。

〔二二〕"幸"，底本作"年"，今据《野史又曰》改。

〔二三〕"河水"，底本二字乙，今据《四库全书总目·封长白山记提要》正，中华书局一九六五年影印本。

〔二四〕"王"，底本脱，今据《仁宗睿皇帝实录》卷三三嘉庆二十年十一月丙午上谕补，中华书局一九八六年影印本。

〔二五〕"现"，底本作"视"，今据《勘误表》改。

〔二六〕"援"，底本作"授"，今据《东江遗事·目录》改，台北新文丰出版公司一九九六年《丛书集成三编》影印满日文化协会本。

〔二七〕"袁崇焕"，底本脱，今据《目录》补。

〔二八〕"帅"，底本作"师"，今据《目录》改。

〔二九〕"帅"，底本作"师"，今据《勘误表》改。

〔三〇〕"害"，底本脱，今据《东江遗事·自序》补。

〔三一〕"疆"，底本作"区"，今据《自序》改。

〔三二〕"月"，底本作"日"，今据《自序》改。

〔三三〕"龙"下，底本衍"意"字，今据《袁督师事迹·伍崇曜跋》删，中华书局一九八五年《丛书集成初编》

据《岭南遗书》排印本。

〔三四〕"下"，底本脱，今据伍崇曜《跋》补。

〔三五〕"必"下，底本衍"还"字，今据伍崇曜《跋》删。

〔三六〕"辽东"，底本脱，今据伍崇曜《跋》补。

〔三七〕"不"，底本脱，今据伍崇曜《跋》补。

〔三八〕"若"，底本脱，今据伍崇曜《跋》补。

〔三九〕"兄"，底本脱，今据《清建国别记·范察董山李满住事状》补，民国十三年聚珍仿宋本。

〔四〇〕"儿"，底本脱，今据《范察董山李满住事状》补。

〔四一〕"或"，底本作"式"，今据《范察董山李满住事状》改。

〔四二〕"月"，底本作"日"，今据《勘误表》改。

〔四三〕"皆称"，底本二字乙，今据《清建国别记·叙》正。

〔四四〕"于"，底本脱，今据《清建国别记·叙》补。

〔四五〕"麟"，底本作"章"，今据《清建国别记·叙》改。

〔四六〕"三"，底本脱，今据《清朝前纪·叙言》补，中华书局二〇〇六年点校本。

〔四七〕"所"，底本作"下"，今据《勘误表》改。

〔四八〕"若"，底本脱，今据《勘误表》补。

〔四九〕"朝"，底本作"期"，今据《勘误表》改。

〔五〇〕"无"上，底本衍"亦多"二字，今据《勘误表》删。

〔五一〕"云"，底本重文，今据《勘误表》删。

卷　六

朝鲜及日本之记载

李朝实录朝鲜奎章阁藏本，影印本。

朝鲜人敕编。是书旧藏朝鲜王家之名山史库，为王家秘书，不易经见。自日本合并朝鲜后，朝鲜总督府移置其书于旧奎章阁，加以保管。京城帝国大学请于当事，影印行世，分四次出书，兹附其目于后。

第一次，自太祖至成宗，六百零二卷，一百六十七册。

第二次，自燕山君至宣祖，四百二十五卷，二百零九册。

第三次，自宣祖至显宗，三百五十三卷，一百九十六册。

第四次，自肃宗至哲宗，三百三十七卷，二百七十六册。

其第一次，已于十九年十月出版。桢曾见之于大连满铁图书馆，印本极精，于研究满鲜关系颇足征也。《青丘学丛》第二号《汇报》内，曾有文记其事。近人卜鸿儒译有《日本刊行满蒙丛书叙录内李朝实录钞》，惜未刊行。

卷　六

沈阳日记不分卷《满蒙丛书》本。

朝鲜世子澄等记录。日人内藤博士《解题》云：朝鲜仁祖宪文王十四年，即清太祖崇德元年，两国有开衅之事。清太宗亲征，围仁祖于南汉山中。翌年，朝鲜力竭，降于清军。清朝留朝鲜王之世子澄及王子凤林大君淏、麟坪大君濬为质子，留于奉天七八年之久。今奉天南门内高丽馆遗址，即其所也。顺治元年，明崇祯帝遭流寇李自成之乱自杀，清军破李自成，由山海关遂取北京，朝鲜世子得免归。未几，朝鲜世子卒，凤林大君代为世子，即后之孝宗宣文王也。

《沈阳日记》，即朝鲜质子等在奉天之记录。始于崇德二年正月三十日，仁祖出南汉山城；至顺治十八年，清世祖都北京已定，将于明日起行，《清实录》作二十日启行。率朝鲜王世子等拜太宗陵而终。

其间琐记日常之问安、讲书、微疾服药诸事，细大不类，而记世子为省仁祖之病，中归朝鲜，又从太宗临松山、杏山之战役及经摄政睿亲王山海关之战，其入北京行役中记事及奉天馆所之记事，皆两存之，而且均极精密。其间不但清韩关系极重要，而在清初史料更加重要。

盖清初之史事，存于《清实录》，其记事颇称正确可为旁证之史籍甚少〔一〕。明朝之记录，《崇祯实录》全缺。魏源编《圣武记》，多采之野史，诞妄粗略，在所不免。其史事正确者，仅王在晋《三朝辽事实录》等书而已。前年余发现《满文老档》百余册，大概关于太宗朝最多，崇德年最残缺。同时，余发现《朝鲜国来书簿》数册，仅足补其缺而已。故此间旁征《清实录》，要不可不据朝鲜记录，而《日记》为史料中最正确者。因此，《实录》中记事正确者，可以证明其事实；失载处，亦可因此考订焉。例如《清实录》顺治元年四月朔日，载"肃亲王豪格削爵"一条，虽记载其事，但《日记》前有二十九日及四月四日记事〔二〕，足以相发明。记清军与李自成在山海关交战之事，睿亲王接吴三桂于涂中起，至山海关战状而止，《清实录》与《日记》所载相符合，其记事可以相辅而行。《圣武记》年月并缺，非此可比。又当时由奉天至锦州以及山海关道路，《清实录》记载颇略。《日记》辛巳崇德六年。八月，王世子与凤林大君从清太宗松山、杏山之役。此时行路，以及从睿亲王山海关之行，以此书所云，知为渡辽河之后，西北行，经彰武台边门外之新城，折而西南行，入边门，即明时长城以内，由义州辛巳年记事作"伊州"，伊、义音相近。至锦州。与今之由新民屯所经之路全异。由此《日记》始知其事。惟书中满洲地名、人名等用朝鲜字音所记，与清记录对照颇感困难。如肃亲王之名，《清实录》作"豪格"，《日记》作"虎口"。又清韩交际关系最多，如清人"英俄尔岱"作"龙骨大"，刚林作"加邻"，亦作"葛林"，"希福"作"皮牌"，"巴克什"作"博氏"，若不作一对照表，则读之比较困难。

与《日记》相表里，必须参照者即《沈阳状启》。此《日记》为馆所所记录，《状启》则从奉天送到本国政府之文书，彼此相补益处甚多。其他又有《同文汇考》，乃汇编清韩交际之文书。其《别编》专门汇辑崇德年间之文书，与清朝之《朝鲜国来书簿》为同一时代之史料，皆足以相发明。清韩初期之交涉，当以此为重要史料，读者当不以余言为河汉也。

沈阳状启

不知编者名氏。此书朝鲜质子由奉天馆所送到本国之文书，见上解题。

同文汇考

不知编者名氏。见上解题，朝鲜事大主义之外交史也。《满蒙丛书》汇抄关于满、蒙之资料为《同文汇考钞》，惜未刊行。

燃藜室记述正编三十二卷、续编七卷、别集十九卷，日本铅印本。

朝鲜佚名撰。是书为编辑李氏朝鲜一代史事，分璿系、时事诸篇，而名臣之传均附于后。续编七卷。《满蒙丛书·叙录》谓，曾将关于满洲史料者汇为一编，名《记钞》，与清初史事颇资考证，惜未见。按是书仁祖朝之《丁卯虏乱》《毛文龙诛》《丙子虏乱》，均专记清韩之交涉者也。据《原序》云："余之少时，慕刘向校书。太乙仙'燃藜室'三大字，受先人手书以揭书室。是书之成，遂以'燃藜室'为名。"

《丁卯虏乱》中所引之书，关于辽事者，有《荷潭录》《续杂录》《日月录》《朝野纪闻》《溪谷漫笔》《淡云曹公集》《药泉集》《延平日记》《公私见闻》《月河集》《松郊李公梨行状》《丙子录》《恬轩集》。《丙子虏乱》中，有《石门疏本》《愚公日录》《迟川集》《青野漫录》《菊堂俳语》《乱离杂记》等书，附目于此。

按《满蒙丛书》有《燃藜室记述钞》，惜未见。

龙飞御天歌《朝鲜群书大系》本，朝鲜古书刊行会本。

朝鲜佚名撰。是书记朝鲜之远祖李安社以来，至第二世之太宗潜邸时，前后六代之事迹。用汉字谚文混合体之歌谣缀成，被之管弦，以为乐章，凡五卷，百二十五章。李朝第四世王世宗即位之二十九年、明正统十二年撰述。稻叶岩吉《满洲发达史》云：

> 其中有《龙飞御天歌》一章，歌词中之一节，为移阑豆漫之记事（Jran - Tumun 之记事）。就其注释观之，移阑者，女真语之数词，即三也；豆漫者，万户也。大约系元代地方官厅之意。则是移阑豆漫云者，即三万户也。此三万户者，即斡朵里、火儿阿、托温之三城也。《御天歌》之次节，另述三城酋长之名。即斡朵里之酋长，实为夹温猛哥帖木儿；火儿阿之酋长，为古伦阿哈出；托温之酋长，为高卜儿阏。右述斡朵里城，在海西江（松花江）之东，火儿阿江（富尔哈河）之西。火儿阿城，则在以上二江合流点之东。托温城，则在以上二江合流点之下。由今考之，今之三姓城，即火儿阿城；其西之对岸，则斡朵里城；其下流，即今之屯河与松花江合流点之附近，即托温城也。考之高丽史，李朝之《实录》，右之三万户中，斡朵里之酋长曾屡至朝鲜半岛之王城，受其优遇。火儿阿之酋长阿哈出，是为女真最大之首领，则与南京或北京之朝廷通往还，而极受优遇焉。其余之一酋长，则未有显著之事实也。

是此书与建州史事极有关系。按日本《满蒙丛书》中有《龙飞御天歌钞》一种，惜未见。

丁卯虏乱一卷 上海涵芬楼藏《朝鲜纪闻》抄本。

朝鲜人佚名撰。当清天聪元年，朝鲜将李贵、李适等逐光海君〔三〕，而推绫阳君即位，是为仁祖李倧。清太宗乘朝鲜之内乱，因而伐之，是谓"丁卯虏乱"。是编为其国人记载，当为详允。

丙子虏乱一卷同上抄本。

朝鲜人佚名撰。当清天聪十年至崇德元年，太宗大举伐朝鲜，在朝鲜主和者为崔鸣吉等，主战者有洪翼汉等，彼此交讧，卒致不守，遂有南汉城下之盟。清人乃令于三田渡立碑，记其功德。至此，朝鲜乃完全帖服于清廷矣。朝鲜人目谓"丙子虏乱"，又曰"丁丑虏乱"。

春坡室日月录三十四卷抄本，《广史》本。

朝鲜李星龄撰。是书摭拾李朝各王之事，共三十四卷。

西征录二卷德丰李纯刊本，奎章阁刻本，《广史》本。

朝鲜李薆撰。朝鲜世宗之时，兵至鸭绿江对岸，与建州野人交战之事迹，共二卷。有德丰李纯者，得其高祖李薆之手录，因编是书，明正德十一年刊行。《满洲历史地理引用书目》，尚有《三国史略》《东国通鉴考事撮要》《通文馆志》《海东绎史》《国朝宝鉴》《朔方记》《稗官杂记》《东国文献备考》《东国舆地胜览》《关北志》《北关志》《北路纪要》《鳌山邑志》《大韩疆域考》《大东舆图》等书，《燕槎日录》等书。又日人鸳渊一著《清初满鲜关系与三田渡之碑文》一文，引有朝鲜人著述《白登录》《尊攘编》等书，不知其内容如何，附其目于此。

建州闻见录

朝鲜李民寏撰。目见《朝野辑要》。

以上朝鲜人之记载

清三朝实录采要十六卷江苏省立国学图书馆藏日本江户伍石轩刻本。

北筑村山纬伯经、南部永根铉元鼎同编，兄锡元宁校。此书在日本文化四年，据《实录》抄录成书。观其《序》《例》，《实录》所纂修人氏，均原修旧题者，知为旧本，当有可改正今本之处。前有村山纬《序》，书郑氏颠末，与清初事无关，不录。文化四年柴邦彦《序》，于明代事颇致愤慨，录其大要于后。

柴邦彦《序》云：明氏之末造，君子有不忍道者焉。崇祯之君德，非有夏桀、殷纣之凶暴，又非有周、汉、六朝末主之昏弱，与叔宝、杨广之荒淫也。而举三百年宗社，转瞬付之非类，使百亿万赤孙生灵化为异物。自古亡国之祸，虽以契丹、蒙古之毒，其惨且速，未有明氏过者也。殆有不可晓焉者。何辜于天？其罪伊何？果神明有以厌朱氏之德乎？九州之大，岂无一人可眷哉？假令昊天上帝遍覆一视，无间于华夷内外，不独五岳四渎，名山大川，先王先圣，又何心忍而忘齐州而不顾？不得已而授之流贼，不犹愈付之腥膻异类乎？抑中州之风气，日散日漓，其淑灵神秀者，磅礴郁积，无所泄，横奔迅逸，而偏钟边隅荒漠之乡。奴儿一家，其所谓太祖、太宗、世祖者，果能德耦尧、禹，知匹汤、武？外此，则虽中州神圣之胄，亦皆猥琐委靡，而无足付大物者乎？夷考三世所为，不过简径捷直，沉毅雄断云而已矣。何福佑之隆，偃然据神州，上与汉、唐诸帝同南面？其以为天耶？果人耶？内夏而外夷者，《诗》《书》之大训，《春秋》之明法也，而今皆废矣乎？

《例》云：

一、《清太祖实录》五卷，内国史院大学士希福等修；《太宗实录》六十七卷，礼部尚书武英殿大学士觉罗勒德洪等修；《世祖实录》一百四十四卷，内大臣吏部尚书中和殿大学士巴泰等修。三朝《实录》，共二百一十八卷。按清《徐乾学文集》载《条陈明史事宜疏》云："乞许恭阅三朝《实录》，以便参稽。"即知此书系内府秘录，外人不得浪观者。而今传至此间者，盖出自窃抄也，以故谬误极多，鱼鲁莫辨。既无他本可以查对，则读之非易，而况采录之乎。览者谅焉。

一、《太宗实录》，百官除授降黜，自甲喇章京以上皆书。《世祖实录》，总兵、副将、掌印都司以上皆书，是以卷帙宏大。今于太宗则采录管部务王、贝勒及议政大臣，于世祖则采录六部尚书。

一、世祖定鼎燕京，除授各处地方官，率无虚日。今且采录遣征剿者。

一、《世祖实录》，制度仪注繁冗已极。今惟采录其即位及祭圣等项，以有《会典》在也。

一、制诰以下一应文移及制度仪注不可略者，皆细书各条下，从约也。间有自注者，加□以别之。

一、原本系大府司计丹后守久世君家所藏，铉尝获寓目，思欲采录以广其传，有日矣。往岁，我藩奥濑大夫只役在江户国邸，铉就而请焉。则大夫为夤缘乞借，令誊一通而送于铉，以毕其志也。铉遂与同臭村山伯经谋节抄，得成帙云。此举也，大夫之赐居多。大夫名嵩载，字博夫，别号静致。

大清三朝事略二卷日本刻本。

日人佚名编。此书刻于日本宽正十一年，在《采要》之前，详《叙论》中。又按日人撰《台湾纪事引用书目》，有《华夏变态》《明清斗记》二书，恐系记郑成功事，附其目于此。

清朝姓氏考日本《读史丛录》本，《艺文》三卷第三号本。

日人内藤虎次郎撰。是编考订清朝姓氏大要，谓《清实录》所云爱新觉罗，乃天女佛库伦所生，始祖已称此姓。所谓爱新，金也；觉罗，即族之意。但《八旗满洲氏族通谱》不载爱新，恐为国姓避讳。内藤博士并为表以志其世系，其表已列于《叙论》中。

记满洲之世系，如黄道周之《博物典汇》称，童山为努尔哈赤之祖先，其说不确。因此书为明末记建州事者最晚出之书，唯《东夷考略》记努尔哈赤为建州之支部，所记有董山而无童山，较为可信。今姑定童氏为董氏。董氏之得姓，《氏族通谱》有董鄂氏，董鄂因地得姓，董氏盖亦此类也。据明朝记录，太祖姓佟氏，明代之佟卜年，即因与太祖同姓而被杀者。佟氏为董氏，乃转呼之音，而其实是一姓。但太祖对内称董氏，对外称佟氏。盖佟氏，明代有佟答剌哈，侍明朝甚谨。而董山，则为建州名酋〔四〕，足以号召内部，而明廷则甚恶也。对内称董氏之说已明，但与董鄂有何关系，当清嘉庆时，满洲名流名铁保著《啸亭杂录》云：

> 近日董鄂冶亭制府考其宗谱，乃知其先为宋英宗越王之裔，后为金人所迁，居董鄂，以地为氏。

盛昱编《八旗文经·作者考》所记云：

> 铁保字冶亭，一字铁卿，号梅庵。旧谱姓觉罗氏，自称
> 赵宋之裔，后改栋鄂。

举以上之例，董氏与觉罗有关系，可以证明。无论董鄂与觉罗原
有同种之关系，至太祖时，乃行分析。分析之时，太祖家族属于
觉罗，不姓董鄂，此乃很明显者。然太祖之祖猛哥帖木儿，与董
山均为董氏，而非觉罗氏。恐董鄂名族，为何和哩家族之祖先。
此族从珲春瓦克喀迁到董鄂地方，太祖多分为其长女婿将何和哩
之族，迎之为一家，并为一族。《东夷考略》所云："太祖为建州
枝部，与建州左卫正统董氏不属。"此乃真正之记录。按稻叶君
山《清朝全史》，即全因此文，惟考证董氏、佟氏、董鄂氏，不
无穿凿之处。

清朝姓氏考正误《艺文》第三卷第四号本。

日人内藤虎次郎撰。

清朝初期之继嗣问题《读史丛录》本，《史钞》第七卷一号本。

日人内藤虎次郎撰。此篇所述清太祖、太宗二代继嗣问题，
如太祖之传位皇太极，即清太宗，太宗初年三尊佛之制度，及太
宗传位于世祖等事。盖清初颇染蒙古之俗。在蒙古成吉思汗死
后，因其国俗，遗产分配之制已定，嫡妻孛儿帖之少子拖雷不但
受之最多，且为全版图之主，所谓库里尔特之制度。清初亦不无
因之。然太祖时大贝勒代善之逊让，因之太宗得立。太宗时，多
尔衮本有应立之势，乃顺治为诸将拥立，及太宗崩，而卒辅世祖
即位。凡此，均极有问题。然史事无征，难得其详。此篇引据朝
鲜记录各书，考证精确，详《叙论》中。

都尔鼻考《读史丛录》本，《史林》第五卷第四号本。

日人内藤虎次郎撰。是编考都尔鼻地为辽东故城，为昔自北京至辽东西必由之道，今已没灭。据《清太祖实录》云："沈阳乃形胜之地，若征明，可由都尔鼻渡辽河，路直且近。若北征蒙古，二三日可至。"此都尔鼻，即清初顺治以前连络辽东辽西重要地点，牧厂即在其下。《大清一统志》古迹条："杜尔笔城，在牧厂东南五里。周一里一百七十步有奇，高三丈，东西门各一。"是杜尔笔、都尔鼻、都尔弼，同名同地。崇德二年，太宗筑都尔弼城。翌年，工竣，改名屏城。惟不能详指为何地。惟近人吴廷燮《奉天郡邑志》，所收彰武县著名之山川，注"杜尔笔山在县北五十里"。是杜尔笔山与彰武县距离颇近。又，同时刊行《奉天省属各府分图》中《彰武县舆图》，从彰武县西北五十里之地，新开河之东，养息牧河之西，有新城基地名，可以确定杜尔笔之位置。据朝鲜太子《沈阳日记》所云："辽河西边有城，清人所筑，设栅以标界门，曰栅门。"新城亦清人所筑，二城皆有若干居人。新城距沈阳二百余里，新城之名，即出于此。或者即巨流河城。现在之道路，奉天到彰武二百四十里，到新城共二百九十余里，距离尚称确定。

唯内藤博士考订都尔鼻之意，不仅在城址，而在欲明从奉天到辽西之道路，此为史家所未注及之事。清朝《实录》"天聪五年八月癸卯"条云：

> 兵分两路并进，谕德格额类、岳托、阿济格三贝勒曰："尔等率兵二万，由义州进发，屯于锦州、大凌河之间以俟。朕将大兵，由白土场入趋广宁大道，初六日会于大凌河。"

从奉天渡辽河之后，先出边门外，再由白土场门趋义州路入辽西
〔五〕，可以推定。又，由义州至锦州之路，据朝鲜日记亦可推
知。因知在清初本有此一路。至清康熙间，乃经新民屯之路线，
而此道虽废，然要不可不知。都尔鼻，为清初松山、杏山诸役在
军事上重要之地也。原文颇长，兹择要摭译于此。按武进马冠群
著《牧厂地略》云："杜尔笔山，即今厂地。厂东南五里有杜尔
笔城。"亦可与此文可相补证者也。

清朝开国期之史料《读史丛录》本，《艺文》三卷第十一号、十二
号本。

日人内藤虎次郎撰。

明东北疆域辨误《读史丛录》本，《地理与历史》第一卷第四号、
五号本。

日人内藤虎次郎撰。

明奴儿干永宁寺二碑补考《读史丛录》本，《地理与历史》第一卷
第四号、五号本。

日人内藤虎次郎撰。右三文考证清初之史事及建碑之源流极
详，已详于《叙论》中。

清国创业时代之财政《太阳》第六卷九号本。

日人内藤虎次郎撰。清初财政问题，与清代之勃兴极有关
系，惜未见。

明代辽东之边墙《满洲历史地理》第二卷本。

日人稻叶岩吉撰。是编记辽东边墙之原委，约可分为三类：
一、辽河流域之边墙，二、辽西之边墙，三、辽东东部之边墙。
建筑边墙之事，《明史》不载，此文足补其缺。共分子目八：一、

绪言，二、辽河流域及辽西边墙之起源，三、凹字边墙及其起源，四、辽东东部边墙及其起源，五、边墙之区划及其位置，六、边墙之展退，七、边墙之构成及修边，八、余说。按稻叶氏所撰数篇考证，皆极精确，所撰《清朝全史》，其清初之史事皆取材于此。

建州女真之原地及迁住地《满洲历史地理》第二卷本。

日人稻叶岩吉撰。是篇计分子目六〔六〕：一、绪言，二、建州卫，三、建州卫迁住之位置，四、建州左卫，五、建州右卫，六、建州杂考。按建州之迁徙，明宣德元年前后，自其创始之地被忽剌温野人侵害，从吉林附近迁于婆猪江，移住浑河流域之灶突山，即今兴京西面之呼栏哈达。盖呼栏哈达，于满洲语作灶突山解也。原书及《清朝全史》记之甚详。又当时又有东建州，马文升《抚安东夷记》云："永乐末，招降之举渐弛，而建州女直先处开原者叛入毛怜，自相攻杀。宣德间，朝廷复遣使招降之，辽东守臣遂请以建州老营俾居之。老营者，朝廷岁取人参、松子地也，名为东建州。"是则明代建州共有四名矣。

清初之疆域《满洲地理研究报告》第二卷。

日人稻叶岩吉撰。是书言清初之疆域，系指天命元年、西纪一六一六以前，清朝之领土。计分子目十〔七〕：一、绪言，二、俄朵里城之位置及满洲国号，三、宁古塔贝勒之分住地，四、苏克苏河部及哲陈部，五、浑河部及王甲部，六、董鄂路及鸭绿江路，七、长白之东北路，八、扈伦部，九、东海瓦尔喀部，十、兀哲部。此篇先考证王杲、王台之领土，因之而推定清初之疆域，考证颇能得其真确。

李氏朝鲜初年之东北境与女真之关系《满洲历史地理研究报告》本。

日人池内宏撰。是书记高丽之末造，恭愍、辛祸、辛昌、恭让四朝养成李成桂灭王氏而起新朝，时在明洪武以后，朝鲜李氏欲扩充东北之领土，明廷之意，则以此处羁縻女真，不欲与朝鲜发生直接之接触，因之图们（豆满）江镇城之建设，与女真之抚绥，遂发生关系。兹录其目于下：

一、叙言。

二、庆源府建置之情事。

三、兀良哈及斡都里来服。

四、斡都里之原住地及吾音会迁移之情事。

　　甲．建州卫之位置之疑问。

　　乙．建州卫之建置前后之事情。

　　丙．吾音会之建州卫与阿哈出之建州卫。

　　丁．阿哈出之建州卫之所在地。

五、建州卫之命名，毛怜卫之设置。

六、当乙看兀狄哈与喜乐温卫。

七、女真诸族之庆源入寇。

　　甲．嫌真兀狄哈及兀良哈之侵入。

　　乙．兀良哈及吾都里之侵入。

　　丙．嫌真兀狄哈及吾都里兀良哈之侵入。

八、庆源府之撤废及建州两卫之迁移。

　　甲．庆源府之撤废，德安庆之改筑。

　　乙．建州两卫之迁移。

　　按日本南满铁道株式会社，于民国二年，即大正二年，约日本学者白鸟库吉监修，箭内亘、稻叶岩吉、松井等主撰《满洲历史地理》二卷，《朝鲜历史地理》二卷，附《历代沿革图》二十帙，为研究满鲜历史最精确之书。后又委托东京帝国大学文科，主办《满鲜历史地理研究报告》，共出十二卷。未几，罹地震之祸，其书同归于尽。而前出之《满洲朝鲜历史地理》，近亦非出重资不易购得。此数书者，皆作于十余年以前，而吾国近年关于东北历史之著作，尚难有与之伦比者。是则吾国学者，不可不努力者也。兹择其关于清初史事之编目，诠释如上。《满洲历史地理》首卷，有《引用书目》解说。又日本大正八年，在东京有《满蒙丛书》刊行会之组织〔八〕，刊行《满蒙丛书》，共出《筹辽硕画》等书共七册，后以未得印完而止。有《满蒙丛录刊行之旨趣》一文，近人卞鸿儒转录于《辽宁省立图书馆馆刊》第一卷中。又日人中村荣孝编《事大纪行目录》，载在《青丘学丛》第一号。是书网罗朝鲜使者礼聘明、清两代之纪行诗文集，收自朝鲜总督李王家藏书阁、朝鲜史编修会，胪列颇详。其中所记，乃万历至崇祯末年之出使日记、文集，如魏廷喆《沈阳日记》、金宗一《沈阳日乘》，颇与清初史事有关，附其目于此。

　　清朝国号考《东洋协会调查部学术报告》本。

　　日人市村瓒次郎撰。

　　清初满鲜关系与三田渡之碑文《史林》第十三卷第一至四号本。

　　日人鸳渊一撰。是篇胪列碑中文字数种，并译为日文，考证颇详。

　　大宁都司之内徙《东洋学报》第八卷一二五页本。

日人清水泰次撰。

兀良哈三卫名称考《东洋学报》第四卷七七页本，《蒙古史研究》本。

日人箭内亘撰。

正统九年之征伐兀良哈三卫考《东洋学报》四二七页本。

日人和田清撰。

池内学士鲜初之东北境与女真关系之讨论《史学杂志》第二十九卷第九期本。

日人稻叶岩吉撰。

兀良哈三卫考《史学杂志》四十编第六期本。

日人和田清撰。

满鲜关系之新史料《青丘学丛》第一号本。

日人中村荣孝撰。是篇记清太宗征伐朝鲜之档册史料。作者于民国十九年旅行满洲，搜辑史事，对于满鲜关系之书，共获见三篇。一为上虞罗氏藏《清太宗第二次征伐朝鲜出师之祭文》，二为辽宁博物馆藏《金国外藩各蒙古贝勒推戴太宗书》，三为朝鲜总督府图书馆藏《清太宗招服朝鲜之诏谕》。列其事实之先后，每篇加以说明，于研究丙子年太宗第二次征伐朝鲜之事，颇有关系。

朱蒙传说及老獭稚传说《内藤博士颂寿纪念史学论丛》本。

日人今西龙撰。按朱蒙为高句丽之祖，生于夫余。自言朱蒙为河伯女，其说出于王充《论衡》、魏收《魏书》〔九〕。老獭稚者，则朝鲜人传说，为清太祖之祖。是编汇辑朝鲜镜城崔基南《跖实记事》、咸镜北道庆兴郡守卢镒氏《大正元年调查记录》及其他各种传说，然率多神话，出于无稽。然借此颇可知天女朱果传说之演变，于研究清初传说者，有足征焉。

汉军乌真超哈考《桑原博士还历纪念东洋史论丛》本。

日人浦廉一撰。按"汉军"二字，在满洲语为"乌真超哈"。《清三朝实录采要》顺治十七年三月甲戌上谕："乌真超哈，满字仍称乌真超哈，汉字称为汉军。"礼亲王《啸亭杂录》卷二云："国初时，俘掠辽、沈之民，悉为满臣奴隶。文皇帝悯之，拔其少壮者，为设左、右两翼，命佟驸马养性、马都统光远统之。其后归者渐多，入关后，明降将踵至，遂设八旗，一如满洲之制。"是编讨论其事。

建州左卫之迁住地考《桑原博士还历纪念东洋史论丛》本。

日人鸳渊一撰。

以上日本人之记载，耳目所及，举其大要于此

以上朝鲜及日本人记载之属。

〔一〕"为"，底本作"谓"，今据《勘误表》改。

〔二〕"前"上，底本衍"有"字，今据上下文删。

〔三〕"适"，底本作"造"，今据《勘误表》改。

〔四〕"酉"，底本作"囚"，今据本书卷一《叙论》改。

〔五〕"趋"，底本作"起"，今据上引《太宗文皇帝实录》改。

〔六〕"六"，底本作"八"，今据《勘误表》改。

〔七〕"十"，底本脱，今据《勘误表》补。

〔八〕"织"，底本作"识"，今据文意改。

〔九〕"魏"，底本作"北齐"，今据《魏书·高句丽传》改，中华书局一九七四年点校本。

清开国史料考补

是编搜辑粗定，复得数事，爰附于下。至桢草《叙论》中建州译名改定之事，按《明史》始修于清康熙十八年，至乾隆四年告成。至乾隆四十二年五月丁丑，谕："前因《明史》内于蒙古人、地名音译未真，特命馆臣照辽、金、元三史例，查核改订，并就原板，扣算字数刊正。"是译名之改正，在乾隆四十二年，说见王颂蔚《明史考证捃逸序》。清太祖之并吞诸部，日人稻叶岩吉《清初之疆域》一文记之极详。晚近史料日出，订证綦难，一人所见，容有纰缪之处。即此一编，亦不过为研究清初史事者之矫矢而已。

天命天聪朝满文档册北平故宫博物院藏稿本。

不知撰人名氏。民国二十年春，故宫博物院文献馆整理《实录》大库旧档，发现档册颇多。其满文旧档，黄绫本，与辽宁崇谟阁藏《老档》相同。内有黄纸本三十一厚册，为天命、天聪朝满文旧档。间有用嘉靖时文书纸所书，有"巡抚山东监察御史张刘"等字样。有满汉文并行者，有仅用满文所书者。其中"叶吓"作"拽黑"，"吴喇"作"兀剌"。天命前，间有用万历、天启年号。奉宽先生及吾师陈寅恪先生，尝至《实录》大库览其档册，确定为老满文所书。见其内中三册，一为用嘉靖文书纸所书；一为有翻译之本，与高昌馆刻《华夷译语·女真编》形式相同，其照片已影印于书首；一为老满文写本档册。盖满文旧档，皆经乾隆时改定。即辽宁故宫所藏，亦为乾隆时改定之本。今此数帙，确为旧籍残存，不独满文旧档可资研究，即背面嘉靖时之文书，亦足珍摄。故亟录于此，以告海内外之嗜治斯学者。近故宫又发现乾隆时十三排铜板地图，边陲地域多仍满、蒙旧名。昔先师王静安先生亟称斯图，而未得见。今斯图重现于世，故宫博物院文献馆不久即将印行，于研究史地者，得一良好舆地之资也。兹附档册简目于后。

天命天聪朝满文档册简目

字	册	页	备考
天	一	一至八十三	
地	一	一至一百三十	
寒	一	一至九十九	
列	一	一至二百一十九	
张	一	一至五百五十五	
洪	一	一至一百一十三	
宇	一	一至二百七十	
暑	一	一至五十	
日	一	一至二百二十二	以上九册共一箱
宙	一	一至八十八	
黄	一	一至四十二	

字	册	页	备考
盈	一	一至九十八	
闰	一	一至三十八	
为	一	一至五十七	
冬	一	一至四十三	
来	一	一至五十二	
昃	一	一至一百三十九	
闰	一	一至五十	
宿	一	一至四十二	
雨	一	一至十六	
腾	一	一至九	
○	一	一至十六	原本未列字
吕	一	一至六十五	
○	一	一至三十五	
○	一	一至一百四十七	
余	一	一至四十五	以下六册有天聪年号
律	一	一至十七	
辰	一	一至五十六	
岁	一	一至二十八	
○	一	一至四十三	
○	一	一至三十四	以上二十二册共一箱

阳九述略一卷《舜水遗书》本。

明余姚朱之瑜鲁玙撰。鲁玙号舜水，明季诸生，崇祯、弘光时屡奉征辟，皆不就。南都陷，依黄斌卿乞师日本，许师而不果出。舟山陷，流落日本，学被一世，异邦人士皆景仰之。卒谥文恭先生。见今井弘济、安积觉同为撰《行实》。是书为《致虏之繇》《虏害十条》《灭虏之策》三篇，作于辛丑，即顺治十七年，顺治初崩、康熙继立之时。大旨谓："述略者，述者记其行事，无有粉饰文致；略者具其梗概，不能委曲周详。为他日采逸事于外邦，庶备史官野乘。"其中记清军打老鼠，拆房屋，以妇人放衙参等事，不免丑诋。然借此，亦可见当日清军无纪律之状。明末言筹辽恢复之计者甚多，此篇可谓明季人士最后之策矣。然在舜水当日，不过记一时之幽愤而已。安知二百年后，兴复之举，即因此而起哉。

又桢至沪上，见郑振铎先生藏有《景迁先生学谱》一书，内兼记辽事。惜未详其内容，附目于此。燕京大学图书馆藏有明嘉靖四十五年刊本罗洪先撰《广舆图》，第二卷《九边总图》内，有《辽东边图》，亦足参考。

东隅恨事

不知撰人名氏。《违碍书籍目录》云："此书起万历三十二年甲辰，至崇祯三年己巳止，专叙袁崇焕杀毛文龙始末，通身狂吠。"

古学汇纂

明长洲周时雍辑。《违碍书籍目录·两江督部堂萨查缴王恺汪士俊书目论序》：首刊王恺《序》文八页。次系《建州总论》即《序》三页，后有"崇祯己卯新安吴继仕书"等字。次系《九边图志》十二页，有"白岳吴元龙于行辑，吴元丰于中参"，版心有"譬如斋"三字。次系《建州考》六十三页，有"新安吴继仕书，信父考著，浙江汪士俊俊民较阅”，版心有“节斋”二字。

按《建州考》已入卷四存目，因此节所述颇于史事有关，故移录于此。

朵颜三卫宗支

全祖望《鲒埼亭集·外编》卷二十九《题朵颜三卫宗支》云〔一〕：“明之朵颜三卫，今之蒙古喇尔沁也。其前事见于《明史》朵颜本传〔二〕，后事则见于累朝诸《实录》。是册盖职方之底簿也。在韩江马氏藏书中。读史者考证力不及此，然如有仿《辽史》之例作部落表，则是册不为无用也。东人之长曰土蛮，曰黑失炭，曰长秃，曰纳木歹，曰那彦兀儿；西人之长曰把都儿，曰辛爱，曰安滩；北人之长曰纳林：其所属多矣。今之喇尔沁凡三国：一曰杜冷郡王札世，一曰镇国公吴特巴拉，一曰多罗贝勒札木，殆并为大部也。方太宗伐明时，喇尔沁以军从，曾上书庄烈帝，请罢兵修好，书中犹称三卫，自陈不得已之故。今《明史》失载，当补入。”

卖辽东传

不知撰人名氏。鲁迅《小说旧闻钞》曾见传抄残本，虽多落寞臼，而颇多逸闻。惟冯布政父子奔逃一回，即涿州与东林构怨之一原因者，则阙之矣。

陆沈纪事

不知撰人名氏。鲁迅《小说旧闻钞》，自萨尔浒之战起，至睿忠亲王入关止，其事迹皆魏源《开国龙兴纪》所不及知者。虽多道路传语，而作者见闻较近，且无忌讳，亦不能尽指为齐东语也。书中于辽东李氏、佟氏遗事,特多铺张。而九莲菩萨会文殊一回,稽之礼亲王《啸亭杂录》,亦非出傅会也。

〔一〕"集",底本作"亭",今据《全祖望集汇校集注》改,上海古籍出版社二〇〇〇年本。

〔二〕"传",底本作"傅",今据文意改。

附　录

重印本识文

余辑晚明野史为《晚明史籍考》，其间关于辽事者已哀然成册，乃别出而为斯编。兹以卷帙较简，乃先印行。当斯编之初辑也，发凡起例，则承陈寅恪师指道；翻译日语，则承王峄山先生桐龄、同学方欣安兄壮猷口述。而徐森玉先生鸿宝、赵斐云先生万里，每见异书，必以相告；桢亦不过有见必录，司搜辑排比之责而已。初稿既成，又尝质正于同学吴子馨兄其昌，子馨兄为改定文字数处，获益良多。然因文字而误解事实者，亦间不免，桢于是知边疆史地之书，地域、译名校读良难，非加圈识，无以畅明其意。而当排印之时，凡校改数次而讹字仍多，于是又知纂辑不易而校订尤难。兹别其讹字，附《勘误表》于后。晚近禁书档册发现日多，俟有所获，当重订斯编，并加圈识，以省眉目。爰书数语，以记颠末于此。倘承读者有所匡正，尤为幸甚。

民国二十年六月二日，国桢谨识。

叙论订补编

按建州辽东诸地，自来为吾国东北要塞，山势雄伟，田野郁茂，兴安岭蜿蜒于西北，长白山屏藩于东南，嫩江北流，松花东注。辽东一带，田原茂草，一望无际，为重农之乡，堪资畜牧之利焉。上溯战国，秦孝公开拓北边，已与东胡相通。自后，在汉则有高句骊，在唐则有渤海、黑水靺鞨，阿保机氏突兴辽土，阿骨打氏崛起金源。爰及明代，努尔哈赤氏称兵建州，卒堕明祀，抚有中国。然观吾国史乘，东北民族虽屡扰中国，然积久终皆同化。而内地山东人民浮海关东，婚媾往来，言语相通，已无畛域之分。惟其毡乡之民，草莱初辟，史阙有间，记载无多。渤海、辽、金诸代，固无论已。即清初史迹，经清廷入主以来，对于其祖发迹之事粉饰隐讳，已渐失实。故考史者欲得其真相，为事綦难〔一〕。然挽近以来史料日出，凡清廷所毁禁之书，吾人皆可以于此略见，而朝鲜记载已渐流传中土，故吾人于明代记载及明朝《实录》、朝鲜《实录》中间接求之，可以略具端倪焉。余曾辑有《清开国史料考》一书，搜辑关于清初史料约五六百种。今复订正其《绪论》，略述清初史事渊源，以供学者之探讨，所谓管窥蠡测，识其大要而已。

按清初建国始称后金，明为金之余裔，女真之种类也。女真二字，避辽讳改为女直。元灭金，以其地置军民万户府。《龙飞御天歌》所云"斡朵里豆漫"，即《元志》所谓"斡朵怜万户"，在吉林三姓附近。明代于辽东一带置有卫、所，析女直为三部：

曰建州，即清发祥之地；曰海西，即今吉林诸地；曰野人，所处遥远，即今黑龙江一带诸地。明代目之为东夷。辽地自明洪武四年置定辽都指挥使司，以马云、叶旺为都指挥使，总制辽东诸卫。十四年，明封子权于大宁，为宁王，开藩，以弹压上游，北控蒙古，东制女真，屹然有建瓴之势。永乐迁都北平，当其南下之时，恶宁王之扼己，乃徙大宁都司于保定府，而以所属营州等十一卫、所亦省入顺天。乃以大宁之地，自古北口至山海关，立朵颜卫；自广宁前屯卫至广宁迤东白云山，立大宁卫；自白云山迤东至开原，立福余卫。朵颜三卫，游牧之民，迁徙无常，其居处亦未可遽为规定也。当永乐元年，女直野人头目阿哈出等来朝，设建州卫军民指挥使司，阿哈出为指挥使，余为千户。复遣行人邢枢，招谕奴儿干诸部野人酋长来朝。九年，遣中使治巨舰、练水军江上，召集诸酋，縻以官爵，于是康旺、佟答剌哈、王肇舟、琐胜哥四酋率众降，始设奴儿干都司，建碑记事。自开原东北至松花江以西，置建州、毛怜、塔山等卫一百八十四，兀者等所二十，官其酋为都指挥、千百户、镇抚，赐敕印〔二〕，各统分部。后置站、地面各七，寨一，不领于卫、所。令岁以冬月，从开原入朝贡，惟野人女直僻远，无常期。诸部愿内附者，于开原设安乐州，辽阳设自在州处之。已，又为海西、建州立马市开原，岁时赐予甚厚。盖辽东之地，自宋迄元，纯握于胡人之手，自永乐以后，乃重入中国版图。及大宁之内徙，卒失东北之藩屏，失败之因，乃亦随之。

阿哈出既袭明职，赐名李思诚；子释家奴，赐名李显忠。显忠弟猛哥不花，亦均内附，俾领毛怜卫，累官都督同知。显忠死，子满住嗣〔三〕。猛哥不花死，子满答失里嗣。是毛怜与建州同为一族也。永乐十年，设建州左卫，命女真野人头目猛哥帖木儿为指挥使，是为清室之初祖，即清代所追尊之肇祖原皇帝是也。嗣后海西女真数寇边，都督巫凯请讨之，不许。当正统初，建州女真由三姓南迁。据日人稻叶岩吉云：其一遵辽东海岸，以移住于豆满江之谷地；其一则溯松花江，以移居今吉林之附近，由酋长李满住统之，复移向鸭绿江支流佟家江居住。推其南迁之因，盖当时左卫都督猛可帖木儿为七姓野人所杀，其族中必有互相仇杀之事，故举族而南迁。猛可帖木儿弟凡察、子童仓，逃居朝鲜；童仓弟董山，嗣为建州卫指挥。亡何，凡察、童仓逃归建州，而建州民族与朝鲜毗邻，正值李氏第四代之英主世宗在位，于是不能不发生冲突。建州乃不得不重徙，而居于灶突山之东南，浑河之上。方七姓野人之难，建州亡其印，诏更给。比后得故印，诏上更给者，凡察匿不出。乃更分建州左卫置右卫，剖二印，使董山领左，凡察领右，于是建州有左、右之分。而建州女直先处开原者，叛入毛怜，自相攻杀，宣德间招降之，命居于建州老营地。老营者，明廷岁收人参、松子之地，名为东建州。于是建州卫有左、右及东建州之分。然东建州之名，据孟莼孙先生言，谓明设建州三卫，皆在东建州一地。曰故建州，曰东建州，皆缘举其源流则曰故，指其方位则曰东，非有异也。

当正统时，北虏也先并吞外蒙，举凡青海、西藏乃至天山南路，无不奉其号令，供其驱使。至正统十四年，直犯大同，而有土木之变，英宗北狩。是时辽东建州诸卫相继煽动，满住、董山等咸为北虏耳目，入寇不绝，杀掠辽东吏民无算。巡抚王翱遣指挥王武等招之，稍稍归附。复擢用毕恭为辽阳百户，沿辽河为界，筑辽东边墙，实为大宁内徙后防胡之唯一方策。此后，董山纠毛怜、海西夷，入盗边无虚月。获董山，斩之〔四〕。成化二年，乃命都御史李秉与武靖伯赵辅分三道入捣其巢，朝鲜亦发兵遏东边，辅斩首房多，满住死。明年，筑抚顺、清河、瑷阳诸堡，边备日严，夷稍敛迹。建州之重徙灶突山者，大概在此时。是时，明廷亦欲羁縻之，后以董山子脱罗为指挥，满住、凡察后皆得袭，诸从叛者，视先世递贬一官。是谓成化三年之役，在明廷颇相夸耀者，而实未能直捣其巢也。因此，建州诸夷颇不能平，乃以报董山之仇为辞，屡寇边，巡抚陈钺不能禁。大阉汪直方幸功，惑于通事王英之言，谓夷易与，与巡抚马文升不合。汪直与巡抚陈钺抚御无法，寇入益急，自此边事日坏。此明代建州初期之事也。

明中叶以还，建州稍衰而海西兴。海西之夷，哈达、叶吓最强。哈达酋长王台，居开原东北，贡市在广顺关，故称南关。叶吓酋长祝孔革及其子逞加奴、仰加奴，居开原北，贡市在镇北关，地近北，故称北关。自永乐以来，皆给其敕，诸酋各由其道按敕验马入贡，使不相扰，其法至善。王台勃兴海西，剪除叶吓酋长祝孔革，抚有北关，地广千里，事明最忠。而良将李成梁、巡抚张学颜善于抚御诸夷，建州诸夷王杲、王兀堂、阿台以次剪除，授首京师。万历元年，成梁与学颜协谋，共展宽奠、长奠、永奠、大奠、新奠及张其哈剌奠子等六堡，筑城徙民，屯垦以实边，实为毕恭建筑辽东边墙后之最善政策。乃王台老惯，诸子争立，海西诸夷自相攻杀。成梁亦以老而日骄，渐生暮气，宽奠六堡亦相继撤退。于是海西废而建州努尔哈赤氏兴，祸起东北，明廷遂致不祀。

努尔哈赤氏突起东陲，并吞诸夷，始南窥明边。吾于此时，不能不先明其部族。《清太祖实录》云：是时诸国分裂，满洲国之部五：曰苏克素护河，曰浑河，曰完颜，曰栋鄂，曰哲陈；长白山国之部二：曰讷殷，曰鸭绿；东海国之部三：曰渥集，瓦尔喀，曰库尔喀；扈伦国之部四：曰叶吓，曰哈达，曰辉发，曰乌拉。所谓国者，实当时诸夷之一部落耳。若满洲、长白山诸部，实即附近努尔哈赤氏所居赫图阿拉之诸小部落，非有戎马城郭，堪成一国之强也。惟扈伦四部在辽东为较强，明代载籍言之尤繁，而努尔哈赤氏与之交涉最多。并扈伦四部，而金国之根基始定，是不可不记。

按扈伦二字，实为明代忽剌温野人之转音，指海西诸夷而言。是哈达即王台之部，叶吓即祝孔革之部，辉发即明代之灰扒，乌拉即明代之兀剌，均在黑龙江沿岸，所谓江夷也。兹将诸夷列表，并少识之于后。所谓哈达、叶吓，前文述之已明，其世系表之如右：

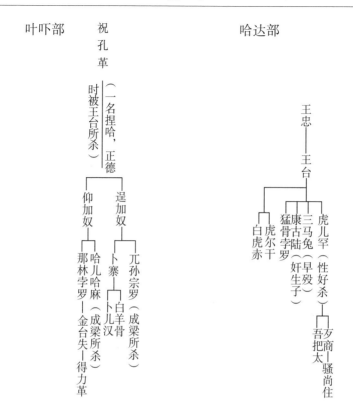

辉发先世本姓伊克得里，生于黑龙江岸尼马察部。有昂古里星力吉者，自黑龙江载木主迁于扎噜居焉。有呼伦部噶扬、阿图二人居璋地，姓纳喇氏，因附其姓，是谓辉发始祖。生子备臣。备臣生纳灵阿。纳灵阿生拉哈都督。数代之后，旺吉努出，招服诸部，筑城于辉发河边。传至孙拜音达哩，国亡。乌拉先世曰扈伦，姓纳喇，因建国于乌拉河岸，故以乌拉名其国。至布占泰，国亡。当时海西而外，则为朵颜三卫。嘉靖中，花当、革兰台、影尧为患，时专设蓟辽总督以御之。三卫部族多至八十余种，唯长昂、董狐狸为凶狡。万历中，则伯言、花当最盛。其酋则大委正、小歹青、虎喇赤、速把亥、秒花诸名。酋名最繁，不能悉举。西房则有虎墩兔憨等名。此皆与当日时事最有关系，不可不知者也。

努尔哈赤崛起于辽东黑图阿拉之地，其先世源流虽未详悉，然据明代记载，实建州左卫之苗裔也。所谓其先兴祖福满，生六子，称宁古塔贝勒，各筑城分居，以黑图阿拉为主城。其世无考，唯可知者，其祖、父觉昌安、塔克失〔五〕，从李成梁死于讨王杲、阿台之难。努尔哈赤氏与其弟速尔哈赤奋起戎行，斩夷克五十，得赐龙虎将军，捕杀仇人尼堪外兰。尼堪者〔六〕，汉人之谓；外兰者，外郎之意也。筑城于呼兰哈达，并有长白、栋鄂诸部。未几，即因杀其弟。乘王台之死，其子弟之纷争，王台之孙歹商为叶吓那林孛罗所戕，猛骨孛罗单骑来归。努尔哈赤氏利用其狡猾之智，奸诡之计，乘其来归，遂遽杀之，而灭南关，乃称建州国汗。北关则以那林孛罗之女老女相许，白羊骨竟以许暖兔子蟒儿骨大。适乌拉卜占泰为努尔哈赤之婿，以得罪来归。于是努尔哈赤师出有名，以老女、逋婿之事遽攻南关。所谓老女、逋婿之役，在明代记载极为重视。努尔哈赤既并有南关诸部，仅有北关叶吓未下，于是努尔哈赤由建州国汗，建国号曰金，称年号曰天命。乃于天命三年、明万历四十六年，以七大恨誓师兴兵伐明。是时明廷已鉴奴酋之强，叶吓氏为明东北之藩屏，已垂于危，于是经略杨镐命杜松、马林、李如柏、刘绖分四路出师。努尔哈赤既破叶吓，金台失、白羊骨二酋自焚死，乃乘余勇，一鼓而堕杨镐四路之师。所谓萨尔浒之役，金国之基，遂于此定。明廷乃命熊廷弼经略辽东。廷弼未出，而开原、铁岭继陷。廷弼至辽，招流移，缮守具，固守不浪战之旨。乃忌者劾其不战，乃以袁应泰代之。时蒙古大饥，招降数万，异族杂居，沈阳遂至不守。明廷复起廷弼，乃建三方布置之策，广宁、登莱各设巡抚，而经略驻山海关。广宁巡抚王化贞与廷弼不和，广宁不守。是时明廷则魏阉擅政，政出多门，以廷弼之熟于边事而信任不专，卒至偾事。未几，左光斗、魏大中诸贤均罹大辟，追赃之说，即由庇廷弼而起。说者谓廷弼不死于边疆，而死于门户，识者哀之。继廷弼而起者，则为经略王在晋、蓟督王象乾。象乾主款蒙古以捍东陲，在晋则主守关门而弃关外，均不免书生之见。在晋之说，尤为纰缪。惟大学士孙承宗主关外筑重城，与宁远、觉华岛相觭角，不主款蒙古之策，较为得之，但未几为魏阉排去。是时，努尔哈赤氏则缮甲兵，聚卒乘，自萨尔浒之役后，天命七年，由兴京迁都太子河右岸，筑东京城。辽、沈继陷，乃移都于沈阳，清代之盛京，今之所谓辽宁者是也。于是努尔哈赤氏复抚有东海瓦尔喀、虎尔哈、渥集三部，黑龙江之索伦部，俨然蔚为大国。不幸于天命十二年，大举征宁远，为巡抚袁崇焕火炮所伤，遽崩，是谓太祖。其第四子黄台极嗣位，是谓太宗，国号天聪。袁崇焕之为人，其杀皮岛毛文龙，卒失海隅之屏障。文龙之部下，若尚可喜、孔有德、耿仲明辈，多降入清，为明末一大祸端，固为失计。然其遏御悍敌之功，则不可没也。其五年破敌之说，固为夸言，其精悍之才，则不可掩也。崇祯帝信之而复疑，用之而不专，乃中敌人反间之计，卒杀崇焕，岂不哀哉！其后孙承宗修复关外四城，颇具恢复之志，而不能竟其材，余则更不足与谋战事。置饷设官，繁复无当，巡抚、总督，一处数设，权势庞杂,不能统一。饷则有剿饷、练饷之名,竭天下之资以供辽东。盈廷筑室,蝈蝗羹沸〔七〕,虽无劲敌,明祚亦不能持久也,明矣!

太宗即位,当太祖时其武功亦足以慑明廷之气,于是太宗乃得整理其内部,及并服朝鲜、蒙古之地。当太宗之初立,太祖之子八人,兄弟最繁。所谓三尊佛之制,乃与蟒尔古泰、代善共理国政〔八〕,内部实未能统一。未几,蟒尔古泰叛,代善亦知几而退,于是权归于一尊,不可谓太宗应付有方。是时朝鲜李适、李贵等责其君光海君之无道,迫其退位。太宗乃乘此机会,进据江都,朝鲜慑服,约为兄弟之国。在朝鲜之史,名为"丁卯虏乱"。而蒙古插汉诸部,亦相继归附,统有漠北诸地。乃于天聪十年,改元崇德,更国号曰大清国皇帝。是时朝鲜新有国丧,乃命贝勒前往吊唁,间附蒙古贝勒劝进之书。朝鲜直斥来使,于是太宗乃为第二次之征伐,进据韩城,立丰功碑于三田渡以记其事。是谓"丙子虏乱"。

当此之时,明廷山东沿海之地毛文龙之部将尚可喜等亦相继归降,渤海无后顾之忧,东兵可以直抵胶东,以掠山东之地。插汉既服,则西路可以西趋大同,会师宣府。明廷所恃者,仅山海关及关外锦州、永平等四城耳。有孙承宗之守,大凌河关塞俨然〔九〕,屡挫清师,其兴复屯戍御备之计,实不亚李成梁之兴筑宽甸六堡。乃小有挫折,立即去之。于是太宗四路出师,锦州、松山、杏山之战,蓟辽总督洪承畴被擒。当时明廷自诩天朝、讳言媾和者,至此乃命陈新甲赴辽请和,而所谋不成,新甲以泄谋弃市。当时则兵尽饷竭,流贼充斥,西寇李自成直迫近畿,北京不守。甲申三月十九日之变，崇祯自缢。吴三桂不忍爱妾陈沅之被掠，乃东趋清师，入居北京，而明亡矣。然而是时太宗新崩，冲子嗣位，内部方发生立嗣之争，实不暇有南顾之事。吾观内阁大库所留遗金国汗之诏诰书牍，未尝无求和之意，自惭之心。据天聪二年失名奏本云："南朝虽师老财匮，然以天下之全力，毕注于一隅之间，盖犹裕如也。我国处南朝之大计，惟讲和与自固二策而已。南朝亦知宋为覆辙，但贿赂之积习日久，而玩愒必生，明知故蹈〔一〇〕，势所必至。待我国益富，兵益强，乘间再图，破竹长驱，传檄天下矣。正兵法所谓卑骄利诱之术也。"盖其初愿，殊不及此。使主国是者处置得宜，何至有甲申之变哉！今惟有供后人之垂吊而已。以上之文，据马文升《抚安东夷记》、王在晋《三朝辽事实录》、叶向高《女直考》、苕上愚公《东夷考略》、彭孙贻《山中闻见录》、海滨野史《建州私志》、国立中央研究院残档、魏源《开国龙兴记》、孟森《清朝前纪》《满洲开国史讲义》、日人内藤虎次郎《读史丛录》、稻叶岩吉《满洲发达史》等书辑为一文，取便读者，不尽注出处。以下之文，乃用考证之法，以疏证其事。

以上所述，不过举明清史事大者而言，然其史事上之疑问不能解决者，盖甚繁也。如上所谓努尔哈赤氏之世系，孟莼孙则谓出于建州左卫，章太炎则谓出于右卫，则清代世系，果左卫乎？右卫乎？是均有可商榷者也。又如猛哥帖木儿之子童仓，又有子名董山，明代记载如叶向高《女直考》等书作二人，朝鲜《实录》则作一人。吾意朝鲜距建州较近，其言必不能无据。凡此诸问题，其不能解决或新发生者尚夥，此非借新史料之发现，与学者之董理，不能明也。又如清代之勃兴，与明代之覆亡，其制度之兴废与覆亡之原因，必有可以注意者。故于事实考订之外，复于明清制度诸问题可以归纳而研究者，约有数端。兹先言明代对于辽东建州之建设诸问题，吾人所当研究者：

一、明自阿哈出内附，明廷对于辽东之设置本极详明，上文已略言之。在辽东者，则有巡抚以抚辽东，都指挥之职总制诸卫。先后置建州等卫一百八十四，兀者等所二十，都司一，曰奴儿干。其酋为都督、指挥、千百户、镇抚，俾统其部落。别为站、为地面各七〔一一〕，不领于卫、所。并约岁一朝贡，野人远，无常期。又设马市开原，并设安乐、自在二州于开原、辽阳，以抚降夷。以上叶向高《女直考》。立宁王于大宁，以屏藩王室。必辽之藩篱固，而后京师之藩篱始固，于是有兀良哈朵颜三卫之设。其在内者长城，古所以防边，自山海关起，西则居庸、紫荆，所谓三关。近畿之地，蓟州、昌平、保定、辽阳，所谓四镇。在明代极为重视。其后时事不同，递有变更。如后辽事日棘，经略之设置山海，昌平、保定之各设总督，宁远、永平、顺天、昌平、密云、天津、保定之设六巡抚。筹饷之策，则有因粮、溢地、事例、驿递之分，剿饷、练饷之别，其事至为复杂。至明之绿营，规制渐已堕败，将领则侵蚀兵饷，不能足额，不足以御敌。于是有家丁之制，每一部曲动辄千人。自家丁之制坏，而辽事益不可为。此亦败亡之一因，若考而订之，可以见明代建置之大概焉。

二、兀良哈三卫之设置。兀良哈为蒙古之族名。当明洪武二十二年，筑大宁城，封子权为宁王。翌年，元之宗室辽王及朵颜内附，明因分为三卫：一朵颜，二福余，三泰宁。此三卫者究在今地何处，日人稻叶岩吉《满洲发达史》谓："朵颜，蒙古所以语官人者，即成吉思汗之曾孙朵颜是也，其封地在今嫩江一带。福余即扶余，为今农安附近地方。泰宁地址虽不能确指，大约即元之泰州，即伯都讷之北方诸地。"要之兀良哈为游牧民族，本迁徙无常。日人箭内亘博士《兀良哈考》云："《明史·外国》所谓'自大宁前抵喜峰口，近宣府，曰朵颜；自锦、义历广宁至辽河，曰泰宁；自黄泥洼逾铁岭至开原，曰福余'者，乃明代中叶以后之形势，而非洪武年间三卫之疆域也。兀良哈三卫，在今所谓东蒙古之地，介在鞑靼、瓦剌与建州女直之间。"其说极为有据。自永乐迁都北京，大宁内徙，于是明代载籍多有谓分大宁之地以畀三卫，辽东失其藩篱，祸端即肇于此。然稻叶氏则谓，以永乐之英武，其计当不出此。引明陈组绶《明职方地图·大宁图考》以作证。然以大宁畀三卫之说，自马文升之《抚安东夷记》、郑晓《吾学编》即主其说。文升去其时未远，其言必不致有误。且无论如何，大宁内徙实永乐之失计，固无可讳言者，则其余地，安知久而不并入三卫？兀良哈三卫之设置，于明代之辽东极有关系，近来日人颇注意及之，此不可不研究者也。

　　三、明代辽东边墙之建筑，实大宁内徙后最大政策。其建筑者始于毕恭，即创修《辽东志》者也。明代边墙之建筑，非仅辽东，宣府、大同一带皆筑有边墙，载在《明史》。特辽东建筑边墙，《明史》晦而未显耳。稻叶岩吉氏谓：边墙之区划约有三部：一为辽河流域之边墙，二为辽西之边墙，三为辽东东边之边墙。所以防御东夷，其法至善。辽河在明代一称三岔河，王在晋《三朝辽事实录》云：

按三岔河当全辽适中之所，为东西咽喉。其上流为辽河，分为三水，俱出建州界内，逶迤潆洄，历黄泥洼合而为一。南行百余里，为三岔河；又一百八十二里，而归于大海。

惟毕恭之筑边墙，经辽河之套而边墙中断，成凹字之形，至弃水草鲜美之地，渐为三卫所蚕食，防胡之具已渐失效。惟边墙之设，因辽河之变迁，其遗迹是否可寻，当时建置之法若何，此又不可不研究者也。

四、明代通辽道路。大抵明代通辽之路，可分海、陆二程。明之初年，辽东由山东巡抚节制，定辽之师多由海道，故有辽海之称。其后则多由陆道。《三朝辽事实录》云：

国初置辽，故属山东。其航海自金州旅顺关口，南达登州新河水关岸，计水程五百五十里。而海中岛屿相望，远可百里，近止数十里，舟易停泊。有羊坲岛石碣旧镌可考。先年，由登莱转运济辽，丰歉有无，彼此两利。嗣因亡命窜入海岛为患，设禁始严，辽遂坐困。万历二十五年以来，议从海运饷东征士卒，其禁稍弛。而旅顺复设防海游击，以控扼之，虽则为运，实以为防。戊午，奴陷清、抚，复开海运。创始者，登州道陶朗先也。岁运十万石者，东抚李长庚也。

由海运而通辽，实为得计，王氏之文，可以略见其崖略。惟由蓟北通辽之路，陈仁锡《无梦园集·山海纪闻》记全辽道路、城堡颇详。盖万历、天启间，明清交涉日繁，其通辽之路，乃为不可忽之事。考辽东故城，有都尔鼻地，为至辽东西必由之路。日人内藤湖南博士曾有《都尔鼻考》一文，考其地即今之彰武县。据《朝鲜日记》《清实录》等书，当日太宗伐明，为必经之路，尝谕三贝勒曰："尔等率兵二万由义州进发，屯于锦州、大凌河之间以俟；将大兵由白土场入趋广宁大道，初六日会于大凌河。"是当日之路，径从奉天渡辽河之后，先出边门，再由白土场赴义州，入辽西。至康熙间，辟新民屯之路线，而此路遂废。若夫建州三卫之道路、城站、卫所等之名目，《大明一统志》及何乔远《名山藏》记之甚详，《全辽志》亦记其事。若董而理之，则于明代辽东之地理，颇有关系者也。

五、明代经略之设及筹辽之议。明代辽东故有巡抚，自边事日繁，而后有经略之设，以总理其事，大抵以兵部侍郎、副都御史充之。如正统间辽夷猖獗，则以王翱为经略以抚其事，后此则无闻。自以杨镐为经略，四路出师，《东夷考略》称其以新衔往经略。顺天抚臣移镇山海，保定抚臣移镇易州，皆为创例。有经略与巡抚并设者，有经略兼巡抚者。自出师丧败之后，以熊廷弼代之。未几，以袁应泰代熊廷弼。后熊廷弼与王化贞不和，辽阳丧师，乃以王在晋代之。继之者，则有孙承宗、高第、王之臣。后乃以袁崇焕巡抚宁远，罢经略不设，乃有督师之名，其实即经略也。其后则设官虽繁，而边事愈不可为。至筹辽方略，熊廷弼三方布置之策，袁崇焕以辽人守辽土、以辽土养辽人之计，王在晋之主守关门、款插酋，孙承宗之修关城、缮守备，均各有其得失。惟当日政权不一，有经臣、抚臣、枢臣之分，诸事掣肘。熊廷弼已痛乎言之，虽有谋臣勇士，亦安足用。至于朝野之士，鉴于国是之日非，亦多为筹辽之策。所谓渐进渐复，用夷攻夷，修屯政、为久计诸说，见《无梦园集》。当时之士，发为著述，以痛言辽事者，则有程开祜《筹辽硕画》、喻龙德《秘书兵衡》、张一龙《武库纂略》诸书。就其所论，则亦不过书生之见，以口打贼而已。

以上乃就明代对辽东之政策言之，若清代建国之史事，则更有可研究者，兹略举之于后：

一、清代之姓氏及世系问题。太祖姓爱新觉罗氏。《清实录》所云：爱新觉罗，乃天女佛库伦所生，始祖已称此姓。所谓爱新，金也。觉罗，即族之意。惟《八旗氏族通谱》不载此姓，以为国姓讳。至太祖之在明代，称佟氏，亦称董氏。日人内藤博士为《清朝姓氏考》一文，则谓其姓佟氏者，则以明永乐间建奴儿干《永宁寺碑》，其中有佟答剌哈其人，事明最为恭谨，故对明代则称佟氏。董山为明正统间名酋，最为凶猛。童、董双声，故对内则称董氏。明天启间，佟卜年以与太祖同姓而致罪，即此因也。至太祖又称栋鄂氏，与佟、董二氏有何关系，内藤博士则据盛昱《八旗文经·作者考》是书为近人杨钟羲先生子勤所撰。云："铁保字冶亭，一字铁卿，号梅庵。旧谱姓觉罗氏。自称赵宋之裔，后改栋鄂。"乃以佟、董与栋鄂氏之关系在此，其说实未可凭。朱逷先撰《后金国汗姓氏》，证明清室祖先本姓佟，佟、童实双声之转音。其始祖为建州左卫猛哥帖木儿。而爱新觉罗，乃清太宗新改之姓。其所以改姓者，盖因古者所传"男女同姓，其生不繁"，东胡之民本同族通婚，及其族始大，则仿辽代改耶律氏为萧氏之例。不过辽代改母姓，此则改父姓耳。其文洋洋数万言，考证极为赅博。至清代之世系，《清实录》与明代记载其不同之处约有数点，据内藤博士所列之表，录之于后：

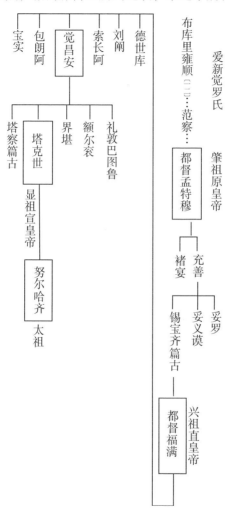

明代及朝鲜记录次序应如此：

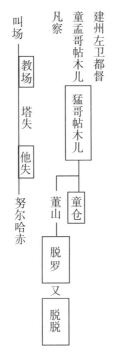

此孟特穆即猛哥帖木儿，充善即董山，妥罗即脱罗，觉昌安即叫场，塔克世即塔失〔一三〕。督都福满无着落。凡察为猛哥帖木儿之弟，列在孟特穆之上，亦未允当。大抵清代世系，于其先代则故为神话，以附会其说。至后史料日出，乃知清之先世本臣属于明。清代臣僚乃更为模糊影响之辞，以兴祖先世不明，以证太祖非建州左卫之本系，而明非臣属于明者。孟莼孙推阐其说，至为明确。惟云锡宝齐篇古即《明实录》中之失保，兴祖即董重羊，重羊乃童仓之别名。按童仓之名，埋没已久，何以忽有重羊之名？在史料未充分成立以前，桢尚未敢赞同也。要之，太祖究系何族，《东夷考略》称其为建州之支部，内藤氏则以为太祖乃建州之赘婿。凡此诸说，与清代建国极有关系，皆有待考究者也。

二、满洲之国号。征诸明代载籍及清初档册，太祖之肇兴，乃称建州国汗，后乃称金国汗。观清初档案，历历可明。至崇德元年改称皇帝，乃称大清，而当时所通用者，仍称金国，而无"满洲"之称。至清官修之书，乃凡关于金国汗之名概行讳之，而改为"满洲"。"满洲"之称，日人谓为"文殊"之对音。孟莼孙则以"满洲"亦称"满殊"，明代书作"满住"，系最大酋长之称。又，李显忠之子为李满住，"满住"与"满殊"之音略同。桢意：自太宗合并插汉，佛教东渐。观明袁崇焕尝遣喇嘛问吊，则清初之迷信佛教可知。"满洲"之名，盖由其习俗"满珠"之称，其祖为李满住，又与佛氏"曼殊"之音相合，辗转而成者也。

三、清初之承继问题。蒙古国俗，遗产分配之制，成吉思汗薨后，其嫡妻少子拖雷不但承受遗产，而且为继嗣之主，是谓库里尔特之制度。在清初立嗣制度，是否与之相同，尚须待考。清代自康熙而后，不立皇太子，皇帝默简，置之乾清宫"正大光明"匾额之后，此制固为奇异。然当太祖、太宗两朝之立嗣，则更有问题。当太祖时，其长子褚晏因谋叛被杀，在其族中共选四人，每日由一人执掌国政，即大贝勒代善，二贝勒阿敏，三贝勒莽尔古泰，四贝勒皇太极。阿敏为其弟速尔哈齐之子，后被杀。及太祖崩，何以立皇太极为嗣，是不可考者。《清实录》太祖崩，大福晋赐死一事，多尔衮、多铎即其子也。其事因有争立关系，后被删去。据朝鲜人撰《燃藜室记述》引《丙子录》云：

丙寅五月，建州奴酋奴儿哈赤疽发背死，临命立世子贵荣介。贵荣介让弟弘他矢，即皇太极。曰："汝智勇胜于我，汝须代立。" 弘他失略不辞让而立。

则当时之无逊让之心可知。太宗立，与莽尔古泰、代善共辅国政，所谓三尊佛之制度。后莽尔古泰得罪，代善亦知几而去，权乃归于一尊。及太宗崩，而继嗣又发生问题。《世祖实录》卷一 "崇德八年乙亥" 条云：

和硕礼亲王代善、诸王、贝勒会集，以大位不可久虚，定议以太宗之第九子嗣位，共立誓书，诏告天地。公议和硕郑亲王济尔哈朗、和硕睿亲王多尔衮共辅国政。

依当日情势，多尔衮最为有功，且最机警，依蒙古少子立嗣之制度，则固有应立之关系。惟当日人民属望太宗之子，乃以太宗第九子嗣位，是谓世祖。其间多尔衮之力为多。朝鲜《沈阳状启》云：

十四日，诸王会于大衙门，大王发言曰："虎口帝之长子，当承大统云。"虎口曰："福小德薄，非所堪当。"固辞退去。定策之议，未及归一。帝之手下将领之辈佩剑而前，曰："吾属食于帝，衣于帝，养育之恩，与天同大，若不立帝之子，则宁死从帝于地下而已。"大王曰："吾以帝兄，当时朝政老不预知，何可参于此议乎！"即起去。八王亦随而去。十王默无一言，九王应之曰："汝等之言是矣。虎口即让退出，无继统之意，当立帝之第三子，而年岁幼稚。八高山军兵，吾与右真王分掌其半，左右辅政。年长之后，当即归政。"誓天而罢去。所谓第三子，年今六岁。

是当非传闻，确系事实。虎口即豪格，九王即多尔衮。此事多尔衮周折之力最多。据《世祖实录》卷二十二"顺治癸卯"条云：

> 摄政王多尔衮集诸王、贝勒、贝子、公、大臣等，遣人传语云："今观诸王、贝勒、大臣，但知谄媚于予，未见尊崇皇上者。予岂能容此！昔太宗升遐，嗣君未立，诸王、贝勒、大臣等率属意于予，跪请予即尊位。予曰：'尔等若如此言，予当自刎，誓死不从。'遂立皇上。以此危疑之时，以予为君，予尚不可。今乃不敬皇上而媚予，予何能容！"

是多尔衮有立嗣之功，内藤博士《清代继嗣问题》一文记之最详。清初是否用蒙古立少子之制，不可得其详，然继嗣问题，固为清初重要之一事也。

四、建州部族之译名。建州民族，其人名、制度与吾国多异，而译名亦多不同。然明代载籍，译建州人名作奴作鼠，锡以狐狸、犬兔之名，猵鹰之官，存心谩骂，固无论已。大抵清初其名物之名，或取之蒙古，或取之中国。如皇太极，即蒙古之皇太极；章京，即将军之转音。其记名物制度之名者，如陈仁锡《无梦园集·山海纪闻》云：

> 《奴酋名号》：号憨者，主也。四男名喝竿，称憨，不出战。号贝勒者，王也〔一四〕。凡老奴子、侄、孙正派称之。号恰者，总督也。以真夷有才略任之。号娥夫者，驸马也。号姑婳者，女婿也。凡杂夷、中国人心爱者俱配之。号孤山者，总兵也。非真夷凶狠者，不当此任。号牛鹿者，将官也。俱不用中国人，凡杂

夷中选任之。号獐鹰者，千把也。亦以杂夷选用。号摆言者，好
汉也。披重甲冲营破阵者俱是。又有号红摆言者，最精健。

此为明代记建州名号，虽未能允当，然亦可见明代对于建州名物
所推测之大概。记人名者，明代记载与清代官书多有不同。《清
实录》所记之名，则渐从雅驯。如逞加奴、仰加奴、歹商，《清
实录》则作清佳努、杨佳努、岱善。其祖先猛哥帖木儿作孟特
穆，董山作充善，妥罗作脱罗，叫场作觉昌安，塔克世作他失等
类，不能悉举。至朝鲜记载，则尤与明代记载不同。大贝勒代善
作贵永介，皇太极作洪他失，肃亲王豪格作虎口，硕托作小退，
英俄尔岱作龙骨大，刚林作加邻，亦作葛林，希福作皮牌，巴克
氏作博氏，八旗作八高山。凡此之类，不知凡几，不知其事者，
多不易明。大抵译名一事，在辽、金、元及清初史极为重要。然
清初译名，经乾隆时屡次改定，已失其真。如能将清初未改之
名，及清人官修书之人名，朝鲜人之记载，列表而对照之，则取
便于读者多矣。

　　五、建州之迁徙及其疆域。建州三卫之分置，及建州卫由浑
同江之东，被忽刺温野人所侵，南迁于婆猪江之西南。后又为朝
鲜所迫，迁于兴京西南虎栏哈达之地。其迁徙之迹，上文已略言
之。至其后并有诸部，其疆域日广。日人稻叶岩吉曾有文考其
事，于建州之迁徙言之颇详。然对于其后并吞诸部后之疆域若
何，尚未述及，此不可不研究也。

　　六、辽东之部族。当明代辽东部族极繁，建州三卫、海西、
野人女真，及兀良哈三卫，此其荦荦大者。若《清实录》所记满
洲、长白、扈伦诸部，所记尤繁。即如一部族之中，其酋名目亦

至繁。明张鼐《宝日堂集·辽夷略》所记：以宁前而论，其革兰泰一种凡八枝。广宁、锦、义而论，其土蛮憨一种凡九枝，嗳塔必一种凡十枝，大委正一种凡三枝，克石炭一种凡三枝，向领市赏在镇远关〔一五〕。其鬼麻一种凡五枝：小歹青一枝，市贡则在大康堡；额参委正一枝，市贡亦镇远关；耿耿歹青、青歹青、石保赤丑库儿三枝，市贡在大康堡。其五路台吉一种凡七枝，共十八酋，而领市赏亦镇远关也。其把伴一种，入于泰宁，凡二枝，共十酋，而领市赏亦镇远关也。泰宁诸夷，虎喇赤一种凡五枝，长男速把亥一枝，凡二十二酋，直广宁、海州、西平、东胜、东昌等堡，而领市赏镇远关也。至万历后，西虏则以伯要儿、秒花二族为最胜。若考而比之，于辽东部族之盛衰，可以略知大概矣。

七、清初之征朝鲜及征蒙古。建州与朝鲜为比邻，自与明代绝贡，建州已不能自持，于是不得不攻朝鲜，在东北地域成为一体，而朝贡之入，亦足以补明代赏给之不足。其征朝鲜之役，一在太宗天聪元年，一在崇德元年。在朝鲜之记载，一为"丁卯虏乱"，一为"丙子虏乱"，朝鲜公私所记，言之颇详。至插汗之款附，与明清之兴亡极有关系。朝鲜既降，则明廷之东边亡；插汉与建州和，则明廷之西陲阙。此不可不研究者也。

八、清初之军制。清太祖以遗甲十三副起家，遂能雄视东方，则其兵制编制，必有其故。如清之中叶，兵制已坏，而曾国藩之练湘勇，乃能所向无敌。兵制之改革，与时局极有关系。清初八旗之制，在明代之记载，陈仁锡《无梦园集·山海纪闻》云：

《奴酋统属》：憨总统贝勒、恰、娥夫、孤山、牛鹿、獐鹰、摆言等酋。贝勒八，恰四，娥夫六，孤山八，牛鹿三百六十，摆言共红摆言三千有余〔一六〕。各牛鹿所属健夷，或五七名，或十数名，或三四十名，各不等，非如中国整营、整队、连帅、什伍之节制。

在清代之记载，《清史稿·兵志》云：

设四旗，曰正黄、正白、正红、正蓝，复增设四旗，曰镶黄、镶白、镶红、镶蓝，统满洲、蒙古、汉军之众，八旗之制自此始。每旗三百人为一牛录，以牛录额真领之。五牛录，领以札兰额真。五札兰额真，领以固山额真。每固山，设左右梅勒额真。天命五年，改牛录额真俱为备御官。天聪八年，定八旗官名，总兵为昂邦章京，副将为梅勒章京，参将为甲喇章京，各分三等。备御为牛录章京，旗长为专达。又定固山额真行营马兵为阿礼哈超哈，其后曰骁骑营。巴雅哈喇营前哨兵为噶布什贤超哈，其后曰护军及前锋营。驻防盛京兵为守兵，预备兵为援兵。各城寨兵为守边兵。旧蒙古左右营为左右翼。汉兵为乌真超哈。孔有德之天祐兵，尚可喜之天助兵，并入汉军。九年，以所获察哈尔部众及喀喇沁壮丁分为蒙古八旗〔一七〕，制与满洲八旗同。崇德二年，分汉军为二旗，置左右翼。四年，分为四旗，曰纯皂、曰皂镶黄、曰皂镶白、曰皂镶红。七年，设汉军八旗，制与满洲同。

吾意清初之兵制，决不如清代记载之复杂。盖当时本一部落，几乎举国皆兵，无兵与民之分，故其势极强。及后国土既广，军民分治，而其势渐弱。陈寅恪师云：清之八旗，与辽、金之纠军有相似之处。金代纠军之制，日人箭内亘、羽田亨、藤田丰八及王静安师均有文记其事。惟于清初之兵制，则注意及之者尚鲜。近日人浦廉一有《关于汉军乌真超哈》一文，此系研究清初军制之初步，尚须继起探讨者也。又如清初流人编氓旗下，流谪辽、沈，如吴汉槎之流，研究此项问题，亦极有兴趣。

九、清初之财政。内藤博士曾有《清国创业时代之财政》一文，惜未见。盖明代建州诸夷，其致富之道在于贡市，明廷给救以防卫之。其次则在于请赏，明廷羁縻诸夷，赏赐不菲，建州诸酋得依赖之。清太祖努尔哈赤氏初则斩克五十，颇得赏赐。继并有诸夷，贡市集于一身。洎与明廷反抗，赏赐不及，乃征服朝鲜，勒其入贡，并得交通互市，此亦清初致财之一道。凡此诸事，散见诸籍，若考而比之，与清初史事极有关系者也。

十、清初与佛教之关系。建州与蒙古比邻，受蒙古佛教影响实多。其满洲字之制造，即由蒙古僧侣所为。明代袁崇焕之通辽，问遗之使，多遣喇嘛前往。清代笃信佛教，历祀不废。大抵佛教之传入，先由蒙古，而次及西藏，其后清廷并信其教，又为怀远之方策。此皆有待研究者也。

十一、建州之风俗。古昔所传建州民俗，楛矢良弓，其俗善射。若民初生，以石压头，故其面扁，其说荒诞不经，《满洲源流考》早已否认其说。惟其风俗，若严从简《殊域周咨录》所记，女直野人性刚而贪，文面椎髻，帽缀红缨，衣缘彩组，惟裤不禈，妇人帽缀珠珞，衣缀铜铃，射山为食，暑则野居，寒则室处，其说亦颇与今之满洲人衣冠相近。若夫满洲开国之传说，更有荒诞者。如天女佛库伦之说，究从何处流传。日人今西龙《朱蒙传说及老獭稚传说》一文，记朝鲜会宁一带种种之传说，记其演变甚详。是可知天女之说，即由老獭稚之说蜕变而成。又如满洲祭堂子神之说，有满文《祭神祭天典礼》一书，专记其事。孟森《清朝前纪》谓：堂子神即祭明将邓佐，征建州战死，建州人畏之，故祭之云。故其祭堂子神时，跪时其像始展，跪起则其像已卷矣。或云为一裸像，或曰其像可畏，故急卷之。然此事皆与满洲风俗有关，是不可不研究者。

十二、清初史事，详于近而略于远。自太宗有《实录》之作，后世虽多修改，然其事尚易明。惟明初之建州之情状，仅马文升《抚安东夷记》、苕上愚公《东夷考略》稍记其事，余则记载更鲜。若景祖福满之记载无闻，固无论已。即如叫场、塔失之事，清太祖与李成梁之关系，叫场、塔失死时太祖年究有几何，明代记载有谓年四五岁者，有谓其年十六七者。以时考之，天启六年太祖崩，年已七十，是当时年已及壮可知。凡此诸事，均有待新出史料亟为补证者也。

右举明清史事问题，大要既明，吾人更当注意者，解决问题尤在史料。清初史事既如此之复杂，而记载散佚，其剩余者又经后人删改，已失其真。故欲研治明清史事，非先从整理史料入手不可。故本文于叙清初史事之后，次述清初之史料，及史料所以必须整理之故于后。兹先述清初史料，可分四类：

一、成于清初本身之手者；

二、明代记建州之书；

三、清人官修之书及近人著作；

四、朝鲜人之记载及日本研究清初史事之著作。

当时金石文字流传于世者，亦足参考，附于每篇之后。兹综而论之。辽东诸族有文字甚久，若金之女真文，间有碑碣流传，然识之者鲜。太祖立国，初用蒙古文字，至己亥年、万历二十七年，始创修文字。据《清实录》及《清史·额尔德尼传》："太祖用蒙古字以制成满文，命额尔德尼巴克什及噶盖札尔固齐酌定之〔一八〕。未几，噶盖因事伏诛，额尔德尼独成其事，颁行国中。"此即用蒙古字写满洲文，所谓无圈点之老满洲文。至太宗天聪六年，以旧文不易谙识，乃命巴克什，以初学所应读之十二字头，加以圈点。因无圈点之字母，上下字互相雷同，不易区别。故书籍中普通语言，以旧字缀成，考察上下文义，多不能通晓，人名、地名尤易错误。因加以圈点，以区别同形异音之字，且于汉字音颁写满文者，于十二字头之尾添以变化，以示区别。是谓新满洲字，即今通行者是也。

此满洲字制成之后，用以书写文书、日记、简册及起居注诸文，纂修《实录》，即今流传之满文《实录》《老档》是也。其后并用满文以译汉文书籍。《天聪朝奏疏稿》卷上杨方兴《条陈时政奏》云〔一九〕：

一、编修国史。从古及今，换了多少朝廷，身虽往而名尚在〔二〇〕，以其有实录故也。书之当今谓之实录，传之后世谓之国史〔二一〕，此最紧要之事〔二二〕。我金国虽有榜什在书房中，日记皆系金字，而无汉字。皇上即为金、汉主，岂所行之事止可令金人知，不可令汉人知耶？辽、金、元三史见在书房中，俱是汉字、汉文，皇上何不仿而行之。乞选实学博览之儒，公同榜什，将金字翻成汉字，使金、汉书共传，使金、汉人共知，千万世后，知先汗创业之艰难〔二三〕，皇上续统之劳苦。凡仁心善政，一开卷朗然，谁敢埋没也。

是清初用满文以写定《实录》，并以译成汉文，为用极广。故《实录》、典章率有满、汉、蒙文三本。榜什即博士之意，掌翰院之事者也。《奏疏稿》卷下仇震《条陈五事奏》云：

> 一曰译书史，简明以便睿览。古来明圣帝王，莫不勤好书史。汗今好学，将书史尽皆译写金国字样，诚天纵聪明，尧、舜再见。但人君之学，与众人之学在章句者不同，须得其精要。古人云，务博不如务约。即中国宿儒，亦皆选精要，专用工夫。况国君机务甚多，精神有限，何能傍及烦史。昔唐太宗集古今书史，凡系君道国事者编为一册，名曰《君鉴》，日夜披览，成贞观之盛治，后世法之。今汗宜选汉人通经史者二三人，金人知字法者三四人，将各经、史、《通鉴》，择其精要有裨君道者集为一部，日日讲明，则一句可包十句，一章可并十章。此举约该博、执要贯烦之法，工夫极简明便易。圣心一览，便知道理，如在目前，五帝三王不能过也。

由上可知，并用满文翻译书史，即今流传满文译本之《四子书》及说部诸书是也。唯吾人可疑者，满文记载史事之书，仅有《老档》中诸文。而坊肆所发现者，唯有文法、字典、说部诸书，记载满洲史事之书，则为数甚鲜。然说部、语法诸书究有若干，董而理之，亦深有意味之事也。

档案文字之意已明，其档册存贮之处，有不可不研究者。王先谦《东华录》天聪十一"崇德元年三月"条云〔二四〕：

> 辛亥，改文馆为内三院。一名内国史院，记注上起居、诏令，收藏御制文字，凡用兵行政、六部所理事宜、外国所上章奏，俱令编为史册，并纂修历代祖宗《实录》，拟郊天告庙祝文、功臣诰命、诸贝勒册文；一名内秘书院，撰与外国书及上赐敕书并谕祭文，录各衙门奏疏及词状；一名内弘文院，注释古今政事得失，进讲御前，侍讲皇子，并教亲王，颁行制度。

又《大清会典事例》卷十一云：

> 天聪三年，设文馆于盛京。十年，改文馆为内三院，曰内国史院、内秘书院、内宏文院。顺治二年，以翰林官分隶三院，称内翰林院、内秘书院、内翰林宏文院。十五年，改内三院为内阁，大学士俱改内阁衔。十八年，复改内阁为内国史院〔二五〕、内秘书院、内宏文院，裁翰林院。康熙九年，仍改内阁，另设翰林院，如旧制。

自清入据北京，内阁仍明旧制。明代内阁之职掌，据《明史·职官志》：凡上达之诏、诰、制、书、册文〔二六〕，下达之题、奏、表、讲章、书状、文册、揭贴〔二七〕，皆审署申覆，为存贮档册之地。其内阁学士，修《实录》、史志诸书则充总裁官，会试充考试官，殿试充读卷官。清代承明之旧，而地位较崇，其权更重。至顺治、康熙间，纂修《明史》，更搜辑明季史事。《东华录》载顺治五年谕内三院云：

> 今纂修《明史》，阙天启四年、七年《实录》及崇祯元年以后事迹。著在内六部、都察院衙门，在外督、抚及都、布、按三司等衙门，将所阙年分一应上下文移有关政事者，作速开送礼部，转送内院，以备纂修。

是明代史料，亦集于内阁之中。但内阁之制，至雍正间设军机处而权势稍衰。赵翼《檐曝杂记》云〔二八〕：

> 军机处，本内阁之分局。国初承前明旧制，机务出纳悉关内阁，如唐翰林学士掌内之制。雍正年间，用兵西北两路，以内阁在太和门外，虑泄事，始设军需房于隆宗门内。

至此，内阁遂为贮存档册之所。及清宣统年间，内阁大库楼坏，大学士张之洞奏请，以大库所藏书籍设学部图书馆，即今之国立北平图书馆是也；其旧档，则主销焚。幸上虞罗振玉氏时充学部参事，以档册关系史事，请于张氏，罢免销焚。入民国后，此项档册移于午门历史博物馆。民国十四年，因经费支绌，随将档册八千余麻袋售于纸商同懋增，以重造新纸，所谓还魂纸者也。后经罗氏发现，乃以四千元获得，王静安师为作《库书楼记》以记其事。曾印行《史料丛刊》，多为清初罕见之籍。其仍存于历史博物馆者，蔡元培先生为之请，存于国立北京大学研究所国学门，即今明清史料会所整理之档案也。上虞罗氏以此项档册，转鬻于江西李盛铎木斋氏。民国十八九年间，吾师陈寅恪、马叔平先生请于当事，以二万元归于国立中央研究院历史语言研究所，即今所印之《明清史料》是也。吾友徐中舒为《内阁档案之由来及其整理》一文，所记甚详。日人内藤博士《清开国期之史料》一文〔二九〕，言清初史事颇确，此节即节取其意。由上之文，吾人于档案内容可分为三类：

一、清代未入关以前之档案，存于辽宁故宫博物馆之崇谟阁，即今崇谟阁之旧档；

二、清代入关后之档案，在内阁大库以外，尚保存于宫中者，即今清故宫之档册；

三、内阁大库散失后之档册〔三〇〕，流传至北平图书馆、上虞罗氏、北京大学研究所、中央研究院，今各处所整理之档册皆是。

凡此，皆清初史事之大略也。清初之史事已明，其档册之名辞，有不可不注意者〔三一〕。今先言档字之意。官署案卷，清初称为档子。内阁有满汉档字房。杨宾《柳边纪略》云：

> 边外文字多书于木，往来传递者曰牌子，以削木片若牌故也。存贮年久者曰档案，曰档子，以积累多〔三二〕，贯皮条挂壁若档故也。然今文字之书于纸者，亦呼曰牌子、档子矣。

文书之名辞，足以辨年代之真伪，识一时之风气，于研究史籍尤为重要。然此为专门之学，非仓促间可以解释。桢曾访于杨雪桥先生钟羲，杨君熟于明清掌故之学，承其解答，录之于后。

红本：奏用白折题本，黄面红裏，故称红本。

题：题本以别于奏本，奏本直达御前，题本由阁票签〔三三〕，多例行事件。

揭帖：简明说帖，参劾曰揭参，呈报曰揭报。

塘报：堤塘送递之报，奏报、呈报皆是。

题行稿：行者，行各衙门具题之件，分行各该衙门。

书简：公事说帖。

当时田赋上户部者，册面黄纸，名曰黄册。有司征税编徭，则曰白册。清初记载时事预备修史者，并有史书之名。至清初关外地理沿革所用诸名辞，如窝集，满洲语森林郁茂中部族之谓；甸子，谓山岳地带之平坦地域；诺尔，蒙古语湖水之意；泡，蒙古语池沼之意；乌苏，蒙古语水之意。凡此种种翻译名词，似不可不研究者也。

至于明代人对于建州之记载，当以明十三朝《实录》为确。其中天启四年、七年两年之记载，顺治二年开修《明史》馆时，为冯铨所盗窃。又无崇祯一朝。然其书按年记载，而尚未被清廷之修改。万季野斯同之修《明史》，最凭《实录》。洎夫边事日急，朝野喜谈兵事，凡奉使边事者无不有著述，若熊廷弼之《按辽疏稿》、张鼐之《宝日堂集》、孙承宗之《督师纪略》、王在晋《三朝辽事实录》。边事一时有一时代之不同，读此最可见当日之情势。其他在野之士，亦喜为兵事之谈，若明张一龙之《武库纂略》、苏门山人郭湐之《东事书》，虽不无书生之见，然一鳞一爪，亦可以见当日之史事。惟自乾隆间屡申禁书之令，书多不传。今幸时异日迁，毁禁之书稍稍间出，以吾人所已见者，其记建州事者，依其性质可分为三类：

一、专记建州史事之书，若马文升《抚安东夷记》、苕上愚公《东夷考略》、天都山臣《女直考》等类是也；

二、记辽东之方志，若《辽东志》《全辽志》等类是也；

三、筹辽方策之书，若程开祜之《筹辽硕画》、喻龙德之《秘书兵衡》、张一龙之《武库纂略》等书是也。

其他若李清记斩毛文龙始末，钱谦益之《孙高阳行状》等类，可以见一人或一域之情势。若夫明代之著述兼记辽东事者，若何乔远之《名山藏》、严从简之《殊域周咨录》等书，若能别而出之，则明代对于辽东史事之真相，大略可见矣。若清代官修之书，则在臆改旧事，灭没史迹。即如清初太祖、太宗、世祖《实录》，为史事之最确者。然《太祖实录》始修于天聪十年。日人内藤博士谓，崇谟阁之《太祖实录图》即最初之本，未知确否。但观故宫博物院所藏之《实录》，一修于康熙二十五年，再修于乾隆四年，其后历朝递有修改，其事实已全失其真。至若清乾隆间所纂之《皇清开国方略》《满洲源流考》，王先谦《东华录》依一改再改之《实录》而铺张扬厉之，则去事实更远矣。至若朝鲜与建州为毗邻，自太宗征服朝鲜之后，朝鲜尝遣子入朝，今流传有《沈阳日记》《沈阳状启》诸书。清初史事不彰者，尚可于朝鲜载记中见之。自民国改元，人士乃稍稍研究清初史事，若近人章炳麟之《清建国别记》、孟森之《清朝前纪》，此其荦荦大者。海东日本亦喜研治其事，若《满鲜历史地理研究报告》《满蒙丛书》，记载清初史事尤详。其治满洲史事者，若内藤虎次郎、稻叶岩吉、今西龙、有高岩、鸳渊一诸君，均有文以记其事，此吾国人所不可不注意者也。

右既举清开国史料之大凡，然吾所以谓欲治明清史事，必须整理史料者，其故因清代官修之书屡次修改，事实全非。其修改重要之点，一在臆改旧文，二在没灭史迹。兹先就臆改旧文处言之。

一、《实录》历次之修改。日人内藤博士《清开国期之史料》云：

> 凡言中国之史料正确，官修之记录，无论何朝当以《实录》为第一。但《实录》之性质，往往本朝之臣子记录本朝之事，故有关避讳之事，记载不详者颇多。如宋朝政治上党派之激争，与明朝帝系之障碍，此事《实录》多有修改，可信之程度甚低。因此清朝之《实录》，究竟有几分可以相信，不可不先加考虑。就此《实录》言之，有必须注意者。清三朝《实录》写本，实已早传于日本，即清太祖、太宗、世祖三朝是也。此三朝《实录》，文化四年村山芝坞、永根冰斋二人抄录成书，名《清三朝实录采要》十六卷，出版行世。一时中国游日者，因本国《实录》不易获见，颇喜采购其书。此种《实录采要》，尚有简略抄本，即《大清三朝事略》二卷，刊行于宽正十一年，反在《采要》本之前。留传日本之《实录》，与北京、奉天所藏之《实录》是否一样，尚不可知。吾之所以发此疑问，盖以现在通行之蒋良骐之《东华录》，与王先谦之《东华录》，均系由《实录》抄录，而记事体裁，与传抄本颇有不同之处。例如满洲、蒙古所用之名字，传抄本《实录》与《东华录》多有不同。如官名与人名并记之时，照满洲书法，人名在上，官名在下。如"博而晋虾"，博而晋人名，虾乃官名，侍卫之义。然《东华录》则

作"侍卫博而晋"。剖此疑问所得之结果，传抄本之《实录》，乃抄之康熙年间之纂修本；《东华录》所根据之《实录》，乃乾隆后所修改者。其故因清太祖之谥法，传抄本作"太祖承天广运圣德神功肇纪立极仁孝睿武弘文定业高皇帝"，乃康熙年所改定。其后雍正元年，于"睿武""弘文"间加"端毅"二字。乾隆元年，又"端毅"下加"钦安"二字。此考查之结果，清朝之《实录》有一部分已经修改，传抄本《实录》乃最初之记录，比官修本较为质实。

右言《实录》之修改及谥法递次之加增，书官爵例，由满洲之俗而渐变为汉俗，已失本来面目。

二、删改旧文。征诸档册，建酋对于明廷本极恭顺，有"金国汗谕军人等知悉，我祖宗以来，与大明看边，忠顺有年"等语。又朝鲜国观察朴化《报太祖书》，称太祖为"建州卫马法"，马法，即女真语酋长之意。又言"大明为君，吾二国为臣"，后皆删去。《清太祖实录》稿本，其七大恨誓师之文，其原文本极驯顺，尚不敢有叛明之辞。凡三加改定，始成今通行七大恨誓师之文。又平定朝鲜三田渡《纪功碑》，其首句为"以坏和自我始，赫然一怒，以武临之"。顷见北平图书馆藏《清太宗实录》残本，改为"以我实始败和，赫然一怒，以武临之"。金石文字尚可更改，则旧文被删改者多矣。设无档册发现，则安知清初改窜旧文狡猾之计哉。

三、粉饰事实。据日人内藤博士《清开国期史料》一文，清太祖之妃大福晋赐死一事，似于太祖之子争立有关，《实录》本记其事，而修改之本则无。又如太宗之嗣位，将帅之拥立世祖诸事，其内政颇不能和穆，朝鲜记载曾记其事，而《实录》反无。至于人名、官名，其初则质野无文，至修改之书则一归于雅驯，如"獐鹰"改作"章京"，"猛哥帖木儿"改作"孟特穆"之类是也。

所谓没灭史迹者有三：

一、明廷征服辽东，北至黑龙江、库页岛诸地，为自唐征服辽东以后武功仅有之事。《明史》则云，明代疆界仅北及开原、铁岭。清光绪间，曹廷杰发现明永乐间奴儿干《永宁寺碑》，而后知明代边疆远及塞北荒寒之地。而明人记载，如彭孙贻《山中闻见录》等书亦记其事。使无此记载，则后人将不知明代武功之远及索伦诸部矣。

二、建州之名，载在明人著述，彰彰可考。乃《明史·地理志》不记建州之名，列传亦不记其事。如马文升之抚安东诸夷，董山之叛，本传记之极略，使无《抚安东夷记》一书，则明初建州之情势，将更益黯然。至李成梁之筑宽奠六堡，幸《明史》李成梁、张学颜传少记其事，其他若毕恭之筑边墙事，为《明史》所无。此皆有待于野史之补证者也。

三、清初史事，至乾隆以后恶其不文，颇多避讳。如"满洲"国号，在关外时本无此名，征诸史册，历历可考。至入关以后，凡有金国汗之名，悉改为"满洲"，然旧存档册不可掩也。又如顺治之称多尔衮为"皇父"，后世亦多讳之。其他若其先世服从明代之事，及其族中争立之迹，非征诸档册及朝鲜人记载，何以能知其事。至康熙以后，清廷所讳之事尤繁，此不可不研究者也。

余若《明史》，非全不载建州史事。如李成梁、张学颜传〔三四〕，记辽事甚详。《王翱传》并记指挥孙璟参将辽东〔三五〕，追敌三百里事。李秉为名将，于清初史事时一露出，但模糊其辞，使人不可捉摸。熊廷弼、袁崇焕、孙承宗诸人，《明史》事实率多缺落。如孙承宗之传，与钱谦益所撰之《孙高阳年谱》相较，则简略实多。故明人记载，可以补证《明史》者不少。若马文升《抚安东夷记》、叶向高之《女直考》，记明初建州之事极详。王在晋《三朝辽事实录》，记辽事之建置颇明。苕上愚公之《东夷考略》、海滨野史《建州私志》，记辽事始末最确。张鼐之《辽夷略》，记兀良哈三卫部族最晰。何乔远《名山藏·王享记》，记卫所之名独备。严从简之《殊域周咨录》，记建州之风俗。郑文彬之《筹边纂议》，记阿哈出之内附。程开祜之《筹辽硕画》，记筹辽之奏疏之始末。然而当时野史抄缀成文，袭人之说，或存心谩骂、羌无故事者，亦所在多有。盖考订史料之事，在于排比旧说，去其重复，考其源流，列为长编。或考订旧事，创为新史，史料既富，则真相自明，加以断制，则头绪不纷〔三六〕。如其故为创见，不如信而阙疑。至于审定史事，辨别真伪，是在读者而已。民国十九年大除夕草成，二十二年大暑，重改定于国立北平图书馆。

〔一〕"綦"，底本"颐"，今据《清开国史料考》卷一《叙论》改。

〔二〕"印"，底本作"即"，今据卷一《叙论》改。

〔三〕"满住"，底本二字乙，今据卷一《叙论》正。

〔四〕"获董山斩之"，卷一《叙论》此句在"朝鲜亦发兵遏东边"句下。

〔五〕"父"，底本脱，今据《清史稿》卷一《太祖本纪》补。

〔六〕"尼"，底本作"伊"，今据上下文改。

〔七〕"沸"，底本作"佛"，今据文意改。

〔八〕"蟒尔古泰"，《满文老档》《太祖高皇帝实录》《太宗文皇帝实录》通作"莽古尔泰"。下同，不注。

〔九〕"河"下，卷一《叙论》有"之筑"二字。

〔一〇〕"故"，底本作"固"，今据《勘误表》改。

〔一一〕"七"下，底本衍"十"字，今据卷一《叙论》《明史》卷九〇《兵志二》删。

〔一二〕"里雍"，底本二字乙，今据《满洲实录》卷一正。

〔一三〕"即"，底本作"及"，今据上下文改。

〔一四〕"王"，底本作"子侄"，今据《陈太史无梦园集·山海纪闻》改。

〔一五〕"关"下，底本衍"其克石炭一种凡三枝领市赏亦镇远关"十六字，今据《辽夷略·叙言》删。

〔一六〕"三"，底本脱，今据《陈太史无梦园集·山海纪闻》补。

〔一七〕"获"，底本作"护"，今据《清史稿》卷一三〇《兵志一》改。

〔一八〕"固"，底本脱，今据《清太祖高皇帝实录》《清史稿》卷二二八《额尔德尼传》补。

〔一九〕"稿"下，底本衍"云"字，今据上下文删。"奏"，底本作"疏"，今据《天聪朝臣工奏议》卷上改。

〔二〇〕"而"，底本作"有"，今据《天聪朝臣工奏议》卷上改。

〔二一〕"世"下，底本衍"也"字，今据《天聪朝臣工奏议》卷上删。

〔二二〕"紧"，底本脱，今据《天聪朝臣工奏议》卷上补。

〔二三〕"汗"，底本作"汉"，今据《天聪朝臣工奏议》卷上改。

〔二四〕"十一"下，底本衍"年"字，"元年"，底本作"十年"，今据王先谦《东华录》天聪十一删改。

〔二五〕"国"，底本作"阁"，今据《钦定大清会典事例》卷十一改。

〔二六〕"上达"，《明史》卷七二《职官志一》作"上之达下"。

〔二七〕"下达"，《明史》卷七二《职官志一》作"下之达上"。

〔二八〕"檐曝"，底本二字乙，今据《檐曝杂记》正。

〔二九〕"期"，底本作"朝"，今据本书卷六改。以下径改，不注。

〔三〇〕"内阁"，底本作"内库"，今据上文改。

〔三一〕"不可不"，底本作"不可以"，今据卷一《叙论》改。

〔三二〕"以"，底本作"不"，今据卷一《叙论》改。

〔三三〕"阁"，底本作"阅"，今据卷一《叙论》改。

〔三四〕"传"，底本脱，今据上下文补。

〔三五〕"记"，底本重文，今据上下文删。

〔三六〕"绪"，底本作"续"，今据上下文改。

点校后记

《清开国史料考》六卷《考补》一卷，谢国桢先生著，完稿于民国十九年（一九三○）除夕，二十年元月由国立北平图书馆铅印出版。同年六月重印，补入作者《识文》一篇和《清开国史料考勘误表》四页，以订正初印本之文字讹误。民国二十二年（一九三三）夏，作者又将本书卷一《叙论》加以修改订补，以《清开国史料考叙论订补编》之名，作为《清初史料四种》附录之一，重新由国立北平图书馆铅印出版。一九六七年，台北文海出版社据民国二十年六月北平图书馆重印本，影印再版《清开国史料考》与《考补》，收入《近代中国史料丛刊》第十五辑。一九六八年，台北艺文印书馆又在影印原版上进行挖补修订，以单行本出版行世。二○○五年，北京图书馆出版社据民国二十二年北平图书馆本影印再版《清初史料四种》，收入《明清史料丛书八种》，其中亦包括《叙论订补编》。

本书的整理出版，将在《清开国史料考》六卷《考补》一卷之后，补入民国二十年六月的作者《识文》，同时收录《清开国史料考叙论订补编》，以期完整体现作者原著和订补工作之全貌。

其中《史料考》与《考补》，以文海出版社影印北平图书馆本为底本；《叙论订补编》，则以北京图书馆出版社影印北平图书馆《清初史料四种》本为底本，加以标点校勘。

国立北平图书馆本《清开国史料考》卷首，原附有图版四幅：一、《日本南满铁道株式会社编满洲历史地理明代建州卫图》；二、《明天启刻秘册兵衡建州女直巢窟道路全图》；三、《北平故宫博物院藏清初天命天聪朝满文老档二秩》；四、《辽宁故宫博物馆藏清初崇德朝满洲老档文谕》。文海出版社影印再版时，保留第三、四两幅。艺文印书馆修版重印，保留第二、三、四三幅。本次出版，也保留第二、三、四幅图版。

《史料考》与《补考》原本文字讹误较多，故北平图书馆重印本、文海出版社影印本，卷末都附有《勘误表》四页。艺文印书馆印本，则根据《勘误表》对影印版进行了挖补修改，还作了其他文字修订，但未出校勘记说明校改的情况，且存在误改、漏改之处。本次整理，首先根据《勘误表》一一订正底本错误，同时，又援引原著参考的部分典籍，对底本引文作了他校。凡有校改之处，均于各页页左出校勘记说明，并在参校各书第一次出现于校记时，注明使用的版本。

点校整理失当之处，敬乞读者教正。

北京师范大学古籍与传统文化研究院

邱居里